이 책에 대한 찬사

"우리의 읽기가 어떻게 변하고 있는지를 심도 있게 연구한 이 책에서 매리언 울프는 디지털 기술 시대에 우리 뇌가 모든 것을 포괄하도록 가르쳐야 한다는 주장을 명쾌하게 제시한다. 스스로 독서가라 자처하고 앞으로도 계속해서 그러기를 바라는 사람이라면, 이 비범한 책은 바로 당신을 위한 것이다."
: 알베르토 망겔 (아르헨티나 국립도서관장, 《독서의 역사》 저자)

"우리가 책을 읽으며 가장 사랑하는 것들이 디지털 세계의 주의분산 속에 휩쓸려 사라지는 것은 아닌지 걱정하는 모두를 위한 책이다. 깊이 읽기라는 소중한 경험이 새로운 세대에도 전해지도록 하려면 우리가 무엇을 해야 할지 고민하게 만든다. 매리언 울프는 차분하면서도 현실적이며 희망적이다. 오늘날 우리가 읽기를 얼마나 진지하게 여기느냐가 우리 삶의 척도가 될 것이다. 이것이 그녀가 건네는 핵심 메시지다."
: 셰리 터클 (MIT 심리학과 교수, 《대화를 잃어버린 사람들》 저자)

"점점 디지털화하는 이 세계에서 다른 어떤 활동보다 소셜미디어와 게임에 더 많은 시간을 보내는 많은 아이들이 깊이 읽는 독자로 성장할 거라 기대할 수 있을까? 부모와 교육자들의 생각을 완전히 바꿔놓을 이 필독서에서 매리언 울프는 우리 뇌의 복잡한 작동 방식에 관해 알려주는 한편, 우리가 기술을 언제 사용해야 할지, 그리고 언제 사용하지 말아야 할지를 보여준다."
: 캐서린 스타이너-어데어 (심리학자, 《디지털 시대, 위기의 아이들》 저자)

"문어文語에 바치는 이 눈부신 연가에서 매리언 울프는 우리가 왜 우리 자신을 위해 깊이 읽기를 지속해야 하며, 또 우리 아이들에게도 그것을 심어야 하는지를 보여준다. 그렇게 하지 않으면 우리는 깊이 읽기를 통해 얻을 수 있는, 인간성 보존에 핵심적인 혜택을 잃을 위험에 처할 것이다."
: 리사 건지 (교육전문가, 《탭, 클릭, 리드Tap, Click, Read》 공저자)

"학자이자 이야기꾼이면서 인문주의자인 울프는 레이저처럼 날카로운 눈을 읽기의 과학에 맞춰, 디지털 시대에 읽는 능력이 무엇을 뜻하는지에 관한 독창적인 책을 썼다. 신경과학에서부터 소크라테스 철학에 이르는 모든 지식을 담은 동시에 독자를 향한 진심 어린 애정을 실어 재치 있게 써 내려간 《다시, 책으로》는 평생 문해력에 대한 새로운 접근법을 제시한다."
: 마이클 러빈 (아동발달전문가, 《탭, 클릭, 리드Tap, Click, Read》 공저자)

"《책 읽는 뇌》의 저자 매리언 울프는 이 책에서 우리의 두뇌와 독서 습관에 미치는 기술의 영향에 대한 주제로 돌아간다. 읽는 뇌에 대한 저자의 새로운 연구를 도입하면서 어떻게 디지털 영역이 자신의 집중력을 저하시켰는지 검토하는 이 책은 우리가 잃어가는 것에 대한 직접적인 탄원과 애도이다."
: 〈뉴욕타임스〉

"인지과학자인 매리언 울프의 풍부한 연구는 '디지털 장치가 읽는 뇌에 어떤 영향을 미치는가?'라는 긴급한 질문을 제기한다. 울프는 '글의 기반을 이루는 인지적 지층', 스크린 자극이 포화상태에 이른 아이들의 의욕 저하,

그리고 공감과 같은 윤리적인 반응과 '깊이 읽기'와 도전적인 텍스트의 힘을 탐구한다. 그녀가 제안하는 '양손잡이 읽기 뇌'는 오늘날의 비판적 사고 부족을 막아주는 해독제다."
: 〈네이처〉

"매리언 울프는 연구뿐만 아니라 폭넓은 문학 참고 문헌, 역사적 사례와 개인의 일화까지도 그려낼 줄 아는 아름다운 문장가다. 이 책의 가장 인상적인 부분은 읽는 것이 왜 중요한지, 그리고 두뇌가 스크린에 의해 어떻게 바뀌고 있는지에 대한 심층적인 탐구에 인용된 그녀의 생생한 스토리다. 울프는 우리가 읽는 법을 잃어버렸을 때 잃게 될 것에 대한 강력한 사례를 남긴다."
: 〈샌프란시스코 클로니클〉

"매리언 울프는 디지털 시대가 뇌의 읽기 회로를 사실상 재구성하고 있다고 주장한다. 그렇지만 희망은 있다. 지속적인 독서는 주의력을 재개발하고 비판적 사고, 공감, 그 밖의 사라질 위기에 처한 인류의 무수한 기능들을 유지하는 데 필수적이다. 다행히도, 그녀의 책은 주의를 기울이기 어렵지 않다."
: 〈월스트리트 저널〉

"독서에 대한 매력을 인지신경과학자라는 전문성으로 바꾸어낸 평생 애독가로서, 매리언 울프는 오래된 방법과 새로운 방법 사이의 역사적인 전환점에서 우리의 읽는 뇌에 무슨 일이 일어나고 있는지 이해하고자 한다. ……또한 우리 모두가 기술로 무엇을 하고 있는지, 기술이 우리에게 무엇을 하는지에 관심을 기울이지 않으면 많은 것을 잃게 되리라는 점을 지적한다."
: 〈워싱턴 포스트〉

"울프는 오늘날 우리가 읽는 방식에 대한 최근의 견해에서 안도감과 경고를 동시에 드러낸다. 이 책은 디지털 시대에 우리가 생각하는 능력을 잃고 있다고 걱정하는 사람들에게 공감을 일으킬 독서의 미래에 대한 희망적인 시선이다."
: 〈라이브러리 저널〉

"매리언 울프가 또 일을 냈다. 그녀는 책 모서리가 잔뜩 접히고, 손때가 묻고, 자주 인용될 운명에 놓인 또 한 권의 보물 같은 책을 썼다. 경고의 메시지를 전하지만, 그것은 또한 여러분의 마음을 다시 불태우고 앞날의 유망한 길을 밝히는 데 도움이 될 것이다."
: 국제난독증협회

"'깊이 읽기'를 위해 인터넷이 우리의 능력에 어떤 영향을 미칠지 고민해온 10주년을 비공식적으로 기념한다."
: 〈시카고 트리뷴〉

다시, 책으로

Reader, come home by Maryanne Wolf

순간접속의 시대에 책을 읽는다는 것

다시, 책으로

Reader, Come Home

매리언 울프 지음 | 전병근 옮김

어크로스

나의 어머니이자 가장 친한 벗이었던

메리 엘리자베스 베크먼 울프(1920년 6월 26일~2014년 12월 5일)에게

우리가 뇌의 구조와 신경회로의 배선을 고칠 수 있게 되면, 우리 자신은 물론 우리의 결정과 생각에도 근본적인 변화가 일어날 것이다. ……우리는 진화의 다른 단계에 이르렀으며, 생명의 미래는 우리 손안에 있다. 그것은 더 이상 자연적 진화에 그치지 않는, 인간이 추동하는 진화다.

– 후안 엔리케스, 스티브 걸런스

읽기는 관조의 행동이다. ……주의를 분산시키는 상황에서는 저항의 행동이기도 하다. ……그것은 우리를 시간과 더불어 생각하게 한다.

– 데이비드 울린

이 책의 도입부가 그런 것처럼 저 역시 어릴 적 추억으로 말문을 열까 합니다. 저 또한 일찍부터 책을 좋아했습니다. 그 놀라움의 길로 저를 처음 이끌었던 어머니는 정작 가방끈이 무척 짧았지요. 그래도 책을 늘 가까이하셨습니다. 그래 봐야 닳디 닳은 가죽 표지의 성경책이 거의 유일했지요. 육남매를 먹이고 씻기고 입히느라 주야로 분주하셨지만 잠시라도 앉아 쉬실 때면 늘 두 손엔 성경책이 들려 있곤 했습니다. 아마 태胎속에서부터 저는 어머니의 심장박동 소리와 함께 책 읽는 소리를 듣고 컸을 거라 짐작합니다.

그래선지 어릴 적부터 책을 공놀이만큼이나 좋아했던 기억이 납니다. 저자의 표현처럼 저 역시 어느 순간 이상한 나라의 앨리스마냥 읽기의 구멍으로 빠져들었습니다. 동네에 도서관이라고는 없었습니다. 서점도 거리가 멀었지요. 집에 번듯한 책장이 선 것도 아버지의 작은 사업이 그나마 호경기를 만난 이후였습니다. 어머니는 저의 책 허기를 달래주기 위해 친구가 한다는 서점으로 책 동냥을 다니곤 하셨습니다. 그렇게 책 속에서 저의 세상은 커져만 갔고, 그 속에서 제가 하고픈 일, 가야 할 길이 보이는 듯했습니다.

사춘기 시절 다시 길을 잃고 방황할 때나, 대학생이 되어 접한 눈앞의 세상이 너무나 실망스러워 애가 탔을 때도 책으로 위로받고 마음을 다잡곤 했습니다. 대학 구내 서점에서조차 책이 귀해 원서 해적판이 나돌 때였습니다. 책은 흐린 밤하늘에 흩어져 출몰하는 별빛이었지요.

그런 책이 싫어졌던 적도 있습니다. 모든 이론은 회색이라는 파우스트의 탄식이 내 것 같았습니다. 대학원을 마치고 유학 대신 언론계를 택한 것도 책 대신 세상과 대면하고 싶어서였습니다. 세상을 큰 책이라 생각한 것은 데카르트였던가요.

이 책과 조우한 것은 세상에 대한 저의 고민이 요즘 들어 기술과 휴머니티의 문제로 집약되던 무렵이었습니다. 평소 속내를 알고 있던 어크로스 김형보 대표가 번역을 제안해왔습니다. 바로《책 읽는 뇌》저자의 후속작이라고 했습니다. 마다할 이유가 없었지요. 휴머니티의 운명이 읽기에 달렸다는 저자의 생각에 깊이 공감하던 차였으니까요.

독서를 권하는 책은 동서고금에 허다합니다. 하지만 대개 전해져오는 교훈이나 체험적 직관에 의존한 것들이지요. 이 풍요로운 다매체 정보화 시대에 설득력 있는 이유를 대라고 하면 선뜻 답하기 어렵습니다. 책을 읽어야 한다는 말은, 굳이 반박하지는 않지만 아무도 진심으로는 받아들이지 않는, 허공의 애드벌룬 신세가 되었습니다.

그런 점에서 이 책은 이례적입니다. 읽기의 중요성을 말하되 명확한 과학적 근거를 들어 권유합니다. 그것도 우리의 뇌 회로에서 일어나는 분명한 사실과 다양한 최신 연구 결과들을 토대로 이야기를 풀어갑니다.

이 분야를 선구적으로 오래 연구해온 저자는 우리가 당연시하다 못해 하찮게까지 여기는 읽기를 인류의 뇌가 오랜 진화 끝에 획득한 놀라운 능력이라고 말합니다. 이른바 뇌 회로의 가소성 덕분이지요. 그 덕에 우리는 생각에 깊이를 더할 수 있었고 지금의 높은 문명에 이르렀습니다. 하지만 문제는 타고난 것이 아닌 학습과 숙달에 의한 성취이기에 언제든 다시 잃어버릴 수도 있다는 사실입니다. 바로 지금 우리가 그런 위경 危徑에 처해 있지는 않은지 저자는 걱정합니다. 이것은 비판적 사고와 성찰의 능력을 전제로 하는 민주주의에 크나큰 위협이기도 하지요. 저자는 특히 그로 인한 가장 큰 피해자가 미래를 살아갈 젊은 세대와 사회경제적으로 취약한 가정의 자녀일 수 있음을 우려합니다.

첨단의 과학적 연구 결과뿐 아니라 고전 작품과 현대 유수 작가들의 산문, 일화를 교차시켜 가며 이야기합니다. 저자 자신, 학생들의 교사로서, 난독증 자녀의 부모로서, 디지털 환경에 독서력을 뺏겨본 독자로서 들려주는 진솔한 체험담은 남의 일 같지 않게 읽힙니다.

무엇보다 옛것과 새것이 충돌하는 듯 보이는 상황 속에서 이 책이 보여주는 미덕은 양자택일이 아닌 신중한 균형의 길을 제시한다는 점입니다. 인쇄물과 디지털 둘 사이의 택일이나 기계적 병렬이 아닌 모두가 더 나아지기 위한 열린 길을 친절하게 알려주지요. 이른바 양손잡이 읽기 뇌의 길입니다. 나아가 좋은 독자가 무엇인지 생각하게 하고 종국에는 좋은 삶의 모습과 연결시킵니다.

일찍이 지독한 책벌레로 소문났던 문학평론가 김현은 읽기의 즐거움과 함께 괴로움을 토로했지요. 저자의 글 역시 읽기의 곤혹을 맛보게 하려는 듯 그리 호락호락하지 않습니다. 문장 하나, 단어 하나, 마치 아끼는 연필을 깎듯 공들여 써나간 미로 같은 글을 우리말로 옮기는 동안에도 생각에 잠기기를 반복해야 했습니다. 아마 의도했던 것일 테지요.

하지만 저자가 안내하는 길은 곤혹으로만 끝나지 않습니다. 그 끝에 우리가 마침내 가야 할 곳, 반겨주는 곳이 있다고 말합니다. 그래서 집 home이라 부릅니다. 힘든 여정 같은 독서의 길 끝에 고향 같은 집이 기다리고 있다네요. 저자는 전작에서 독서야말로 "인간이 그것을 딛고 심연으로 돌진해 들어갈 수도, 창공으로 날아오를 수도 있는 도약대"라고 했습니다. 그 속에서 우리는 함께 더 높이 뛰어오르고 더 멀리 뻗어갈 수 있습니다. 그 과정을 저자는 이 책에서 치밀하게 보여줍니다.

행여 앞쪽에 소개되는 읽는 뇌 회로 속의 복잡한 이야기에 좌절하지는 마시기 바랍니다. 저자가 뒤에서 말하는 인지적 인내를 시험하는 관문 같은 것이니까요. 울창한 숲으로 통하는 여정이 그렇듯 좁은 오솔길을 헤쳐나가면 어느새 너른 풍경이 환하게 펼쳐집니다.

저자는 호소합니다. 서둘러 그리고 천천히, 다시 집으로 돌아오라고. 깊이 읽기에서 멀어져간 독자에게 건네는 말입니다. 그 따뜻한 목소리가 되도록 많은 이들의 귓가에 가 닿았으면 합니다.

마음을 담아
옮긴이 전병근

차례

Reader, Come Home

첫 번째 편지

읽기, 정신의 카나리아

아직은 당신이 책을 덮지 못하도록
몇 단락 읽어 내려갈 때마다 필딩*은 당신을 부릅니다.
이제 내가 다시 당신을 소환하자,
어두운 침묵 속의 형상인 시중드는 유령이
이 말들의 입구에 서 있습니다.

                                        – 빌리 콜린스(강조는 저자)

친애하는 독자께,

여러분은 지금 제가 들려드리려는 이야기의 입구에 서 있습니다. 우리가 서 있는 곳은 다음 몇 세대에 걸쳐 일어날 우주적 변화의 문턱이지요. 이 편지는 여러분에게 읽기와 읽는 뇌에 관한, 있을 법하지 않은 일련의 사실들을 함께 생각해보자고 청하는 저의 초대장입니다. 그 사실들이 초래할 결과는 우리와 다음 세대, 심지어 인류 전체의 인지 능력에 중대한 변화를 가져올 수도 있답니다. 저의 편지는

---

* Henry Fielding, 영국 소설가.

그보다 더 미묘한 다른 변화들도 살펴보자는 권유인 동시에, 한때는 여러분에게 고향집이었던 읽기로부터 자신도 모르는 사이에 멀리 떠나온 것은 아닌지 생각해보자는 초대장이기도 합니다. 우리 중 대다수는 이미 그런 변화를 겪기 시작했지요.

먼저, 지난 10년간 읽는 뇌를 연구하도록 제게 영감을 준 사실에서 이야기를 시작해볼까 합니다. 그것은 바로 인간은 **읽는 능력을 타고난 것이 아니라는** 사실입니다. 문해력은 **호모사피엔스**의 가장 중요한 후천적 성취 가운데 하나입니다. 지금껏 알려진 바로는 다른 종에게는 그런 능력이 없습니다. 읽기는 우리 인류의 두뇌에 완전히 새로운 회로를 더했지요. 읽기를 습득하기까지 기나긴 발달 과정은 그 회로의 연결 구조를 깊고 탁월하게 바꿔놓았습니다. 또한 뇌의 배선을 바꾸었으며, 그와 더불어 인간 사고의 본질에 변화가 일어났습니다.

우리가 무엇을, 어떻게, 왜 읽는지에 따라 생각하는 방법도 변합니다. 그 변화는 지금도 속도를 더해가며 계속되고 있지요. 불과 6000년 만에 읽기는 개인의 내면은 물론, 문자 문화의 발달에도 혁신적 촉매가 되었습니다. 읽기의 질은 사고의 질을 보여주는 지표일 뿐만 아니라 인류의 뇌 진화에서 완전히 새로운 경로로 나아가는, 우리에게 가장 잘 알려진 길이기도 합니다. 읽는 뇌의 발달과 지금도 진화 중인 반복회로iterations*의 가속화된 변화에는 인류의 많은 것이 걸려 있습니다.

---

* 컴퓨터 프로그램에서 기능이나 절차의 개선된 반복을 뜻하는 말로 여기서는 뇌의 읽기 회로를 가리킨다.

여러분 자신을 돌아보기만 해도 알 수 있습니다. 스크린과 디지털 기기로 읽으려 할 때마다 집중의 질이 얼마나 변하는지를 깨닫습니다. 한때 좋아했던 책에 몰입해보려고 해도 미묘한 뭔가가 빠진 듯한 느낌이 든 적이 있을 겁니다. 마치 환각지幻覺肢●를 겪는 것처럼, 과거에 책을 읽던 시절의 자신은 기억하면서도, 그때 마음속 깊은 곳에서 자신을 바깥세계 어딘가로 데려가는 듯한 즐거움을 주던 '시종 유령'을 불러오지는 못하지요. 아이들은 더 어렵습니다. 끊임없이 주의가 분산되는 데다 외부에서 자극이 밀려들지만 그것이 지식의 저장고에 통합되지는 않기 때문이지요. 이 말은 읽기에서 비유와 추론을 끌어내는 아이들의 능력이 점점 더디게 발달할 거라는 뜻입니다. 아이들의 읽는 뇌가 이런 식으로 진화하는데도 대부분의 사람들은 걱정조차 하지 않습니다. 청소년들 사이에서는 'tl;drtoo long; didn't read'('너무 길어서 읽지 않았다'의 약자)이라는 말이 유행하면서 필독서만 읽거나 심지어 그마저도 읽지 않는 아이들이 점점 늘고 있는데도 말이지요.

거의 모든 문화가 디지털로 옮겨가는 과정에서 우리 자신마저 바뀌고 있습니다. 이것은 우리 역사에서 가장 위대한, 창의성과 발명 그리고 발견의 폭발에 따른 뜻밖의 부수적인 결과일 것입니다. 이 편지를 쓰는 동안에도 진화 중인 읽는 뇌에서 지금, 그리고 향후 몇 년간 다양한 방식으로 일어날 구체적인 변화에 우리가 관심을 기울인다면, 기대 못지않게 걱정해야 할 이유가 많습니다. 그것은 문해文解

● 수술이나 사고로 손발이 절단된 후에도 없어진 손발이 존재하는 듯 느껴지는 것.

기반 문화에서 디지털 기반 문화로 바뀌는 전환은 그전에 일어난 소통 형식의 전환과는 근본적으로 다르기 때문이지요. 과학기술이 발달한 덕분에 우리는 과거와는 달리 읽는 방법, 나아가 생각하는 방법의 변화가 사람들 사이에 완전히 자리 잡기도 전에 그에 따른 결과를 파악할 수 있게 되었습니다.

이런 지식이 쌓이면 디지털 읽기 기술 자체의 약점을 바로잡을 이론적 기초를 얻을 수 있지요. 또한 보다 정제된 디지털 읽기로의 개선을 가져올 수도 있고, 아동 발달을 위한 대안적, 혼성적인 접근법을 새로 정립할 수도 있습니다. 요컨대 상이한 방식의 읽기가 인지와 문화에 미치는 영향을 알게 되면, 우리는 아이들과 이후 세대의 읽기 회로가 보다 현명한 방식 혹은 보다 정보에 밝은 방식으로 형성되도록 도울 수 있습니다.

그래서 그동안 제가 해온 읽기와 읽는 뇌에 대한 연구로 여러분을 초대합니다. 마치 저의 방으로 친구를 초대하듯이 말이지요. 읽기에 관한 우리의 생각을 주고받을 것을 생각하니 제 마음이 설렙니다. 먼저 어쩌다 저에게 읽기가 그토록 중요해졌는지부터 이야기해보겠습니다. 물론 저도 읽기를 처음 배우는 아이였을 때는 읽기에 대해 생각해보지는 않았습니다. 앨리스*처럼, 그저 '이상한 나라'로 통하는 읽기의 구멍으로 뛰어들어 어린 시절의 대부분을 보냈지요.

소녀 시절에도 읽기에 대해서는 생각해보지 않았습니다. 단지 기

• 《이상한 나라의 앨리스》의 주인공.

회가 있을 때마다 엘리자베스 베넷이 됐다가, 도로시아 브룩이 됐다가, 이사벨 아처가 되곤 했지요. 가끔은 알료샤 카라마조프나 한스 카스토르프 혹은 홀든 코필드 같은 남자가 되기도 했습니다.* 그럴 때면 일리노이주의 엘도라도라는 작은 마을**에서 아주 먼 곳으로 날아올랐고, 그럴 때마다 다른 방법으로는 상상하지 못했던 감정에 타올랐습니다.

심지어 문학 전공의 대학원생이었을 때도 읽기에 대해서는 그렇게 많이 생각하지 않았습니다. 오히려 릴케의 《두이노의 비가》라든가 조지 엘리어트와 존 스타인벡의 소설에 나오는 모든 단어와 숨은 의미들을 탐독했지요. 그때는 세상에 대한 예민해진 지각으로 제 가슴은 터질 것만 같았고, 세상 속에서 내 책임을 완수해야겠다는 열망으로 가득했습니다.

그런 열망 끝에 시도했던 첫 번째 도전은 참담한 실패로 끝나고 말았습니다. 지금도 잊을 수가 없답니다. 미처 준비가 덜 된 젊은 교사 특유의 열정만으로 하와이 시골에서 평화봉사단 비슷한 일을 시작했던 거지요. 동료 교생들은 수는 많지 않았지만 훌륭했습니다. 그곳에서 매일 저는 형언할 수 없이 아름다운 24명의 아이들 앞에 섰지요. 아이들은 전적인 신뢰로 가득 찬 눈으로 저를 바라보았고, 우리는 온전한 사랑이 담긴 눈길을 주고받았습니다. 그러는 사이 아이들과 제

---

* 엘리자베스 베넷은 《오만과 편견》의, 도로시아 브룩은 《미들마치》의, 이사벨 아처는 《여인의 초상》의 주인공. 알료샤 카라마조프는 《카라마조프가의 형제들》의 셋째 아들이며, 한스 카스토르프는 《마의 산》의 주인공. 홀든 코필드는 《호밀밭의 파수꾼》의 주인공이다.

** 저자의 고향.

가 한동안 잊고 지낸 것이 있었습니다. 아이들이 문맹이었던 자신의 가족들과는 달리 글을 배운다면 아이들의 인생 궤도가 달라질 거라는 사실이었지요. 그제야 저는 읽기의 의미를 진지하게 고민하기 시작했습니다. 그때부터 제 삶의 방향이 바뀌었지요.

아이들이 겉보기엔 단순한 이 읽기의 행동을 배워 스스로 문해력 기반 문화에 속하지 않으면 장차 어떻게 될지가 불현듯 명료해 보였습니다. 그럴 경우 아이들이 저처럼 이상한 나라로 통하는 구멍에 빠져 몰입이 주는 정교한 즐거움을 경험하기란 불가능한 일이겠지요. 다이노토피아나 호그와트, 중간계 혹은 펨벌리를 발견하는 일도 없을 겁니다.* 아이들 자신이 살고 있는 작은 세계에 담아두기에는 너무나 거대한 생각들로 밤새 씨름하는 일도 없겠지요. 또한 번개 도둑이나 마틸다 같은 인물이 나오는 책을 읽다가 자신도 그런 영웅이 될 수 있을 거라고 믿게 되는 굉장한 전이의 체험도 해보지 못할 테고요.** 그리고 무엇보다 자기 밖의 낯선 세계들과 새롭게 조우할 때마다 자신의 생각 속에서 홀연히 떠오르는 가공되지 않은 무한한 가능성도 체험하지 못할 것입니다. 불현듯 저는 1년 동안 제가 맡은 그 아이들이 읽기를 배우지 않으면 자신의 잠재력을 완전히 발휘하지 못할 거라는 사실을 깨달았습니다.

● 다이노토피아는 동명의 소설에 나오는 공룡과 인간이 공존하는 섬. 호그와트는 《해리 포터》에 나오는 마법학교, 중간계는 《반지의 제왕》의 배경인 가상 세계, 펨벌리는 《오만과 편견》에 나오는 저택 이름이다.
●● 번개 도둑은 《퍼시 잭슨과 번개 도둑》의 주인공이고, 마틸다는 로알드 달의 동명 소설에 나오는 주인공 이름이다.

그 순간부터 개인의 인생 경로를 바꾸는 읽기의 힘에 대해 진지하게 생각하기 시작했습니다. 당시만 해도 저는 글이 지닌 심오한 생성적인 본성에 대해서는 조금도 알지 못했습니다. 그리고 글이 문자적인 동시에 생리적으로 새로운 생각을 일으킨다는 사실이 아이와 우리 사회에 어떤 의미를 갖는지도 몰랐지요. 또한 읽기에 관여하는 뇌의 복잡성에 관해서는 물론이고, 읽기가 시각이나 언어같이 우리 뇌에 유전적으로 프로그램된 능력을 넘어 기적에 가까운 능력을 구현하는 것도 몰랐습니다. 차차 이야기하겠지만 그 모든 것을 나중에야 알게 되었습니다. 저는 인생 계획을 모조리 수정했습니다. 글을 사랑하는 대신 그 이면의 과학을 탐구하게 되었지요. 그때부터 어떻게 인간이 글을 습득하는지, 어떻게 글을 통해 자신은 물론 미래 세대의 지적 발달에 엄청난 영향을 미치는지 알게 되었습니다.

그 후로는 한 번도 뒤돌아본 적이 없습니다. 와이알루아의 아이들을 가르친 지 수십 년이 지나 이제는 그들이 아이의 어머니로 성장했고, 저는 그들 덕분에 인지신경과학자이자 읽기를 연구하는 학자가 되었습니다. 보다 구체적으로 말씀드리면, 저는 우리가 읽는 동안 뇌에서 무슨 일이 일어나고, 왜 어떤 아이와 어른들은 다른 사람들보다 읽는 법을 배우기가 힘든지를 연구합니다. 거기에는 많은 이유가 있습니다. 아이의 가난한 환경 같은 외부 요인에서부터, 뇌에서 일어나는 언어 조직화의 차이(지독하게 잘못 이해되어온 난독증에서 쉽게 관찰됩니다) 같은 보다 생물학적 원인에 이르기까지 참 다양합니다. 하지만 이런 주제들은 제 연구의 다른 갈래에 속한 것들로, 이 책에는 카메

오로만 잠깐씩 등장할 것입니다.

이 편지에서는 읽는 뇌에 관한 저의 연구를 다른 방향에서 보려고 합니다. 즉 읽는 뇌의 기반인 내재적 가소성과 그것이 우리 모두에게 갖는 예상 밖의 함의를 알아보려는 것이지요. 제가 읽기 회로의 가소성에 중요한 의미가 있음을 감지한 것은 10년도 더 되었습니다. 그때 저는 어떤 연구에 착수했는데 범위가 비교적 제한된 과제라고 생각했었습니다. 읽기가 인간의 발달에 어떻게 기여했는지를 설명하는 것이었고, 그 결과는 《책 읽는 뇌: 난독증과 창조성의 은밀한 동거에 관한 이야기》로 출간됐지요. 원래는 인류의 읽기·쓰기 능력이 발달해온 거대한 궤적을 서술하는 한편, 난독증을 새롭게 개념화하는 것이 집필 목적이었습니다. 난독증이 있는 개인, 즉 언어를 위한 뇌의 조직화 과정이 남다른 개인을 통해 뇌의 풍부한 잠재력을 기술하기 위해서였죠.

하지만 그 책을 썼을 무렵 예상하지 못했던 일이 일어났습니다. 읽기 자체가 바뀐 것이죠. 제가 인지신경과학자이자 발달심리학자로서 문어written language의 발달에 관해 알고 있었던 것이 눈앞에서, 손가락 밑에서 바뀌기 시작한 겁니다. 저는 당시 7년간 수메르인의 문자와 그리스 알파벳의 기원을 연구하고, 저의 뇌를 촬영한 뇌영상 자료를 분석하는 연구에 묻혀 있었습니다. 이 일을 마치고 고개를 들어 주변을 둘러봤더니 딴 세상이 되어 있었습니다. 우리 뇌가 어떻게 6000여 년간 읽는 법을 학습했는지 기술하느라 7년을 보내는 사이, 문해력에 기초한 우리 문화 전체가 아주 상이한 디지털 기반 문화로 변하기 시작한 것입니다.

저는 어안이 벙벙했습니다. 집필 중이던 책에서 읽기의 역사를 개관한 1장을 다시 써야 했습니다. 지금 우리 문화가 디지털 문화로 옮겨가는 것과 고대 그리스의 구전 문화가 당시로선 이례적인 문자 문화로 이동한 것 사이의 뚜렷한 유사성을 반영하기 위해서였지요. 그것은 비교적 쉬운 작업이었습니다. 저와 같은 대학교에서 근무하는 동료 교수이자 무척 친절한 고전학자인 스티븐 허시Steven Hirsh의 개인적인 지도가 결정적인 도움이 되었지요. 그럼에도 읽기에 숙달된 현재의 뇌에 대한 연구 결과를 바탕으로 앞으로의 적응 방향을 예측하는 것은 결코 쉽지 않았습니다. 2007년 저는 바로 그 지점에서 멈췄습니다. 그전까지 읽기가 우리의 정신을 어떻게 변화시키는지 학계의 통찰을 열심히 전파하던 저는 더 이상 그런 역할을 하지 않게 되었습니다.

당시만 해도 디지털 읽기가 뇌의 형성에 어떤 영향을 미치는지에 관한 연구는 거의 없었습니다. 하루 예닐곱 시간씩 디지털 매체에 빠진 채(기성세대 대다수가 젊었을 때에 비하면 거의 두 배나 늘어난 시간이죠) 읽기를 학습하는 동안 아이(혹은 어른)의 뇌에서 무슨 일이 일어나는지에 관한 중요한 연구는 전무했지요. 저는 읽기가 뇌를 어떻게 변화시키는지, 뇌의 가소성이 특정한 쓰기 체계(예를 들면, 영어 대 중국어) 같은 외부 요인에 따라 뇌를 어떻게 달리 형성시키는지는 알았습니다. 그러면서도 월터 옹이나 마셜 매클루언 같은 학자들과는 달리, 매체(예를 들면, 책 대 스크린)가 이 가변적인 신경회로의 구조에 어떤 영향을 미치는지에 관해서는 전혀 관심을 갖지 않았지요. 하지만 《책 읽는 뇌》 집필이 끝날 무렵에는 생각이 바뀌었습니다. 그때부터는 읽는 뇌, 특히 청소년의 읽는 뇌 회로가 디지털 매체에 의해 어떻게 변형될 수 있는지에 완전히 빠져들었습니다.

읽기에 관한 믿기 어려울 정도로 단순한 첫 번째 사실은 문해력이 자연적인 것이 아니라 문화적인 것이라는 점입니다. 이 말은 어린 독자에게는 읽기에 필요한 신경회로를 발달시킬 유전적 프로그램이 없다는 뜻이지요. 읽는 뇌 회로가 형성되고 발달하는 과정에는 자연적인 요인과 환경적인 요인이 모두 영향을 줍니다. 환경적 요인에는 읽기의 습득과 발달 과정에서 사용되는 매체도 포함되지요. 각각의 읽기 매체는 서로 다른 인지 과정을 촉진합니다. 다시 말해 어린 독자의 경우 완전히 발달한 전문가 수준의 읽는 뇌에 체화된 다중적 심층-독서의 전 과정을 발달시킬 수도 있는가 하면, 초보자 수준의 읽는 뇌에서 발달 중인 단축-회로를 만들어갈 수도 있습니다. 아니면 아예 다른 회로 안에 완전히 새로운 신경망을 구축할 수도 있지요. 어린아이의 읽기 회로가 형성되는 동안 어떤 과정을 따르느냐에 따라 읽고 생각하는 방법에도 심대한 차이가 생깁니다.

이런 생각을 하다 보면 현재의 상황을 돌아보게 됩니다. 그리고 디지털 환경 속에서 자란 아이들은 물론, 우리 자신에게 제기되는 어렵고도 구체적인 질문들을 떠올리게 됩니다. 새로운 시대의 독자는 디지털 매체에 요구되는 새로운 인지 능력을 흡수하고 습득하는 과정에서, 인쇄 매체를 통해 길러지는 보다 시간 소모적인 인지 과정도

키워나갈까요? 이를테면 디지털 포맷으로 읽는 습관과 함께 매일 다양한 디지털 경험(소셜미디어로부터 가상현실 게임에 이르는)에 함몰됨으로써 깊이 읽기를 구성하는 비판적 사고나 개인적 성찰, 상상, 공감 같은 보다 느린 인지 과정이 제대로 형성되지 않는 것은 아닐까요? 끊임없이 주의를 분산시키고 다양한 정보원에 즉각 접속하게 하는 환경이 합쳐지면서 어린 독자들은 자기만의 지식 창고를 짓거나 비판적인 사고력을 기를 필요성을 덜 느끼게 되는 것은 아닐까요?

다시 말해 청소년들이 지식의 서버에 점점 더 의존하게 되면서 결국에는 어린 뇌가 독자적인 지식의 기반을 구축하거나 독립적인 사고와 상상력을 키우려는 욕구를 위협받지는 않을까요? 아니면 신기술들이 인지력과 상상력에 이어지는 가장 완벽한 다리를 놓아주어, 지금은 생각할 수조차 없는 새로운 지식의 세계로 우리 아이들을 도약시켜줄까요? 그래서 우리 아이들은 아주 다른 형태의 뇌 회로를 발달시켜갈까요? 그렇다면 그런 상이한 회로는 우리 사회에 어떤 함의를 갖게 될까요? 그런 회로의 다양성이 우리 모두에게 이로운 걸까요? 한 사람이 마치 두 개의 언어를 아는 바이링구얼bilingual처럼 의식적으로 다양한 회로를 습득할 수도 있을까요?

다양한 매체가 읽는 뇌에 어떤 영향을 미치는지 체계적으로, 즉 인지적, 언어학적, 생리학적, 감정적으로 살펴보는 것은 청소년은 물론 우리 자신에게도 가장 중요한 능력을 확실하게 지키기 위한 최선의 대비책입니다. 우리의 뇌 회로에 새로운 인지적, 지각적 차원을 추가하기 위해서는 현재 우리가 지닌 전문가 수준의 뇌가 인지적으로 얼마나 중요한 기여를 했는지 이해해야 합니다. 전문가 수준의 읽는 뇌의 형성이나 보존에 관한 문제를 이분법적으로 접근한다면 다음 세대나 우리 세대에게 필요한 것을 얻지 못할 것입니다. 이 문제를 단순히 인쇄 기반 매체와 기술 기반 매체의 차이로만 환원할 수는 없습니다. 미래학자 후안 엔리케스Juan Enriquez와 스티브 걸런스Steve Gullans가 《우리 자신을 진화시키기 Evolving Ourselves》에 썼듯이, 우리는 앞으로 자연 추동적이기보다는 인간 추동적으로 바뀌어갈 우리의 진화 과정에서 선택을 앞두고 있습니다. 이 선택이 갖는 의미를 명확히 알기 위해서는 잠시 걸음을 멈추고 여기에 어떤 중요한 변화가 걸려 있는지 정확히 이해해야 합니다. 급박한 이 순간, 우리의 읽는 뇌에 일어나고 있는 변화가 너무 깊이 각인되어 다시는 돌이킬 수 없게 되기 전에, 우리 앞에 놓인 문제와 선택들에 대해 여러분과 함께 관심을 기울여보는 시간을 가져보고 싶습니다.

저는 시시각각 변해가는 미래의 이슈들을 다루기 위해 편지글의 형식을 택했습니다. 어쩌면 직관에 반하고 다소 이상한, 심지어 시대착오적인 구식이지요. 하지만 이런 형식을 택한 것은 독자이자 저자로서 저의 경험 때문입니다. 편지는 뇌를 일시 정지 상태로 이끕니다. 그 상태에서 우리는 함께 생각해볼 수 있지요. 아주 운이 좋으면, 미동도 없이 의자에 앉아, 마르셀 프루스트가 '소통의 비옥한 기적fertile miracle of communication'이라 부른, 특별한 만남을 경험하기도 합니다. 이 장르에 관해 좀 더 구체적으로 말씀드리면, 어린 시절 읽은 라이너 마리아 릴케의 《젊은 시인에게 보내는 편지》가 제게 아주 큰 영향을 주었습니다. 하지만 나이가 들어가면서 가장 크게 감동한 것은 그의 편지글에 담긴 시적 언어가 아니라, 그가 한 인간에게 보여준 더없는 친절이었습니다. 그는 시인 지망생인 프란츠 크사버 카푸스를 단 한 번도 만나지 않고 오직 편지로만 보살펴주었죠. 저는 두 사람 모두 편지를 주고받으며 변화했다고 확신합니다. 독자에 대한 이보다 나은 정의가 있을까요? 저자에 대한 이보다 나은 정의가 있을까요? 우리도 그와 같기를 희망합니다.

이탈로 칼비노의 《다음 새천년을 위한 여섯 편의 메모Six Memos for the Next Millennium》도 제게 비슷한 영향을 주었습니다. 비록 그의 메모가 통상적인 '편지'의 개념을 넘어서는 것이고, 너무나 안타깝게도 미완의 글이기는 했지만 말이지요. 편지와 메모 모두 칼비노가 강조했던 '가벼움'을 더한 장르입니다. 칼비노는 주제가 너무 무거운 나머지 많은 사람이 어렵게 느끼지 않도록 '가벼움'을 강조했지요. 편지는 아무리 다급한 내용을 담고 있어도 표현하기 힘든 가벼움과 연결성이 내포되어, 쓴 사람과 읽는 사람 사이의 진정한 대화를 위한 기초가 되어줍니다. 덕분에 여러분의 머릿속에서 새로운 생각이 일어나 완전히 다른 방향으로 나아가게 되지요.

신기하게도 저 역시 한동안 그런 대화에 참여해왔습니다. 《책 읽는 뇌》를 출간한 이후 각 분야의 독자들로부터 수백 통의 편지를 받았습니다. 자신의 독자들을 걱정하는 유명 문인들, 자신이 가르치는 의대생들을 걱정하는 보스턴의 신경외과 의사들, 시험에 출제된 제 책의 지문을 읽은 매사추세츠주의 고등학생들까지! 자기 세대를 걱정하는 저의 글을 읽고 깜짝 놀랐다는 학생들의 말에 제 마음이 따뜻해 졌습니다. 독자들의 편지를 읽고서는, 읽기와 과학에 관한 책으로 시 작했던 것이 이제는 코앞에 닥친 현실에 관한 경고가 되었다는 사실 을 알게 되었지요. 저는 편지를 보낸 독자들이 씨름하고 있다는 주요 주제들을 찬찬히 살펴본 끝에 이 책의 주제들을 골랐고 이런 형식을 택하기에 이르렀습니다.

저는 이 책을 통해 과거에 제가 했던 작업보다 훨씬 멀리 나아갈 수 있기를 바랍니다. 각각의 편지는 제가 이전에 다른 곳에서 다루었 던 모든 내용을 담고 있습니다. 특히 저의 최근 논문과 저서에 소개 한 연구 내용이 많습니다. 각 편지와 관련하여 참고할 만한 좀 더 자 세한 내용은 책 뒷부분에 방대한 주석으로 붙였습니다. 두 번째 편지 는 저의 연구 성과를 가장 많이 담고 있지만, 사실 가장 가벼운 마음 으로 쓴 것이기도 합니다. 읽는 뇌에 관한 지식을 색다르게 풀어낸 내용이 담겨 있지요. 이를 통해 어떻게 읽는 뇌 회로의 가소성이 사 고의 복잡성을 점증시키는지, 또한 이 회로가 무슨 이유로 어떻게 변 하는지 명확히 보여줄 수 있기를 바랍니다. 세 번째 편지는 독자의 공감과 추론 능력에서부터 비판적 분석과 통찰에 이르는, 깊이 읽기 의 핵심적인 과정으로 안내합니다. 이 세 통의 편지에서는 다양한 매 체의 특성, 구체적으로는 인쇄물을 읽는 것과 스크린을 읽는 것이 어 떻게 뇌 회로의 가변적 연결망뿐 아니라 우리가 읽는 방식과 내용에 도 반영되는지를 검토하기 위한 공통의 토대가 제시됩니다.

읽는 뇌의 가소성이 함축하는 의미는 결코 단순하지도 일시적이지도 않습니다. 우리가 무엇을 어떻게 읽느냐와 무엇이 씌어 있느냐의 관련성은 우리 사회에 결정적으로 중요한 역할을 합니다. 우리가 계속 직면하는 정보 과잉의 환경 속에서 많은 사람들은, 쉽게 소화되고 밀도도 낮으며 지적인 부담도 적은 정보들로 둘러싸인 익숙한 골방으로 뒷걸음치고 싶다는 유혹을 느낍니다. 한눈에 들어오는 정보의 조각들이 매일 쏟아져 나오면서 우리는 모든 것을 안다는 착각에 빠지지요. 그 때문에 눈앞의 복잡한 현실에 대한 비판적 분석은 뒤로 밀릴 수도 있습니다. 네 번째 편지에서는 이 문제를 정면으로 다룹니다. 민주 사회에서 비판적 능력이 얼마나 중요한지, 그리고 그런 능력이 우리도 모르는 사이에 얼마나 빠르게 퇴화하는지 논의합니다.

다섯 번째 편지부터 여덟 번째 편지에서 저는 미래 세계를 살아갈 아이들을 위해 '읽기의 전사'로 변신합니다. 여기서는 아이들의 지적, 사회-감성적, 윤리적 형성에서 읽기가 하는 다양한 역할들을 지키는 문제에서부터, 점차 사라져가는 아동기의 여러 모습들에 이르기까지 일련의 걱정스러운 일들에 관해 이야기합니다. 많은 부모와 조부모가 제게 우려 섞인 질문들을 던졌습니다. 사실 그 질문들은 칸트가 제기했던 세 가지 질문으로 요약됩니다. 우리는 무엇을 아는가? 우리는 무엇을 알아야 하는가? 우리는 무엇을 바랄 수 있는가? 여섯 번째 편지부터 여덟 번째 편지에서는 뇌 회로의 발달에 관해 제안을 하는 동시에 세 가지 질문에 대한 제 생각을 소개합니다. 그중 가장 중요한 것은 어쩌면 다소 예상 밖의 제안처럼 보일 수도 있을 '양손잡이 읽기 뇌biliterate reading brain'를 만들기 위한 계획일 것입니다.

양손잡이 읽기 뇌를 목표로 하지만 이 책 어디에도 이분법적 해법은 제시되지 않습니다. 지금 제가 진행하고 있는 가장 중요한 연구 중에는 글로벌 문해력 향상을 위한 사업도 포함돼 있습니다. 이 사업을 통해 저는 학교가 없거나 시설이 부실한 지역에 사는 아이들의 문맹을 낮춰줄 디지털 태블릿의 설계를 공개적으로 주창하고 지원합니다. 그러니 저를 디지털 혁명의 반대자로 생각하지는 마시기 바랍니다. 사실은 모든 아이들이 사는 곳과는 상관없이 어떤 매체로든 깊이 읽기를 훈련하기 위해서는 다양한 매체에 관한 지식을 갖추어야 합니다.

이 편지를 통해 독자 여러분은 관련된 핵심 이슈들을 살펴볼 준비를 할 수 있을 것입니다. 우선은 여러분 자신에 대해 생각해봐야 합니다. 마지막 편지는 여러분이 변화하는 시대에 진정 '좋은 독자'란 어떤 사람인지 생각해보시기를, 그리고 그런 사람이 민주 사회에서 맡고 있는 더없이 중요한 역할에 관해 성찰해보시기를 청합니다. 오늘날 그런 역할은 정말 중요해졌습니다. 현재의 맥락에서 좋은 독자란 글의 해독 능력과는 별 상관이 없습니다. 예전에 프루스트가 독서의 핵심이라고 했던, 저자의 지혜를 넘어 자신의 것을 발견해내는 것이야말로 좋은 독자의 조건이니까요.

좋은 독자가 되는 지름길은 없습니다. 하지만 좋은 독자가 되도록 이끌어주고 유지해주는 삶은 있습니다. 아리스토텔레스는 좋은 사회에는 세 가지 삶이 있다고 썼지요. 하나는 지식과 생산의 삶, 다른 하나는 그리스인 특유의 이해 속에서 나오는 즐기는 삶, 마지막은 관조의 삶입니다. 좋은 독자도 마찬가지입니다. 마지막 편지에서는 좋은 독자와 좋은 사회가 어떻게 아리스토텔레스의 세 가지 삶을 구현하는지 자세히 이야기해보려고 합니다. 지금 우리 문화에서는 세 번째 삶인 관조의 삶이 매일 위협받고 있지요. 누구도 다가올 세상을 예측할 수는 없습니다. 저는 그런 세상에서 살아갈 다음 세대에게는 자율적인 정신의 삶이 필요하고, 읽기가 그런 삶의 기초가 되어줄 것이라고 생각합니다. 신경과학과 문학 그리고 인간 발달의 관점에서 볼 때 그런 생각이 듭니다. 지금 우리의 읽는 뇌에서 일어나는 통찰과 성찰을 뒷받침하는 자기 확장적이고 포괄적인 과정이야말로 삶을 증진해주는, 디지털 시대의 다중적인 성취들에 수반되는 인지적, 감성적 변화에 대한 최선의 보완물이자 해독제가 될 것입니다.

그리하여 가장 사적인 마지막 편지에서 여러분과 저는 스스로를 마주하고 질문해볼 것입니다. 우리는 좋은 독자로서 세 가지 삶을 살고 있는지, 은연중에 세 번째 삶으로 들어가는 능력을 잃어버린 것은 아닌지, 읽기라는 우리의 고향을 아예 잃어버리지는 않았는지. 그렇게 확인하는 과정에서 저는 읽는 뇌가 간직한 관조의 차원을 육성하고 보호해야 비로소 우리 공동의 지성과 연민, 지혜를 최상으로 유지하고 전수할 수 있다고 제안할 것입니다.

커트 보니것은 예술가의 사회적 역할을 광산의 카나리아*에 비유했지요. 예술가와 카나리아 둘 다 우리에게 위험을 경고해줍니다. 읽는

• 예전에는 탄광에 유독 가스가 누출되지 않는지 카나리아를 들여보내 점검했다. 이후 카나리아는 어떤 '징조'를 미리 알아보는 수단을 의미하게 되었다.

뇌는 우리 정신의 카나리아입니다. 그것이 경고하는 바를 무시한다면 우리는 최악의 바보가 될 것입니다.

저의 모든 견해에 여러분이 동의하지는 않을 것입니다. 당연히 그래야만 합니다. 성 토마스 아퀴나스와 마찬가지로 저는 의견의 불일치야말로 "쇠가 쇠를 단련시키는" 지점이라고 생각합니다. 그것이 이 편지들을 쓴 저의 첫 번째 목표입니다. 저와 여러분이 지닌 최선의 생각들이 만나 때로는 충돌하면서 서로를 정련하는 거지요. 저의 두 번째 목표는 여러분이 자녀의 미래를 건설하는 과정에서 직면하게 될 선택지들을 이해하는 데 필요한 증거와 정보를 제공하는 것입니다. 저의 세 번째 목표는 바로 프루스트가 자신의 독자 한 사람 한 사람에게 희망했던 것과 같습니다.

내가 보기에 그들은 '나의 독자'가 아니라 자기 자신의 독자가 된다. 이때 내 책은 단지 일종의 확대경일 뿐이다. ……나는 그들 내면에 이미 자리한 것을 읽도록 수단을 제공한다.

진심을 담아
여러분의 저자

Reader, Come Home

두 번째 편지

커다란 서커스 천막 아래

읽는 뇌에 관한 색다른 관점

뇌는―하늘보다 넓습니다―

왜냐면―둘을 나란히 두면―

뇌는 하늘을 담을 테니까요

그것도 쉽사리―게다가 당신마저―담을 겁니다

뇌는 바다보다 깊습니다―

왜냐면―한데 두면―푸름에서 푸름으로

뇌는 바다를 빨아들일 테니까요―

물통 속의―스펀지가―그러듯이―

뇌는 신神만큼이나 무게가 나갑니다―

왜냐면―둘을 들어 올려보세요―나란히―

그러면 차이는 날 겁니다―그렇다 해도―

음절과 음성의 차이일 뿐이지요

                    ― 에밀리 디킨슨

친애하는 독자께,

에밀리 디킨슨은 제가 가장 좋아하는 19세기 미국 시인입니다. 그녀가 뜻밖의 관측소에서 뇌에 관해 그토록 많이 썼다는 사실을 알기 전부터도 제가 가장 좋아하는 시인이었지요. 그 관측소란 매사추세츠주 애머스트의 메인스트리트에 있는 집의 2층 창문이었습니다. "말하라, 모든 진실을. 하지만 비스듬히 말하라, 성공은 회로에 있나니*"라고 썼을 때만 해도 디킨슨은 뇌의 수많은 회로에 관해서는 몰랐을 겁니다. 하지만 그녀는 위대한 19세기의 신경학자들처럼 '하늘보다 넓은' 뇌의 변화무쌍한 능력, 그러니까 뇌가 경계를 넘어 상상 밖의 새로운 기능을 발달시키는, 기적에 가까운 능력을 직관적으로 이해했습니다.

최근에 신경과학자 데이비드 이글먼은 뇌 세포들이 "너무나 복잡한 망으로 서로 연결되어 있어 인간의 언어로는 감당할 수 없고 새로운 종류의 수학이 필요할 정도다. ……1제곱센티미터 넓이의 뇌 세포 안에 우리 은하의 별만큼이나 많은 연결이 존재한다"고 썼습니다. 우리 뇌가 본래의 기능을 넘어 읽기를 위한, 완전히 새로운 회로를 형성하는 것도 이처럼 가늠하기 어려운 수많은 연결을 만드는 능력 덕분이지요. 뇌에 새로운 회로가 필요한 이유는 읽기가 자연적인 것도, 타고난 것도 아니기 때문입니다. 읽기는 6000년 전쯤에야 나

* 우회적으로 에둘러 말해야 듣는 사람이 받아들일 것이라는 뜻의 시 구절.

타난 비자연적인 문화적 발명입니다. '진화의 시계'에서 읽기는 자정 직전에 자리할 뿐이지요. 그렇지만 이 기술에는 우리의 뇌를 변화시키는 엄청난 힘이 있었습니다. 그것은 인간 종을 더욱 발달시켰지만 때로는 나쁜 방향으로 이끌기도 했습니다.

읽는 뇌의 구축

모든 것은 우리 뇌의 설계에서 드러나는 '일정한 한계를 지닌 가소성'에서 시작됩니다. 가장 놀라운 점은 뇌가 여러 정교한 기능을 갖고 있다는 사실이 아니라, 생물학적으로 타고난 기능들(시각과 언어)을 넘어 읽기와 셈 같은 완전한 미지의 능력도 발달시킬 수 있다는 사실입니다. 그러기 위해 뇌는 보다 오래된 기본 구조들을 연결하고 때로는 다른 목적에 맞게 고치기도 해서 새로운 조합의 경로를 만들어내지요. 전기 기술자가 구식 가옥에 최신 트랙 조명을 달기 위해 새로 배선하는 경우를 떠올려보면 됩니다. 전기 기술자를 무시할 생각은 전혀 없지만, 우리 뇌는 훨씬 기발한 방식으로 뇌 회로를 다시 배선합니다. 새로 학습할 것이 나타나면 인간의 뇌는 본래 있던 부분들(가령 시각과 청각 같은 핵심 기능을 담당하는 구조와 뉴런)을 다시 정렬할 뿐만 아니라 같은 영역에 있는 일부 뉴런 집단을 재정비해 새로운 기능을 맡게 할 수도 있지요.

그렇지만 다른 목적에 맞게 재조정되는 뉴런 집단이 새로 생긴 뉴런 집단과 비슷한 기능들을 나눠 갖는 것은 결코 우연이 아닙니다. 프랑스 신경과학자 스타니슬라스 드앤이 썼듯이, 뇌는 새로운 뉴런 망에 인지적으로나 지각적으로 연결된 기술을 얻기 위해 기존 뉴런 망을 재활용하고 심지어 본래 목적을 재조정하기도 하지요. 우리 뇌의 '한계를 지닌 가소성'이라는 특성을 보여주는 멋진 사례입니다.

이처럼 뇌의 회로를 재활용해 새롭게 구성하는 능력 덕분에 우리는 유전적으로는 계획되지 않았던 온갖 활동을 학습할 수 있습니다. 그 결과 인류는 최초의 바퀴를 발명했고 알파벳을 학습했을 뿐만 아니라 지금은 콜드플레이의 노래를 듣고 트윗을 올리며 웹서핑을 할 수 있게 되었지요. 그중 어떤 활동도 뇌에 미리 입력된 것은 없습니다. 이런 능력의 발달을 특별히 전담하는 유전자도 없습니다. 모든 것은 문화적 발명이며 여기에 뇌 피질의 변화가 뒤따랐을 뿐이지요. 그럼에도 읽기가 우리에게 언어처럼 내장돼 있지 않다는 사실은 중대한 의미가 있을 뿐 아니라 심지어 어려운 고민거리까지 안겨줍니다.

읽기와는 대조적으로 구어口語는 좀 더 기본적인 기능에 해당합니다. 여기에는 전담 유전자가 있어서 최소한의 도움만으로도 스스로 말로써 이야기하고 이해하며 생각하는 능력을 발휘할 수 있지요. 언어에 관한 한, 우리 본성은 세계 어디에나 존재하는 아주 보편적인 수순의 필요에 따라 함양됩니다. 덕분에 어린아이는 어떤 언어 환경에서든 사실상 아무런 가르침 없이도 그곳 언어를 배우게 되지요. 놀라운 일입니다.

하지만 읽기와 같이 새로 생겨난 발달은 그렇지 않습니다. 물론 여기에도 유전자들이 관여하는 것은 틀림없습니다. 이 유전자들은 언어와 시각 같은 기본 능력의 발달에도 관여하는 동시에 읽기 회로를 형성하기 위해 다시 정렬되기도 하지요. 하지만 이 유전자들이 스스로 읽기 능력을 만들어내지는 않습니다. 우선 인간이 읽기를 배워야만 하지요. 이 말은 모든 아이의 뇌가 자신만의 새로운 읽기 회로를 만들어가도록 환경을 구축해야 한다는 뜻입니다. 즉 기본적인 과정과 기본적이지 않은 과정을 복합적이고 종합적으로 계발·연결하는데 도움이 되는 환경을 구축해야 한다는 거지요.

여기서 한 가지 강조하고 싶은 사실이 있습니다. 유전적으로 결정된 읽기의 청사진은 없다는 것입니다. 하나의 이상적인 읽기 회로란 존재하지 않습니다. 다양한 회로가 있을 수 있습니다. 언어의 발달과는 달리, 읽기 회로의 청사진이 없다는 것은 해당 언어의 요건과 학습 환경에 따라 읽기 회로도 상당히 다르게 형성될 수 있다는 뜻입니다. 가령 중국어 기반의 읽기 회로는 알파벳 기반의 읽기 회로와 비슷한 점도 있지만 뚜렷한 차이도 있습니다. 우리는 흔히 읽기가 타고난 것이어서 아이가 적정 시기에 이르면 언어와 마찬가지로 '온전한 형태'로 발현될 거라고 생각합니다(이런 근본적이고 엄청난 착각 때문에 전 세계의 아이와 교사, 부모가 숱한 불행을 겪게 되지요). 그렇지 않습니다. 우리 대다수는 이 비자연적인 문화적 발명의 기본 원리를 배워야만 합니다.

다행히도 우리 뇌는 타고난 기본 설계 덕분에 아주 많은 비자연적인 것들을 학습할 준비가 되어 있습니다. 설계 원리 중에 가장 유명한 신경가소성은 읽기의 중요한 토대가 되지요. 신경가소성 덕분에 기존 회로를 연결해 새 회로를 만들어내는 것에서부터, 기존 뉴런들을 재활용하고 기존 회로에 새로운 가지를 추가하는 것까지 다 가능합니다. 하지만 지금 우리의 이야기와 관련해 가장 중요한 점은 읽기 회로가 왜 본질적으로 가변적인지(읽기에 따라 변할 수 있는지), 그리고 그것이 왜 핵심적인 환경 요인의 영향을 받는지조차도 가소성으로 이해할 수 있다는 것입니다. 구체적인 환경 요인으로는 **읽는 대상**(특정한 쓰기 체계와 내용)과 **읽는 방법**(인쇄 혹은 스크린 같은 특정 매체, 그것이 읽는 방식에 미치는 영향), 그리고 **읽기의 형성 과정**(교육)이 있습니다.

두 번째 원리를 설명하려면, 20세기 중반의 심리학자 도널드 헵 Donald Hebb●의 학문적 성취에 대해 이야기해야 합니다. 그는 뇌 신경세포(뉴런)가 어떻게 작업군 혹은 세포군을 형성하여 특정 기능을 맡게 하는지를 개념화했지요. 읽기의 경우에도 뉴런의 작업군이 회로의 각 부분(가령 시각과 언어)에서 최고도로 특화된 기능의 일부를 배우게 됩니다. 이렇게 구축된 신경망 덕분에 우리는 글자의 아주 사소한 특징까지 식별하고, 말소리의 극도로 미세한 요소, 말 그대로 1000분의 1초 단위의 음소까지 알아차릴 수 있게 되지요.

그보다 구체적이면서도 못지않게 중요한 사실은 이와 같은 신경세포의 전문화 덕분에 각 뉴런의 작업군은 자신의 특정 영역에서 저절

● 캐나다 태생의 신경심리학자로 뉴런 작용이 학습에 어떻게 기여하는지 규명했고 '함께 점화하는 세포들은 연결된다'는 규칙을 제안했다.

로 작동될 뿐만 아니라 읽기 회로에 속하는 다른 작업군 혹은 신경망과도 사실상 자동적으로 연결된다는 것입니다. 다시 말해 읽기가 발생하려면 국소적 수준에서(즉 대뇌 피질의 시각령 visual cortex 같은 구조 영역 안에서) 뉴런의 연결망이 음속 수준으로 빠르게 자동 반응해야 하고, 다시 같은 속도로 뇌 구조 전역에 걸쳐 연결(예를 들면, 시각 영역과 언어 영역의 연결)이 일어나야 합니다. 따라서 우리가 한 글자라도 말을 할 때는 시각령에 속하는 특정 뉴런군의 연결망 전체가 활성화되고, 이것은 그에 상응하는, 특정 언어에 기반한 세포군의 연결망 전체와도 조응하는 한편, 발성을 담당하는 운동신경세포군의 연결망과도 조응합니다. 이 모든 과정이 1000분의 1초 만에 이뤄지지요. 지금 여러분이 이 편지를 완전히(혹은 불완전하게라도) 집중해 읽고서 뜻을 이해할 때 어떤 일이 일어나는지를 기술하려고 한다면 이런 시나리오를 100배 곱해보면 됩니다.

요컨대, 이 세 가지 원리의 조합이 읽기 회로의 기초를 이루는데, 다음과 같은 사실에 대해서는 거의 누구도 의심하지 않을 것입니다. 즉 읽기 회로는 뇌의 좌우 반구 안에 있는 네 개의 엽(전두엽, 측두엽, 두정엽, 후두엽)과 뇌의 다섯 개 층(가장 위의 종뇌, 그 아래 양옆에 붙어 있는 간뇌, 중간층의 중뇌, 그 아래쪽의 후뇌와 수뇌)을 통해 들어오는 입력값을 수용합니다. 그러니 우리가 뇌의 아주 작은 부분만 사용하고 있다는 케케묵은 유언비어를 아직도 믿고 있는 분이 있다면, 글을 읽는 동안 우리 뇌에 어떤 일이 일어나는지조차 모르고 있는 것입니다.

뇌에서 펼쳐지는 3중 서커스

우리 사회가 우리의 가소적인 읽는 뇌에서 일어나는 변화가 함축한 모든 것을 이해하려 한다면 읽기 회로의 '엔진 안'으로 들어가 봐야 합니다. 혹은 여러분이 회의적인 시선을 조금만 거둔다면, '서커스 천막 안'이라고 표현하겠습니다. 한 단어를 읽을 때마다 우리의 읽는 뇌에서 일어나는 다중적이고 동시다발적인 작업을 생생히 보여주려면 3중 서커스three - ring circus*에 비유하는 것이 가장 좋겠다는 생각에서입니다. 주변에서 흔히 볼 수 있는 원형 무대의 서커스가 아닙니다. 태양의 서커스에서나 가능한, 배우와 동물로 가득한 3중 서커스 말입니다. 그들의 마법 같은 솜씨는 정말 믿기지 않을 정도지요! 여러분이 그런 것을 경험할 수 있도록 신경과학자이자 뛰어난 예술가인 캐서린 스투들리 Catherine Stoodley가 삽화로 도움을 줄 것입니다.

서커스 천막 위에서 내려다보기

이제 여러분이 거대한 서커스 천막 꼭대기에 설치된 원형의 나무 횃대에서 발아래 광경을 내려다본다고 상상해보세요. 그처럼 시야가 좋은 곳에서 지켜보는 동시다발의 3중 서커스야말로 읽기 회로가 형성되는 과정과 대단히 흡사합니다. 다만 우리의 읽기 서커스에는 다섯 개의 원형 무대가 등장합니다. 그리고 환상적인 옷을 입은 서커스

---

* 세 무대를 동시에 진행하는 서커스.

단이 우리가 한 단어를 읽기 위해 필요한 모든 과정을 수행할 준비를 하고 있을 겁니다. 우선은 뇌의 좌반구에서 일어나는 과정만 관람해볼 거예요. 게다가 그 과정은 슬로모션으로 진행되기 때문에 실제로는 거의 순식간에 벌어지는 일임에도 여러분은 전혀 어지러움 없이 모든 장면을 관람할 수 있습니다.

먼저 서로 겹치는 세 개의 대형 무대에 등장한 공연자들에게 주목해주시기 바랍니다. 그다음에는 대형 무대에 연결된 약간 작은 두 개의 무대로 시선을 옮겨보세요. 대형 무대들은 각각 새로운 읽기 회로와 연결되는 시각과 언어 그리고 인지의 기저를 이루는 넓은 영역을 나타냅니다. 좀 더 작은 두 개의 무대 중에 첫 번째 것은 운동 기능을 나타내지요. 이 기능을 맡은 연기자들은 말소리를 똑똑히 내는 데 필요할 뿐만 아니라 곧바로 이어지는 아주 놀라운 활동에도 필요합니다. 물론 이 무대는 언어와 연결돼 있을 뿐만 아니라 더욱 놀랍게는 인지와도 연결돼 있습니다. 두 번째 작은 무대 역시 언어와 인지 둘 다에 연결돼 있습니다. 이것은 감정적 기능을 담당하는 동시에 우리의 수많은 느낌을 생각과 말에 연결시키지요. 이제 가장 왼쪽에 있는 불이 켜진 유리 상자를 볼까요. 그곳에선 온갖 종류의 'VIP들'이 자신들로서는 대단히 중요한 일들을 하고 있는 것처럼 보입니다. 이 유리 상자는 우리 뇌에서 '경영본부'와 비슷한 곳이지요. 그곳에서 다양한 종류의 주의와 기억, 가정 수립과 의사결정이 이루어집니다. 이마 바로 뒤에 있는 이 뇌 부위는 전전두엽 피질이라고 부르지요.

이제 뇌를 포함한 거대한 구조물 위에 주 무대들을 겹쳐놓는다고 상

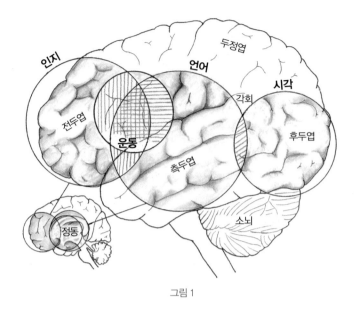

그림 1

상해볼까요.(읽는 뇌의 맨 위쪽 피질층을 그린 스투들리의 독창적인 그림 1을
보세요). 시각의 무대는 좌반구 후두엽의 상당 부분과 우반구의 일부
를 차지합니다. 최소한 알파벳 사용자의 경우에는 그렇습니다. 언어
와 인지의 무대처럼 시각의 무대는 중뇌와 소뇌의 영역들을 아우르
며 이곳에서 일어나는 모든 활동을 거의 자동적인 속도로 조율합니
다. 알파벳 체계와는 달리 중국어와 일본어 한자 체계는 우반구의 시
각 영역을 훨씬 많이 사용하지요. 시각적 부담이 좀 더 큰 글자를 처
리해서 개념들을 기억하고 연결하기 위해서입니다.

　언어의 무대는 좌우 반구 양쪽에서 여러 층의 영역에 걸쳐 넓게 자
리를 차지합니다. 특히 시각령에 붙어 있는 두정엽과 측두엽, 운동령
에 붙어 있는 전두엽의 영역을 차지하지요. 마찬가지로 인지의 무대

와 좀 더 깊이 자리 잡은 정동Affect(이 신경망의 일부는 대뇌 피질 바로 아래에 있는 뇌의 두 번째 층인 간뇌 아래쪽에서 형성됩니다)의 무대는 언어령과 상당 부분 겹칩니다.

이 무대들이 서로 가깝고 겹친다는 사실은 그들의 기능이 얼마나 긴밀히 제휴하고 상호의존적인지를 물리적으로 보여주는 듯합니다. 이렇게 우리는 공연 무대를 보는 관점에 입각해 알파벳 체계를 위한 읽기 회로의 기본적인 윤곽을 함께 살펴보았습니다.

주의의 조명

이제 우리가 영어 단어 하나를 읽을 때 무대 안에서는 어떤 일이 일어나는지 좀 더 자세히 들여다볼까요. 이때는 마치 명령이라도 떨어진 것처럼, 우리가 아직은 제대로 파악하지 못한 단어의 거대한 이미지가 우리 눈높이 바로 아래, 천막의 가장 큰 윗덮개에 투영됩니다. 그러면 우리는 전전두엽의 통제실에 의해 스위치가 켜진 몇몇 조명등을 재빨리 따라가야 하지요. 뇌의 주의 체계는 생물학적인 조명등에 해당합니다. 전등에 스위치가 켜지지 않으면 다른 일도 일어날 수 없지요. 하지만 조명등의 종류는 다양하다는 사실을 기억해야 합니다. 뇌는 읽기와 관련된 수많은 단계나 과정에도 각각 다른 유형의 주의를 할당할 수 있어야 하기 때문이지요. 대부분의 사람들은 우리가 수행하는 모든 기능에서 주의가 핵심적인 역할을 맡고 있으며, 심지어 우리 눈이 어떤 단어를 보기도 전에 이미 다중적인 유형의 주의가 작동하기 시작한다는 사실을 간과합니다.

첫 번째 조명등은 주의의 방향을 결정함으로써 세 가지 임무를 신속하게 달성해야 합니다. 첫 번째 임무는 우리의 두정엽(즉 종뇌의 최상층) 내부에서 일어나는 일에서 주의를 분리시키도록 돕는 일이지요. 두 번째 임무는 눈앞의 대상으로 주의를 이동시키도록 돕는 것입니다. 여기서 눈앞의 대상이란 천막 윗덮개에 올라온 특정 단어가 되겠지요. 이런 시각적 주의의 이동은 중간뇌(즉 뇌의 세 번째 층인 중뇌에서) 심층부에서 일어납니다. 세 번째 임무는 우리가 새로이 주의를 집중하게 하고, 그러는 동안 읽기 회로가 행동에 나서도록 일깨우는 것입니다. 읽기 직전에 일어나는 이 마지막 주의집중은 뇌의 주요 스위치보드인 피질 아래의 특정 영역에서 일어나지요. 바로 좌우 반구의 두 번째 층인 간뇌에 자리한 시상視床이라는 이름의 아주 중요한 영역입니다.

하지만 읽기 회로가 본격적으로 활동하려면 보다 지엽적인 조명등이 하나 더 필요합니다. 이것은 양쪽 전두엽 안에 있는 전두엽 통제실의 집행적 주의 체계에 의해 조직되지요. 이 핵심적인 시스템은 뒤따라 일어나는 인지 작업을 관리합니다. 무엇보다 우리의 감각 정보를 처음부터 작업 기억에 간직해두는 일을 하지요. 수집된 다양한 유형의 정보들을 통합하고 어떤 것도 놓치지 않기 위해서입니다. 덕분에 우리는 '암산으로' 수학 문제를 푸는 것에서부터 전화번호와 단어 그리고 문장을 기억하는 것에 이르기까지 모든 일을 할 수 있지요. 이렇듯 주의 체계와 다양한 종류의 기억 사이에는 극도로 긴밀한 관계가 있습니다.

시각의 무대

이처럼 사전에 주의가 조정된 후에도 놀라운 일이 일어납니다. 우리가 기다려왔던 행동이 드디어 시작되는 거지요! 이제 양쪽 눈의 망막으로부터 각각 두 개의 자전거 곡예단이 빠르게 등장합니다. 거대한 외바퀴 자전거 위에는 밝은 옷을 입은 곡예단원들이 타고 있지요. 그들은 눈의 망막에서부터 뇌의 최후방에 있는 후두엽까지 뻗은, 가장 높고 기다란 줄 위에서 자전거를 탈 채비를 하고 있습니다. 양쪽 눈에 소속된 단원들은 처음에는 똑같이 출발하지만 금세 **시신경 교차**視神經交叉라 불리는 X자 모양의 교차 지점에서 갈라집니다. 마치 열차 선로의 교차로 같은 이곳에서 네 개의 곡예단이 분리된 다음, 뇌의 여러 층을 지나 좌우 반구 뒤쪽의 시각 영역에 이릅니다. 각 눈은 자전거 곡예단을 좌우 반구에 하나씩 보냅니다. 진화적으로 대단히 유리하고 탁월한 설계이지요. 생각해보세요. 그럴 경우엔 눈이 하나만 있더라도 좌우 반구 모두 핵심적인 시각 정보를 제공받을 수 있으니까요.

네 개 곡예단은 줄 위를 가다가 몇 차례 멈춰 서기는 하지만, 아무런 방해도 받지 않은 채 빛의 속도로 정보를 나르는 것처럼 보입니다. 모두가 50밀리세컨드(0.05초) 이내에 후두엽 내의 특정 영역에 메시지를 가지고 도착하지요. 이 영역은 흰색과 회색의 물질이 교대로 여섯 겹의 줄무늬를 이루고 있다고 해서 **시각 선조 피질***이라 불립

• 흔히 '1차 시각 피질'이라 불린다.

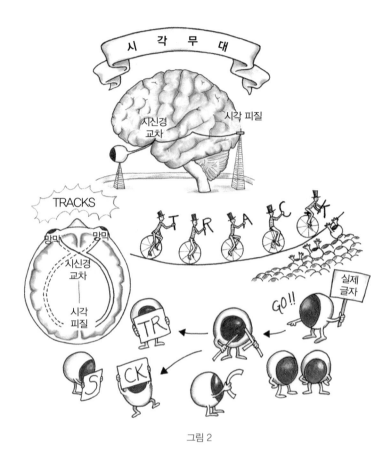

그림 2

니다.

곡예사들은 이 피질 영역의 네 번째 층에 도착한 후에 사방으로 흩어집니다(그림 2 참조). 갑자기 후두엽 안의 시각 무대 전체가 빙빙 돌면서 활발히 움직입니다. 이때 자전거 곡예사들이 가져온 정보는 빠르게 작은 안구 모양의, 음 그러니까, 대략 팔다리가 달린 작은 눈처럼 생긴 구체들에게 이전됩니다. 이 부지런한 구체들 중 한 무리는 곡예사들의 메시지를 '글자들'로 파악하고는 즉시 피질의 좀 더 깊은 영역에 인접해 놓는 구체들에게 전달합니다. 그것들이 실재하는 글자들이라는 신호를 보내는 거지요. 또 다른 구체 무리는 그 글자들을 구성하는 특징들(예를 들면 선, 원, 사선)을 살펴보고는 이미 알고 있는 영어 단어 t+r+a+c+k+s로 파악합니다.

두 번째 구체 무리가 단어의 철자들을 알아보는 것과 거의 동시에 또 다른 뉴런 팀, 즉 구체 무리가 동시다발적으로 다중적인 행동을 시작합니다. 어떤 구체는 한 철자에만 집중하고 어떤 구체는 글자의 패턴에 반응합니다. 가령 tracks에서 ack와 tr 같은 것들이 글자의 패턴이지요. 또 다른 구체들은 단어에서 의미를 담고 있는 부분인 형태소(가령, 영어 단어에서 복수를 표시하는 s와 같은 접사)를 파악합니다. 이 무대 안에서 활약하는 각각의 구체 무리는 고유의 영역을 차지하고는 시각 정보의 대단히 구체적인 부분들을 도맡아 빠르고 정교하게 임무를 완수합니다. 어떤 구체 무리는 단어를 보고도 무관심하거나 적어도 활동성이 떨어지는 것처럼 보입니다. 그중 어떤 것들은 stop과 the같이 한눈에 들어오는 단어(다른 시각 뉴런의 추가 분석이 필요 없기 때문에 시각 단어라 불립니다)만 파악합니다. 또 어떤 것들은 다른 시각적 특징을 전담하는 것으로 보입니다.

하지만 자전거 곡예사들이 시각 정보의 특정 부분들을 식별해내는 각각의 뉴런 구체를 어떻게 그토록 빠르고 정확하게 배치하는지는 수수께끼입니다. 이 수수께끼 이면에는 또 다른 놀라운 설계 원리(이 경우에는 망막위상적 구조와 표상)가 존재합니다. 어쩌면 이제는 더 이상 놀랍지 않을 수도 있지만 말입니다. 어쨌든 망막 안에 있는 고도로 분화된 뉴런은 시각 영역에 상응하는 특정 뉴런을 작동시킵니다. 마치 자기만의 GPS 시스템을 갖고 있는 것처럼, 곡예단이 꼭 맞는 뉴런들을 속사포처럼 배치하는 능력 덕분에 극도로 신속하고 정확하게 정보가 이전되는 거지요. 글자의 경우, 망막의 곡예단은 오랜 발달 과정 속에서 이런 식의 연결법에 반복 노출됨으로써 이것을 학습해야만 합니다.

이런 학습이 가능한 것은 우리 뇌가 글자와 같은 형태를 표상(표상이라는 의미의 영어 단어인 representation은 're-presentation', 즉 '다시-제시'로도 해석할 수 있다는 점을 생각해보세요)하는 능력이 있기 때문이지요. 전문가 수준 독자의 시각 피질은 글자의 표상은 물론, 여러 단어에 공통으로 쓰이는 글자의 형태(예를 들면, 어근이나 접사를 이루는 형태소), 심지어 수많은 아는 단어들로 꽉 차 있습니다. 처음엔 상상하기 어렵지만, 이런 표상들은 우리의 신경망 속에서 물리적 실체로 자리를 차지하고 있지요. 심지어 우리가 글자를 보지 않고 상상만 해도 마치 실제로 본 것처럼 그 글자의 표상에 상응하는 시각 피질의 전담 뉴런 집단이 발화합니다. 이것이 바로 우리의 서커스 천막 안에서 일어나고 있는 일입니다. 천막 덮개에는 이렇게 씌어 있지요. "우리 눈의 망막위상적 구조 덕분에 망막 세포로 들어온 정보를 받자마자 거기에 상응하는 시각 피질의 뉴런들은 이미 작동할 준비가 돼 있습니다."

진화의 관점에서 생각해보면, 이렇게 놀랍도록 효율적인 조직 원리는 읽기가 발명되기 전에도 우리 선조들의 생존에 기여한 것이 확실합니다. 이는 초기 인류가 포식자의 족적을 얼마나 빨리 파악해야 했는지를 생각해보면 알 수 있습니다. 속사포처럼 빠른 인식 능력은 우리 뇌의 시각적 표상을 통해 기하급수적으로 발달하지요. 생각할수록 흥미로운 사실은 현재 우리 뇌에 형성돼 있는 망막위상적 조직화(독자들마다 각각의 글자와 단어를 학습하는 과정에서 재활용되어왔지요)가 우리 선조나 문맹인의 망막위상적 조직화와는 같을 수도 없고, 실제로 같지도 않다는 점입니다. 우리가 글자와 단어 학습에 사용하는 뉴런 집단의 대부분이 시각적으로는 문맹인의 그것과 비슷해 보이지만 기능적으로는 다른 일을 맡습니다. 이를테면 물체나 얼굴의 식별 같은 일을 하지요. 다시 말해 뇌가 읽기를 배울 경우, 원래 물체나 얼굴의 작은 특징을 식별하기 위해 조직화되었던 신경망의 일부가 글자와 단어의 작은 특징들을 파악하는 일을 하게 된다는 의미입니다.

언어의 무대

이제 다시 서커스로 돌아가 볼까요? 마침 우리 눈앞에 몇 가지 놀라운 장면이 펼쳐지고 있군요. 새로운 뉴런 단원들이 언어의 무대에 뛰어올라 공연을 시작합니다. 여기서 가장 중요한 말은 '뛰어올라 spring'입니다. 빙빙 원을 그리며 공중을 나는 수많은 곡예사가 언어의 무대 주변에서 도약하고 있지요. 이곳은 후두엽과 측두엽이 만나는 시각 영역에 인접해 있습니다. 틀림없이 뉴런 집단이 많이 필요할 겁니다. 우선 시각 정보(즉 글자들)를 단어의 정확한 소리 혹은 음소와 신속히 연결한 뒤, 그 정보를 해당 단어의 모든 가능한 의미들에 연결해야 하니까요.

(방언에 따라 다릅니다만) 영어에는 약 44개의 음소가 있습니다. 여기서는 44명의 아주 작은 연기자들이 음소를 대표합니다. 그들은 역동적으로 확장되는 언어의 무대 위에서 조바심을 내며 뛰어다니고 있습니다. 마치 마구간의 경주마들처럼 대기하고 있다가 그중 일부는 t+r+a+c+k+s 가운데 제 짝에 해당하는 철자와 연결될 것입니다. 가만히 보면 어떤 연기자군은 쌍둥이 혹은 세쌍둥이와 아주 흡사합니다. 그들은 우리 앞에 나타나는 단어에서 tr처럼 한데 뒤섞이는 흔한 연음을 담당하지요. 또한 가장 자주 쓰이는 소리들은 언어의 무대에서도 좋은 자리가 주어지는 것처럼 보입니다. 마치 짝짓기 과정에서 가장 먼저 선택되기를 기대하는 것처럼요.

여기에는 이유가 있습니다. 우리가 주변 시야*에서 시선을 약간만 왼쪽으로 돌려봐도 통제실에서 선택될 개연성이 가장 높은 글자나 글자군이 어떤 식으로 부각돼 보이는지 알 수 있습니다. 전문가 수준의 읽는 뇌에 관한 한 우연에 맡겨진 것은 아무것도 없습니다. 오히려 개연성과 예측에 좌우되는데, 이것은 다시 단어의 문맥과 사전 지식에 기반을 두고 있지요. 전두엽 영역에서 이러한 초기 지침이 전달되면 야단법석이 일어납니다. 이때 지침에 해당하는 음소의 연기자들은 거기에 맞는 소리들을 시각 단원들의 입력 값에 일치시킵니다.

• 시선의 바로 바깥쪽 범위.

tracks라는 단어가 신호탄이 되어 뇌 안에서는 불꽃놀이가 시작되는 거지요!

이제 언어와 인지의 무대에 소속된 완전히 새로운 연기자들이 공연에 참여하면서, 그 신명이 천막 전체에 느껴질 정도입니다. 단어 앞에서 공중제비를 넘는 곡예사들이 단어 앞으로 거꾸러지면서 각자가 생각할 수 있는 온갖 흥미로운 의미를 외칩니다. "animal tracks(짐승 발자국)? sport tracks(경기장 트랙)? railway tracks(기차 철로)?" 곡예사들의 유연함에 우리는 매료됩니다. 그들은 자주 사용되는 한 가지 뜻에서 시작해 점차 사용 빈도가 낮은 단어들을 거쳐 아예 새로운 가능성들까지 장황하게 늘어놓지요. "tracks of tears(눈물 자국)? audio tracks(오디오 트랙)? school tracks(학교의 학급)? one-track mind(편협한 생각)? eye tracking(안구 추적)? track lighting(트랙 조명)?"

이렇게 의미론에 입각한 뜻만으로는 충분치 않다는 듯, 언어의 무대와 운동의 무대 양쪽을 딛고 올라선 배우들은 씩 웃으며 이렇게 묻습니다. "동사 track은 어때요?" 더 심화된 가능성을 제안하는 거지요. 그러면 인접한 운동의 무대 안쪽에서 여러 명의 숨소리 같은 것이 들려옵니다. 거기에는 이국적 의상의 활기찬 마임 배우들이 대기하고 있지요. 그들은 그 단어를 소리로, 아니면 훨씬 기이하게도 몸으로 구현할 태세입니다. 입술과 후두, 혀의 근육을 통제하는 뉴런은 가만히 내버려둔 채, 손발 근육의 움직임을 시뮬레이션할 준비를 하고 있습니다. 그 단어가 행위를 나타내는 동사인지, 아니면 보다 추상적인 의미를 갖는지에 따라 동작은 달라지겠지요. 예를 들어 ˙tracks an animal(동물을 추적하다), tracks a crime(범죄를 캐다), tracks data trends(데이터 추세를 추적하다), tracks a hurricane(태풍의 경로를 좇다)˙처럼요.

빙빙 돌고 있는 곡예사와 마임 배우들 뒤로 수백 명의 다른 곡예사와 마임 배우들이 보입니다. 모두가 '의미론적 이웃사촌'이지요. 그중 일부는 무대 가까이에 서 있습니다. 밀리세컨드 단위의 속도로 뭔가가 들어오는 즉시 관련 단어와 개념들을 가지고 무대로 뛰어오를 태세입니다. 그중에는 tracks와 단지 두운(예를 들어, treats, trams, trains, tricks)이나 각운(예를 들어, packs나 sacks, lacks, 심지어 wax)이 같다는 이유만으로 목록에 올라간 단어들도 있습니다.

인지의 무대와 정동의 무대

이제 언어의 무대 위에서 펼쳐지는 1인 배우의 연기에서 우리의 시선을 다른 곳으로 돌리려는 듯이, 멋지게 차려입은 공중그네 곡예사들이 서로 충돌할 것처럼 위로 뛰어오릅니다. 그들은 우리의 의식을 이전과는 완전히 다른 거대한 미개척 공간 속의 회상으로 끌어올리고는 우리가 인지의 무대 안에 있는 중첩된 영역으로 들어가도록 신호를 보냅니다. 공중그네 곡예사들이 들락날락하며 tracks라는 단어의 문맥에 관해 질문하면 우리는 가만히 귀를 기울이지요. 처음엔 생각해보지 못했던 질문들입니다. 문득 어린 시절에 봤던 장면이 떠오릅니다. 작은 기차가 비탈길의 철로를 숨 가쁘게 올라가며 혼자서 중

그림 3

얼댑니다. "나는 할 수 있다고 생각해, 나는 할 수 있다고 생각해." 그
것과 무척 비슷해 보이는, 철로 위의 또 다른 작은 기차는 밝은 청색
에다, 이름은 탱크 기관차 토마스입니다. 또 다른 장면에서는 덩치 큰
근육질 남자들이 철로를 놓기 위해 통나무를 쪼개고 있습니다. 19세

기 미국처럼 보이는 곳에서 말이지요(그림 3 참조).

이런 심상들과 함께 어린 시절의 느낌이 우리 안에서 솟아나면서 정동의 무대 안은 다른 무대에서 활성화된 생각과 단어들, 그리고 관련된 느낌들로 요동치기 시작합니다. 어린 시절의 느낌만 깨어나는 것은 아닙니다. 인지의 무대 다른 쪽에서도 배우들의 모습이 차츰 눈에 들어오기 시작하는군요. 이들은 겨울옷 차림으로 겁에 질린 듯이, 한 러시아 미녀의 형상을 쳐다보고 있습니다. 그녀는 검은 머리카락에 붉은 가방을 들었습니다. 바로 안나 카레니나입니다. 그녀는 **철로**에 몸을 던지려 하는군요! 하지만 곧바로 두려움과 공감, 슬픔 같은 익숙한 느낌이 정동의 무대에서 일어나면서 앞의 장면은 희미해지고 우리의 주의는 다시 이동합니다.

이제 **모이랑회**라 불리는 영역 위쪽에 아주 이례적인, 유령에 가까운 환영이 나타나는군요. 이 영역은 후두엽과 측두엽, 두정엽이 교차하는 중추적인 위치에 있습니다. 후두엽의 시각 무대의 기능들, 그리고 측두엽과 두정엽의 언어와 인지 무대의 기능들을 통합하는 능력을 반영한 것이지요(그림 1 참조). 턱시도 차림의 이 커다란 형상은 무대 감독과 철로 감독관의 중간 역할을 하면서 모든 정보를 통합해 우리가 따라야 할 단어들의 노선들을 골라줍니다.

이 인물이 지시를 내리는 것인지, 전두엽 통제실이 지시를 내리는 것인지, 아니면 양쪽에서 지시를 내리는 것인지는 불분명하지만, 인지의 무대에서 조명이 약해지면서 유령 같은 안나의 형상은 우리 시야와 의식에서 점차 사라집니다. 왜냐하면 안나의 이미지가 계속 우리 곁에 머물기에는 정보가 부족하기 때문이지요. 지금은 아주 약간의 슬픔과 회한만 남았을 뿐입니다. 이 순간 우리는 평범한 단어인 tracks를 접했을 때의 모든 기억 중에 무언가는 항상 우리 내부에 남아 있다는 사실을 깨닫습니다. 실제로 많은 단어가 그렇지요. 수년 전 인지과학자 데이비드 스위니David Swinney가 강조했듯이, 우리가 사용하는 단어는 관련된 의미와 기억, 느낌의 보관소를 가질 뿐만 아니라 그것은 어느 순간에 이르면 모두 활성화됩니다. 심지어 주어진 맥락 안에서 단어의 정확한 의미가 특정됐을 때도 마찬가지입니다.

밀리세컨드 단위의 이런 순간적인 회상을 통해 우리는 단어들을 저장하고 복구하기 위한 뇌의 설계 속에 얼마나 다층적인 아름다움이 담겼는지 감상할 수 있습니다. 그러니까 각 단어마다 거기에서 무수히 많은 연결과 조합, 그리고 오래전에 저장된 감정의 역사를 끌어낼 수 있지요. 실로 지금 여러분은 시인과 작가들이 가장 완벽하고 적합한 단어를 찾기 위해 매일 애쓰는 것과 같은 뭔가를, 다시 말해 읽는 뇌가 어떻게 0.5초 만에 활성화하는지를 목격했습니다. E. M. 포스터는 이를 두고 "문장과 열정"을 연결하는 것이라고 했지요.

마지막으로 지금까지 우리가 상상 속의 읽기 회로에서 지켜본 모든 것을 한 번에 조망하는 것으로 우리의 읽는 뇌 여행을 마치도록 하겠습니다. 앞에서와는 달리 이번엔 슬로모션이 아니라 실시간으로(즉 400밀리세컨드 안에) 좌우 반구에서 일어나는 활동을 지켜볼 것입니다. 불가능에 가까울 정도의 초고속이지요. 맨 처음 우리는 우반구의 시각 영역이 빠르게 좌반구 쪽으로 건너간 다음, 거기서 온갖 종류의 활동이 일어나 무대의 모든 층에서 통합되는 것을 보게 됩니다. 마지막으로, 활동이 끝날 무렵에는 우반구의 상당 부분에서 tracks라는 단어의 뜻풀이에 기여하는 여러 영역이 동시다발적으로 밝게 빛나는 것을 보게 됩니다. 상대적으로 발음에 기여하는 영역은 적습니다. 우리는 그 이상은 지각할 수 없습니다. 우리 눈은 언제 어디서 무슨 일이 일어나는지 정확히 이해할 만큼 이 과정을 빠르게 쫓아가지는 못합니다. 사실 이 장면은 너무나 긴밀히 연결된 신경망이 펼치는 막힘 없는 연기 같아서, 우리에게는 서로 연결된 거대한 빛의 조합이 진동하는 듯한 이미지만 남지요. 실제로 읽는 뇌의 회로 안에는 "은하수의 별들만큼이나 많은 연결이 있습니다".

읽는 뇌의 연결성을 묘사한 이 마지막 이미지는 적어도 순차적으로 일어나는 일만큼이나 많은 일이 지그재그로 앞뒤를 오가고 상호작용을 하며 일어난다는 사실을 보여줍니다. 이것이 우리가 읽는 동안 시각, 언어, 인지, 운동, 정동의 무대 내부에서, 그리고 각각의 무대들 사이에서 실제로 일어나는 일과 가장 가까운 모습일 것입니다. 비록 그 타이밍과 순서에 관해서는 여전히 알려지지 않은 것이 많지만 말이지요. 서커스 천막 꼭대기에서 모든 것을 지켜본 우리는 읽기라는 행동이 얼마나 엄청난 요소들로 이뤄지는지 알고서는 겸손한 마음을 갖게 됩니다. 하지만 대다수 사람들은 읽기를 너무나 당연한 것으로 여기지요.

여러분은 절대 그러지 마시기 바랍니다. 이제는 여러분이 단어 하나를 읽을 때마다 수천, 수만 개의 뉴런 작업군이 작동한다는 사실을 이해하셨기를 바랍니다. 그 작업군을 지금 모두 만나봤고 앞으로 더욱 많이 접하게 될 것입니다. 그리고 한 단어만으로도 이렇게 많은 뉴런이 활성화된다면, 여러 단어들로 이루어진 하나의 문장, 니컬러스 크리스토프의 에세이, 에이드리엔 리치의 시, 앤드리아 배럿의 단편소설, 레이 제켄도프의 저서, 마이클 더다의 문학비평을 읽을 때는 어떨지 한번 상상해보시기 바랍니다.* 저는 우리가 하나의 단어를 검색할 때 무슨 일이 일어나는지 이해하기 위해 수년간 연구해왔음에도 여전히 한 줄의 문장이 우리에게 더없이 깊은 생각을 이끌어내는 과정이 경이롭기만 합니다.

다음 편지에서 말씀드리겠지만, 깊이 읽는 뇌는 이해라는 목적을 위해서라면 생리학적으로 '어디에든' 갑니다. 하지만 그것이 불변의 법칙인 것은 아닙니다. 바뀔 수도 있습니다.

진심을 담아
저자

• 모두 미국의 작가들로, 니컬러스 크리스토프는 〈뉴욕타임스〉 칼럼니스트, 에이드리엔 리치는 시인, 앤드리아 배럿은 소설가, 레이 제켄도프는 언어학자, 마이클 더다는 평론가다.

세 번째 편지

위기에 처한 깊이 읽기

나는 읽기의 고유한 본질이 고독 속에서 일어나는 소통의 비옥한 기적에 있다고 생각한다. ……하지만 우리는 저자의 지혜가 떠나는 곳에서 우리의 지혜가 시작된다는 사실을 아주 분명히 느낀다. ……이례적인, 더욱이 신적이기까지 한 법칙(어쩌면 우리는 진리를 다른 누구로부터도 받을 수 없고 스스로 창조해야 한다는 법칙)에 의해 그들의 지혜가 끝나는 지점이 우리에게는 우리 자신의 지혜가 시작되는 지점처럼 보이는 것이다.

– 마르셀 프루스트, 《독서에 관하여》

친애하는 독자께,

지금까지 우리는 하나의 단어가 어떤 경로를 통해 이해되는지를 '추적'해봤습니다. 지난 편지에서는 한 단어 읽기가 수많은 뉴런을 활성화하고, 이 과정에서 뇌의 다섯 개 층과 여러 영역에 걸쳐 신호가 전달되는 것을 보았지요. 이제는 tracks라는 하나의 단어를 훨씬 어려운 맥락인 문장 속에서 판독하고 이해해보시기 바랍니다. 예를 들면, 다음과 같은 문장에서 말이지요.

His love left no tracks, save for the kind that never go away — for her and any who would follow. (그의 사랑은 아무런 흔적을 남기지 않았다. 다만 예외가 있었다. 그것은 그녀는 물론 앞으로 그의 뒤를 좇을 모든 이들에게는 결코 사라지지 않을 그런 흔적이었다.)

문장 속에는 무엇이 있을까

만약 제가 소설을 쓴다면 단순히 시선을 주는 것 이상의 일들을 요구하는 문장들로 채울 것입니다. 아마 제가 속한 터프츠 대학교의 동료인 지나 쿠퍼버그Gina Kuperberg 교수와 필립 홀콤Phillip Holcomb 교수 같으면 기능적 자기공명영상fMRI(혈류와 관련된 변화를 감지해 뇌 활동을 측정하는 기술)부터 사건 관련 전위ERPs(뇌에서 어떠한 자극에 대한 반응의 결과로 나타나는 전위차를 측정하는 기술)에 이르기까지 다양한 뇌 조영 기술을 활용해 여러분이 이 문장을 읽는 동안 뇌가 어떤 상태에 있는지를 보여줄 수 있을 겁니다. 그것을 통해 우리의 뇌가 문장에 담긴 뜻밖의 놀라운 의미는 물론 가능한 다양한 의미들을 이해하는 데 필요로 하는 놀라운 전개 과정을 관찰할 수 있을 겁니다. 가령, 이 문맥에서 tracks라는 단어를 접한 후 여러분의 뇌를 ERPs로 관찰해보면 언어 영역의 여러 곳에서 N400의 반응이 나타날 겁니다. N400이란 이 영역에서 약 400밀리세컨드의 빠른 속도로 일어나는 뇌파 활동을 뜻하지요. 여러분의 뇌가 얼마나 놀랐는지를 보여주는 전기생리학적 신호입니다. 예상 밖의 무언가를 접했을 때 이곳으로 신호가 갑니다. 여기서는 tracks라는 단어의 예상치 못한 의미를 말하지요. 특히 앞의 편지를 통해 tracks의 다른 뜻들이 전부 소개됐거나 활성화된 후여서 놀라움은 클 수밖에 없겠지요. 어떤 단어가 예상하지 못한 의미로 문장에 쓰였을 경우 우리 뇌는 의미심장한 정지 반응을 보입니다. 특히 이런 식으로 심란하게 만드는 문장을 접했을 때와 같이, 마지막 단어들이 소리 없이 우리를 가슴 저린 추론으로 이끄는 글을 이해하려 들 때 더 그렇습니다. 이런 문장의 경우 전체가 부분의 합보다 훨씬 큰 만큼, 읽는 뇌의 신경 회로도 그 점을 반영해서 읽는 과정에서 활성화되는 시간과 위치도 달라집니다.

사실 한 문장이 처리되는 과정은 한 단어에 대한 지각적, 언어적 활동을 단어의 수에 맞게 연달아 단순 합산한 것이 아닙니다. 앤디 클라크가 설득력 있게 썼듯이, 우리가 문장이나 텍스트에서 단어들을 읽을 때는 새로운 인지 영역으로 들어섭니다. 이때는 예측이 지각과 만나지요. 사실 예측이 지각에 선행하고 미리 대비하는 경우도 많습니다. 저는 우리가 어떤 문장을 읽기도 전에 사전 지식으로 개별 단어의 시각적 형상을 신속하게 알아보고, 새로운 문맥 안에서도 그 의미를 보다 빠르고 정확하게 이해할 수 있다는 사실이 여전히 놀랍기만 합니다. 전문가 수준의 독자인 우리는 거의 순식간에 낮은 수준의 지각 정보를 처리하고 연결해냅니다(읽기 회로의 첫 번째 무대에서 일어나는 과정). 그런 속도여야만 우리의 주의를 보다 높은 수준의 깊이 읽기 과정에 할당할 수 있습니다. 그러면 여기서는 보다 낮은 수준의 과정과 정보를 끊임없이 주고받음으로써 그다음에 접하게 되는 단어들에 더 잘 대비하게 되지요.

이런 상호적인 교환 과정은 지각에서 해독解讀에 이르는 모든 것을 가속화한다는 인지적 장점이 있습니다. 지나 쿠퍼버그가 '전향적' 예측이라고 부른 활동을 통해, 즉 일련의 단어들 다음에 우리가 무엇을 읽을지 가능성을 좁힘으로써 지각의 속도를 앞당기지요. 요즘 모든 스마트폰에도 그런 기능이 있지요. 문자를 입력할 때 가끔 심한 (가끔은 당혹스러운) 오류를 동반하기도 하는 그 기능 말입니다. 이런 예측의 원천은 다양합니다. 여기에는 우리가 방금 읽은 것에 대한 작업 기억은 물론, 장기 기억으로 남은 배경 지식까지 포함됩니다. 지각과 언어, 그리고 깊이 읽기 과정 사이에서 일어나는 이런 상호작용들 덕분에 우리의 이해 속도는 빨라지지요. 그럴 경우, 스무 단어로 이루어진 한 문장을 미리 예측하고 합쳐서 읽는 속도가 스무 단어를 따로 읽고 여기서 얻은 정보를 합치는 것보다도 훨씬 빠릅니다.

하지만 글이나 텍스트를 얼마나 잘 읽느냐는 우리가 깊이 읽기 과정에 시간을 얼마나 할애하느냐에 달렸습니다. 어떤 매체로 읽든 사정은 같습니다. 지금부터 이 책에서 살펴볼 모든 것, 즉 디지털 문화에서부터 우리와 아이들의 읽기 습관, 우리 자신과 사회에서 묵상이 차지하는 역할에 이르기까지 모든 것은 우리가 깊이 읽기를 위한 뇌 회로 형성에 얼마나 많은 시간을 할애하느냐에 달렸습니다. 뇌 회로의 형성은 결정적으로 중요한 일이지만 결코 저절로 이뤄지지도 않습니다. 또한 이것은 아이들의 뇌 회로 발달은 물론, 우리가 성인이 되어 살아가는 과정에도 적용되는 이야기입니다. 깊이 읽기 과정이 형성되려면 몇 년이 걸립니다. 우리는 사회적인 차원에서 우리 아이들이 아주 어릴 때부터 겪는 깊이 읽기 과정의 발달에 주의를 기울여야 합니다. 시간이 흘러서도 깊이 읽기에 필요한 밀리세컨드 단위의 추가 시간을 쓰게 하려면 우리 같은 전문가 수준의 독자들이 일일 불침번을 자처해야만 합니다.

작은 테스트

그 일을 여러분이 얼마나 잘하고 있는지 한번 볼까요.

저명한 유전학자이자 인간게놈프로젝트HGP 총책임자인 프랜시스 S. 콜린스 박사가 역사상 가장 유명한 텍스트인 성경 읽기에 관해 쓴 글을 한번 보겠습니다.

지금 바로 성경을 찾아서 〈창세기〉 1장 1절부터 2장 7절까지 읽어보라. 의미를 이해하려 한다면 실제 텍스트를 보는 수밖에 없다.

〈창세기〉 1장과 2장의 의미를 두고 2500년 동안 논쟁이 계속되어 왔지만 정확한 뜻은 아무도 모른다고 말하는 게 온당하다. 우리는 그 뜻을 계속 탐구해야만 한다! 하지만 그 과정에서 과학적 규명을 적대시하는 것은 잘못된 생각이다. 만약 신이 우주와 그것을 지배하는 법칙을 창조했다면, 그리고 그것이 어떻게 작동하는지 파악할 수 있는 지적 능력을 인간에게 부여했다면, 그런 능력을 우리가 무시하기를 바라겠는가?

천지창조가 소개된 〈창세기〉 1장과 2장을 읽으라는 콜린스의 첫 문단은 쉽고 빠르게 읽혔을 것입니다. 반면에 두 번째 문단을 읽을 때는 한 번 이상 멈췄을 수 있습니다. 그렇더라도 여러분은 다음의 둘 중 한 가지 방식으로 읽었을 가능성이 아주 큽니다. 즉 〈창세기〉를 읽을 때 콜린스가 과학과 종교에 관해 무엇을 생각했을지 주의를 기울이고 반추해보았거나, 아니면 대충 읽었거나. 이 두 문단을 읽는 방식은 문해력과 단어 중심의 문화에서 디지털 스크린 기반의 문화로 이동하는 과정에서, 지금 여러분 자신의 읽기가 처한 상황뿐만 아니라 우리 모두가 직면한 딜레마를 들여다볼 수 있는 100만분의 1초 길이만큼의 창문을 제공해줍니다.

윌리엄 스태퍼드의 시구 중에 이런 것이 있습니다. "양질의 주의가 당신에게 주어졌다." 글의 기반을 이루는 인지적 지층을 그렇게 묘사한 것이지요. 그것은 우리를 다른 곳에서는 볼 수 없는 생각의 발견으로 이끕니다. 지금 우리 사회가 직면하기 시작했지만 여전히 답하지 않은, 거대한 질문들의 기저에는 바로 이런 주의의 본질이라는 문제가 있습니다(조금 전에 여러분이 프랜시스 콜린스의 글을 탐구하거나 건너뛰었던 것도 이런 주의를 사용한 덕분이었죠). 우리가 과거에는 의식적으로 주의를 기울여야 하는 매체로 읽었다면, 이제는 즉각성과 빠른 업무 전환 그리고 끊임없는 주의 환기를 조장하는 매체로 읽게 되면서 덩달아 주의의 질도 변하는 걸까요?

과학자로서 저는 우리 같은 전문가 수준의 독자조차 (몇 년간) 매일 몇 시간씩 스크린으로 독서를 하고 나면, 더 길고 어려운 텍스트를 읽을 때 주의집중에 미묘한 변화가 생기는 것은 아닌지 걱정스럽습니다. 인쇄 기반 문화에서 디지털 기반 문화로 옮겨가면서 우리가 읽을 때 사용하는 주의의 질(생각의 질의 기반입니다)이 돌이킬 수 없을 정도로 바뀌지는 않을까요? 그런 전이가 우리의 인지 능력에는 어떤 위협을 가하고 또 어떤 가능성을 내포하고 있을까요? 우리가 21세기에 접어들어 일상생활에 필요한 기술을 얻고 사용하는 과정에서 잃거나 얻는 것이 무엇인지 이해하기 위해 저는 이제 문제의 핵심으로 곧장 뛰어들려고 합니다. 그러기 위해 전문가 수준의 읽기 회로를 구성하는 깊이 읽기 과정의 다양한 면들을 살펴볼 것입니다. 그럼으로써 그 다양한 능력들이 왜 중요한지 스스로 변호해보려고 합니다. 물론 여기서 묘사되는 깊이 읽기의 과정이 전부는 아닙니다. 또한 그 과정들이 뇌에서 어떤 단일한 순서나 구성으로만 진행되는 것도 아닙니다. 기능적인 면에서 어떤 것은 더 흥미롭고 어떤 것은 더 분석적이며 어떤 것은 더 발생적입니다. 읽기의 유형에 따라 다중의 복잡한 과정들이 읽는 뇌 회로 안에서 동시다발적으로 활성화됩니다. 이 과정에서 서로서로 입력 값을 주고받는가 하면, 또 앞서 언급한 것처럼 단어 수준의 입력 값은 이전 것을 참조하기도 하지요. 순서는 상관없습니다. 존 스타인벡의《에덴의 동쪽》에서 나이 든 중국인 하인이 젊은 피후견인에게 말했듯이 "마지막에는 빛이 있습니다".

깊이 읽기의 환기 과정

'문장'이라는 단어가 말 그대로 '생각의 방법'이라는 의미임을 감안하면 •…… 문장은 생각의 기회이자 한계임을 깨닫게 됩니다. 문장으로 생각해야 하고 또 문장 안에서 생각해야 한다는 뜻에서 그렇습니다. 나아가 그것은 '느낄 수 있는' 생각이기도 합니다. ……그것은 느껴지는 감각의 양식 pattern입니다.

— 웬델 베리 ••

이미지화

웬델 베리가 이처럼 문장을 '느낄 수 있는 생각'으로 개념화한 것은, 깊이 읽기에서도 가장 실감이 나고 감각을 자극하는 과정을 설명해주는 좋은 징검다리라고 하겠습니다. 그 과정이란 우리가 글을 읽을 때 심상을 떠올리는 능력을 말합니다. 어떻게 이런 일이 가능할까요? 화가이자 작가인 피터 멘델선드가 강조했듯이, 읽는 동안 '보는' 것이 우리가 저자와 더불어 심상을 공동 창조하도록 도움을 줍니다. 소설에서는 저자의 대리인을 통해 그런 도움을 받기도 하지요. 우리가 책을 읽을 때 화자의 음성을 듣는 것은 소설이나 비소설이나 비슷합니다. 그 과정을 어떤 소설가는 이렇게 묘사했지요. "책을 열면 어떤 목소리가 말을 한다. 얼마간 낯선 혹은 반가운 세계가 나타나, 삶

• 영어로 문장을 뜻하는 단어 sentence는 '생각의 방법'을 의미하는 라틴어 senténtïa에서 유래했다.

•• 미국의 시인이자 소설가, 환경운동가.

을 어떻게 이해하면 좋을지에 관해 독자가 품고 있던 가정을 풍요롭게 해준다." 그 결과 여러분은 마크 트웨인이 허클베리 핀을, 또는 앨리스 워커가 씰리*를 묘사한 대목을 읽거나 F. 스콧 피츠제럴드가 닉 캐러웨이의 음성으로 제이 개츠비를 묘사한 대목을 읽을 때 각각의 인물을 사람들 틈에서 거의 정확히 가려낼 수 있는 거지요. 오직 단어들로만 전달되는 일련의 감각적인 세부 묘사를 통해 여러분과 저자는 함께 이미지를 구축합니다.

'초단편소설' 중에 그동안 주목을 가장 많이 받은 작품 한 편을 볼까요. 어니스트 헤밍웨이에게 짓궂은 작가 친구들이 내기를 걸었다가 탄생한 작품이지요. 친구들은 천하의 헤밍웨이라 해도 여섯 단어로는 이야기를 쓸 수 없을 거라며 내기를 하자고 했습니다. 아니나 다를까, 헤밍웨이는 내기를 받아들였고 결국에는 이겼지요. 놀랍게도 그는 이 이야기를 자신의 가장 멋진 작품들 중 하나로 꼽기까지 했지요. 그가 옳았습니다. 그는 최소한의 단어들만으로도 읽는 사람에게 강력한 시각적 심상은 물론, 깊이 읽기 과정까지 얼마간 불러일으켰던 것입니다. 그런 깊이 읽기 과정은 좀 더 긴 작품들을 읽을 때나 활용됐을 법한데 말이죠. 여섯 단어로 된 그의 이야기는 이렇습니다.

For Sale: baby shoes, never worn(팝니다: 아기 신발, 사용한 적 없음).

• 앨리스 워커의 대표작 《컬러 피플》의 주인공.

불과 여섯 단어만으로 이렇게 가슴 시린 감동을 전해준 사례는 별로 없습니다. 우리는 왜 그 신발이 사용된 적이 없는지 직관적으로 확신하지요. 그런 깨달음이 있기 전에 여러분은 이미 마음의 눈으로 외로운 아기 신발 한 켤레를 보았을 것입니다. 아마도 흠집 하나 없을 아기 신발에는 앙증맞은 레이스가 달려 있고, 작은 발의 흔적이라고는 조금도 없겠지요. 그런 이미지는 여러분의 배경 지식 저장소로 서글프게 흘러들었을 테고, 배경 지식들은 여섯 단어로 표현된 판매 정보 이면의 전체 시나리오를 유추하도록 도움을 주었을 것입니다. 그와 동시에 여러분 자신의 배경 지식과 이미지 그리고 추론 과정 안에서 상호작용이 일어나면서 여러분 자신의 관점이 타인의 관점 안으로 옮겨가는 데도 도움을 주었겠지요. 거기에 더해진 감정들도 모두 한데 뒤섞였을 테고요.

　그렇게 해서 헤밍웨이는 여섯 단어만으로도 읽는 사람에게 다양한 감정을 유발하는 이미지를 제시한 겁니다. 그 감정에는 상실이 가져왔을 쓰라린 고통, 그리고 자신에게는 그런 경험이 없음을 남몰래 안도하는 마음과 그 뒤를 따르는 죄책감, 게다가 어쩌면 그런 느낌은 알고 싶지 않다는 간절한 희망까지 포함될지도 모르겠습니다. 이토록 적은 수의 단어만 가지고 우리를 감정의 도가니에 빠뜨릴 수 있는 작가도 드뭅니다. 하지만 중요한 것은 저널리스트 출신인 헤밍웨이 특유의 경제적인 글쓰기가 아닙니다. 그보다 중요한 것은 우리가 텍스트의 기반인 여러 겹의 의미층으로 진입해 타인의 생각과 느낌을 이해하도록 도와주는 이미지의 힘입니다.

공감 : 타인의 관점으로 '옮겨가기'

오로지 연결하라.

– E. M. 포스터

타인의 관점과 느낌을 갖게 되는 것은 깊이 읽기 과정에서 얻을 수 있는 가장 심오한 혜택입니다. 하지만 제대로 알려져 있지는 않습니다. 프루스트는 읽기의 경험 속에서 일어나는 친밀한 감정을 '고독 속에서 일어나는 소통의 비옥한 기적'이라고 묘사했습니다. 우리가 자신의 개인적인 세계에서 미동도 않은 채 타인과 소통하고 교감할 수 있는 능력을 말합니다. 은둔의 작가 에밀리 디킨슨도 읽기를 통해 이런 능력(즉 자기 공간을 떠나면서도 떠나지 않는 능력)을 얻었지요. 그 덕분에 그녀는 자신만의 '순양함'*에 올라 매사추세츠주 애머스트의 메인스트리트가 내려다보이는 집에서 바깥세상을 여행할 수 있었습니다.

신학자 존 S. 던은 읽기 안에서 이런 뜻밖의 만남이 일어나고 타인의 관점을 취하게 되는 것을 '옮겨가기'라고 불렀습니다. 우리가 특별한 감정이입을 통해 타인의 느낌과 상상, 생각 속으로 들어간다는 뜻이지요. "옮겨가기는 결코 완전하지 않으며, 언제나 부분적이고 불완전하다. 거기에는 자기 자신에게로 **되돌아오는** 역방향의 과정

• 〈There is no frigate like a Book〉의 한 구절에서 에밀리 디킨슨은 책을 어디로든 데려가는 순양함(cruiser)에 빗대 표현했다.

이 있다." 세계에 대해 우리가 원래 가지고 있던 관점에서 타인의 관점으로 옮겨갔다가 더욱 확장된 상태로 되돌아오는 과정을 아주 적절히 묘사한 구절이지요. 던은 관조에 관한 신비로운 책인《사랑의 마음》에서 프루스트의 통찰을 이렇게 확장한 바 있습니다. "저 '고독 속에서 일어나는 소통의 비옥한 기적'은 어쩌면 이미 **사랑을 학습하는** 것인지도 모른다." 던은 프루스트가 읽기 안에서 묘사한 역설(즉 읽기는 본질적으로 고독한 행위임에도 그 안에서 소통이 일어난다는 사실)을 일종의 준비로 보았습니다. 우리가 타자를 알고, 그들의 감정을 이해하고, '타자'가 누구인지 혹은 무엇인지에 대한 인식을 변화시키도록 노력하게 하는, 예기치 않은 준비로 보았던 거지요. 존 던 같은 신학자들과 기시 젠 같은 작가들은 소설과 비소설에서 똑같이 이런 원리가 작동한다는 사실을 보여주는 작품들을 썼습니다. 그들이 보기에, 읽기라는 행동은 인간이 자신으로부터 풀려나 타인에게로 옮겨가는 일이 일어나는 특별한 공간이었습니다. 그것을 통해 새로운 열망과 의심, 감정을 가진 타인이 되는 것이 무엇인지를 배운다는 거지요.

저는 '옮겨가기'가 일으키는 변화의 효과를 뚜렷이 보여주는 사례를 한 교사로부터 들을 수 있었습니다. 버클리에서 연극을 공부한 그 교사는 미국 중서부의 중심지에서 청소년들과 윌리엄 셰익스피어의 희곡을 공연하고 있었지요. 어느 날, 한 학생이 그를 찾아왔습니다. 13세의 예쁜 소녀였습니다. 그 학생은 그의 극단에 들어오고 싶다고 했습니다. 평소에도 흔히 있던 일이었지요. 하지만 평소와는 한 가지가 달랐습니다. 소녀는 낭포성섬유증을 앓고 있었고, 병세가 악화되어 살날도 얼마 남지 않았던 거지요. 그 교사는 소녀에게 배역을 맡겼습니다. 그는 그 소녀가 그때까지 경험하지 못했을 낭만적인 사랑과 열정을 느낄 수 있기를 바랐습니다. 그에 따르면 그 소녀는 완벽한 줄리엣이 되었다고 합니다. 소녀는 거의 하룻밤 만에 〈로미오와 줄리엣〉의 대사를 다 외웠고 연기를 해냈습니다. 마치 그전에 그 배역을 백 번쯤은 맡았던 것처럼 말이지요.

더욱이 그다음에 일어난 일은 주변 사람들 모두를 더욱 놀라게 했습니다. 그녀는 그 뒤로도 셰익스피어 작품의 여주인공을 차례로 맡아 연기를 해나갔고 점점 감정의 깊이와 힘까지 깊어졌던 거지요. 그녀가 줄리엣 역을 처음 맡고 몇 년이 흘렀습니다. 모두의 처음 예상과 의료진의 진단과는 달리 그녀는 대학에도 진학했고, 지금은 의학과 연극을 함께 전공하고 있습니다. 여전히 연기를 통해 배역을 바꿔가면서 '옮겨가기'를 이어가고 있는 거지요.

이 젊은 여성의 예외적인 사례는 우리의 정신과 마음이 신체의 한계를 극복할 수 있다는 메시지를 넘어, 타인의 삶에 들어가 보는 것이 우리 자신의 삶에도 강력한 의미를 갖는다는 메시지를 줍니다. 연극은 가장 몰입감이 큰 '옮겨가기' 방식인 읽기를 통해 우리가 어떤 일을 겪는지를 뚜렷하게 보여줍니다. 이때 우리는 타자를 내면의 손님으로 맞습니다. 때로는 우리 자신이 타자가 되기도 하지요. 그리고 다시 자신으로 돌아올 때 우리는 더욱 확장되고 강해져 있을 뿐만 아니라 지적으로나 감정적으로도 바뀌어 있습니다. 이 놀라운 젊은 여성의 사례가 보여주듯이, 가끔 우리는 삶이 허락하지 않은 것까지 경험하게 됩니다. 이루 헤아릴 수 없이 값진 선물이지요.

그 선물 안에는 또 다른 선물이 있습니다. 타인의 관점을 취해봄으로써 우리가 지닌 공감의 감각이 방금 읽은 것과 연결될 뿐만 아니라 세계에 관한 우리 내면의 지식까지 넓어지는 것입니다. 이렇게 학습된 능력은 시간이 갈수록 우리가 인간다워지도록 도와줍니다. 예를 들면, 어린 시절 《개구리와 두꺼비는 친구》를 읽고 개구리가 아플 때 두꺼비가 어떻게 했는지를 배운다거나, 어른이 되어서는 토니 모리슨의 《빌러비드》나 콜슨 화이트헤드의 《언더그라운드 레일로드》, 혹은 제임스 볼드윈의 《아이 엠 낫 유어 니그로I Am Not Your Nigro》를 읽고 영혼을 앗아가는 노예제의 패악과 그런 비운에 처했던 사람들의 절박감을 경험할 수 있지요.

우리는 읽기를 통해 의식이 바뀌는 차원을 거치면서 좌절과 절망이 무엇인지 혹은 무언의 느낌에 도취되고 사로잡히는 것은 무엇인지 배웁니다. 저만 해도 제인 오스틴의 여주인공들인 《에마》의 에마, 《맨스필드 파크》의 패니 프라이스, 《오만과 편견》의 엘리자베스 베넷이나 커티스 시튼펠드의 《엘리저블: 오만과 편견의 현대적 재구성Elligiable: A Modern Retelling of Pride and Prejudice》에서 부활한 최신 버전의 엘리자베스 베넷이 느낀 것들을 독서를 통해 얼마나 많이 알게 되었는지 모릅니다. 저는 그들이 제각각 경험한 감정들을 통해 우리 모두가 저마다 갖고 있는, 종종 모순된 느낌들을 이해할 수 있었지요. 그렇게 함으로써 우리는 삶의 환경이 어떻든 우리만의 복잡다단한 감정을 품고 살아가면서도 외로움을 덜 느끼게 되지요. C. S. 루이스의 삶을 극화한 연극 〈새도우랜드〉*에 나오듯이 "우리는 혼자가 아니라는 사실을 알기 위해 읽습니다".

정말이지 아주 운이 좋다면, 우리는 독서를 통해 책 속에 사는 인물들, 그리고 때로는 그런 인물들을 그려낸 저자들에 대한 특별한 형식의 사랑을 경험하게 될지도 모릅니다. 저자에 대한 사랑을 행동에 옮긴 가장 구체적인 사례가 바로 니콜로 마키아벨리입니다. 그런 일과는 정말 어울리지 않는 인물인데도 말이지요. 그는 책을 읽을 때는 저자의 의식 속으로 들어가 '대화를 하고' 싶다는 생각에 시대별로 저자에게 어울리는 의상을 갖춰 입곤 했습니다. 1513년 그는 외교관인 프란시스코 비토리에게 다음과 같은 편지를 썼지요.

나는 조금도 부끄러움 없이 그들과 이야기한다네. 그들이 왜 그렇게 행동했는지도 묻지. 그러면 그들은 친절히 대답해준다네. 네 시간이 지났을까, 나는 지루한 줄도 모르고, 모든 괴로움도 잊었으며, 가난도 겁내지 않고, 죽음조차 두려워하지 않는다네. 나 자신을 온전히 그들에게 맡기지.

이 단락에서 마키아벨리는 깊이 읽기를 통해 타인의 관점을 취하는 것은 물론 눈앞의 현실이 어떠하더라도 아무런 상관없이 그곳에서 내면의 공간으로 옮겨가는 능력을 보여줍니다. 그곳에서 우리는

---

* 아일랜드 태생의 영문학자 C. S. 루이스와 미국 시인 조이 데이비드먼의 사랑을 그린 작품으로 동명의 영화로도 제작됐다.

나이를 막론하고 대다수 인간이 지고 있는 불가피한 짐을 나누는 경험을 하게 되지요. 그 짐에는 공포, 불안, 아픔, 사랑의 불확실성, 상실, 배척, 때로는 죽음까지 포함됩니다. 이 때문에 수전 손택은 자신의 책장을 볼 때면 "나는 50명의 친구를 보는 것 같았다. 책은 거울로 들어가는 디딤돌 같았다. 나는 다른 어디론가 갈 수 있을 것만 같았다"라고 했겠지요. 이 말은 읽기라는 소통 공간에서 일어나는 일을 증언하는 것인 동시에, 나이와는 관계없이 자기 자신을 떠나, 소설 속의 인물이든 역사 속의 인물이든 그 책의 저자든, 타인과 동행하며 반가운 위안을 받는다는 것이 무엇인지 알려줍니다.

읽는 삶에 주어지는 이와 같은 몰입이 요즘 같은 문화 속에서는 위협받을 수 있다는 우려의 목소리가 점점 높아지고 있습니다. 미국공영라디오NPR 제작진은 저와의 인터뷰 전체를 그런 상실에 대한 개개인의 우려로 채우기도 했지요. 책들, 그리고 그 속에 거주하는 '친구들'의 삶과 감정들로 창조되는 수많은 세계에 우리 자신을 몰입시킬 수 있는 인지적 인내심을 서서히 잃어간다면 결국 많은 것을 상실하게 될 것입니다. 물론 영화와 영상으로도 그런 몰입이 어느 정도 가능하다는 것은 멋진 일입니다. 하지만 글로 명료하게 표현된 타인의 생각 속으로 들어갔을 때만큼의 몰입에는 이르지 못합니다. 젊은 독자들이 다른 누군가의 생각과 느낌을 접하거나 이해해본 적이 없다면 어떻게 될까요? 평소에 자신이 알고 지내는 무리나 가족 외의 사람들과는 공감의 느낌이 단절되기 시작한 나이 많은 독자들에게는 또 어떤 일이 일어날까요? 그럴 경우에는 십중팔구 자신도 모르게 무지와 공포, 오해에 이르게 됩니다. 그것은 호전적인 형태의 불관용으로 이어질 수도 있으며, 그렇게 되면 다양한 문화의 시민들을 위한 나라라는 미국의 본래 이상은 변질될 것입니다.

이런 생각과 바람은 소설가 메릴린 로빈슨의 작품에 자주 등장하는 주제입니다. 버락 오바마 전 미국 대통령은 로빈슨을 '공감의 전문가'라고 불렀지요. 아이오와를 방문한 오바마가 로빈슨을 찾아가 대화를 나눈 적이 있습니다. 그의 임기 중에 성사된 주목할 만한 대담이었지요. 폭넓은 주제로 대화가 오가다가 로빈슨은 많은 미국인이 자신과 정치적 견해가 다른 사람을 '사악한 타자'로 보는 경향을 두고 개탄했습니다. 그녀는 "우리의 민주주의가 지속될 것인가의 관점에서 봤을 때 더없이 위험한 사태"라고 진단했습니다. 로빈슨은 평소 휴머니즘의 쇠퇴에 관한 글을 쓰든, 또는 공포로 인한 가치관의 약화에 관한 글을 쓰든, 책이야말로 많은 사람이 은연중에 품게 되는 공포와 선입견의 해독제로 작용하고 타인의 관점을 이해하도록 돕는 힘이 있음을 보여주려 했습니다. 그런 맥락에서 오바마는 시민이 어떤 존재여야 하는가에 대한 가장 중요한 교훈을 소설에서 얻었다면서 이렇게 말했지요. "그것은 공감과 관계가 있습니다. 그러니까 회색으로 가득한 복잡한 세상에서도 우리는 진실을 찾기 위해 노력하고 행동에 나서야 한다는 개념과 관계가 있지요. 그것은 나와 아주 다른 사람과도 얼마든지 연결될 수 있다는 개념입니다."

오바마와 로빈슨이 이야기한 공감에 관한 절박하도록 현실적인 가르침은 타인의 삶을 경험하는 데서 시작될 수 있습니다. 그런 공감의 느낌은 타인의 관점을 취함으로써 한층 깊어집니다. 이때 우리가 읽은 것이 우리에게 이전의 판단과 타인의 삶을 돌아보게 하지요. 이와 관련된 대표적인 사례로 미국 작가 루시아 벌린Lucia Berlin의 《파출부들을 위한 매뉴얼A Manual for Cleaning Women》을 들고 싶습니다. 처음 이 이야기를 읽을 때만 해도 저는 주인공인 파출부가 자신이 일하는 곳의 발밑까지 차올라온 일상의 비극에는 둔감한 줄로만 알았습니다. 마지막 문장을 읽을 때까지는 그랬습니다. 하지만 그 이야기는 그녀의 이런 말과 함께 끝이 나지요. "나는 마침내 흐느낀다." 처음 제가 그 파출부 화자에 대해 품었던 모든 생각이 이 마지막 문장과 함께 무너져 내렸습니다. 저의 빗나간 제한적인 추측이 창밖으로 날아간 거지요. 우리는 어떤 글을 읽든 처음에는 선입견을 품게 마련입니다. 하지만 글을 읽고서 자신의 선입견을 자각하고 나면 창문이 열리고 그 선입견은 날아가게 됩니다. 틀림없이 벌린은 자신의 독자들도 그런 겸허한 깨달음을 얻기를 바랐을 테지요.

제임스 캐럴의 책 《실제의 그리스도Christ Actually》를 보면 논픽션 장르에서도 이와 비슷하게 타인의 관점을 취하게 되는 상황이 나옵니다. 여기서 그는 아주 독실한 가톨릭 신자였던 소년 시절에 《안네의 일기》를 읽었던 경험을 소개했지요. 시들지 않는 희망과 삶의 열정이 가득한 유대인 소녀의 삶 속으로 들어가던 순간에 자신이 느꼈던 인생 전환의 깨달음을 그렸습니다. 유대인에 대한 폭력적인 증오로 자신과 가족의 삶이 파괴되었음에도 소녀는 끝까지 희망과 삶의 열정을 버리지 않았지요.

완전히 다른 나라에 속한 소녀의 관점 속으로 들어감으로써 어린 제임스 캐럴은 뜻밖의 통과의례를 경험하게 됩니다. 베트남전 당시 장교인 아버지와 자신의 갈등을 인상 깊게 묘사한 《아메리칸 레퀴엠: 신, 나의 아버지 그리고 우리 사이에 들어온 전쟁An American Requiem: God, My Father, and the War that Came Between Us》에서부터 유대교와 기독교의 관계를 묘사한 《콘스탄틴의 칼: 교회와 유대인Constantine's Sword: The Church and the Jews: A History》에 이르기까지, 캐럴의 모든 저서는 타인의 관점을 가장 깊은 차원에서 이해해야 한다는 메시지 주변을 맴돕니다. 책의 배경이 베트남이든 독일 강제수용소든 마찬가지입니다.

《실제의 그리스도》에서는 20세기 초 독일 신학자 디트리히 본회퍼의 삶과 사상을 통해, 우리가 타인의 관점을 취하지 못하면 인간의 생사를 좌우하는 중대한 결과가 빚어진다는 사실을 강조했습니다. 본회퍼는 처음에는 설교단, 그다음에는 옥중에서 줄기차게 설교를 하고 글을 썼습니다. 당시 대다수 사람은 유대인이었던 예수의 관점을 이해하지 못했을 뿐만 아니라 독일에서 자행되는 유대인 처형을 유대인의 관점에서 보지 못했습니다. 본회퍼는 이를 비극적인 무능 상태라고 개탄했지요. 그는 마지막 저술에서 이렇게 물었습니다. "역사 속의 그리스도가 지금 실재한다면 나치 독일에 어떻게 맞설까?" 그는 유대인을 위해 목소리를 내는 사람만이 "그레고리오 성가를 부를 수 있다"고 주장했습니다. 그런 결론에 따라 그는 자신의 종교적 믿음에 반하는 행동을 하게 됩니다. 바로 두 번이나 히틀러 암살을 시도했다가 미수에 그치는 바람에 결국 강제수용소에서 처형당하고 말았지요.

이 편지를 쓰고 있는 지금도 수백만 명의 난민들(대부분이 무슬림입니다)이 끔찍한 상황에서 탈출하기 위해 목숨을 걸고 있습니다. 이전과 같은 삶을 되찾을 수만 있다면 미국이나 유럽은 물론이고 어디에든 들어가려는 거지요. 이 편지를 쓰고 있는 바로 오늘, 제가 사는 보스턴 출신의 유대인 소년이 갭 이어* 기간에 이스라엘에 갔다가 살해됐습니다. 그 소년을 팔레스타인 소년은 '적대적 타자'로 인식했기 때문이지요. 가장 깊은 형식의 읽기 능력을 개발한다고 해서 그런 비극을 모두 막을 수는 없습니다. 하지만 그것을 통해 타인의 관점을 이해하면, 우리가 사는 세상에서 위험한 공해公海를 건너는 무고한 무슬림 어린이가 됐든, 보스턴 마이모니데스 스쿨 출신의 무고한 유대인 소년이 됐든, 나와 다른 이들을 상대하는 대안적인 공감의 방식을 모색해야만 할 다양한 이유들을 깨닫게 됩니다. 하지만 지금은 그들 모두가 고향에서 멀리 떨어진 곳에서 살해됐습니다.

젊은이들 사이에서 공감이 쇠퇴하고 있다는 것은 우리 대다수가 몰랐던 불안한 현실입니다. 저도 최근에야 알게 되었습니다. MIT의 셰리 터클 교수는 스탠퍼드 대학교의 새라 콘래스Sara Konrath 연구팀의 연구 결과를 대중에게 널리 알렸습니다. 그에 따르면 지난 20년간 젊은이들의 공감 능력은 40퍼센트 감소했다고 합니다. 특히 지난 10년 사이에 말입니다. 터클 교수는 젊은이들이 온라인 세상을 항해하느라 현실 속의 대면 관계를 희생시킨 것이 공감 능력을 급감시켰다고

• 고등학교를 졸업하고 대학 생활을 시작하기 전에 일을 하거나 여행을 하면서 보내는 1년.

해석합니다. 기술이 사람들 간에 거리를 만든다는 거지요. 그 결과 우리 자신이 누구인지에 대한 개인적 정체성뿐만 아니라 서로가 서로에게 어떤 존재인지에 대한 생각까지 바뀌고 있습니다.

　가장 깊은 수준의 읽기는 공감 능력이 떨어지는 추세에 맞서 얼마간 해독제 역할을 할지도 모릅니다. 하지만 오해하지는 마시기 바랍니다. 공감은 타인을 동정하는 것만을 의미하지 않습니다. 훨씬 더 중요하게는 타인을 보다 심층적으로 이해하는 데도 관계합니다. 문화가 점점 세분화되고 연결성은 증가하는 세계에서는 필수적인 기술이지요. 인지신경과학 분야의 연구에 따르면 인지적, 사회적, 감정적 과정이 복합적으로 뒤섞이는 것(말하자면 타인의 관점을 취하는 것)은 읽기 회로에 풍부한 흔적을 남깁니다. 독일 신경과학자 타니아 싱어는 뇌영상 연구를 통해 공감의 개념을 더욱 확장한 바 있습니다. 시각과 언어, 인지 활동이 광범위한 피질하 신경망과도 연결되면서, 느낌-사고의 신경망 전체가 공감에 관여한다는 사실을 보여주었지요. 싱어는 이 확장된 신경망에는 인간 뇌의 넓은 영역을 연결하는 기능을 맡고 있는 섬엽insula과 대상엽cingulate cortex은 물론, 고도의 연결성을 가진 신경망이 포함된다는 사실을 강조했습니다. 이른바 마음 이론에 사용되는 신경망이지요. 마음 이론이란 우리가 다른 사람과 상호작용하는 과정에서 상대의 생각과 감정을 지각, 분석, 해석할 수 있는 인간의 핵심적인 능력을 가리킵니다. 자폐 스펙트럼 장애를 보이는 사람들 다수는 이 능력이 충분히 발달되지 않았거나, 감정표현불능증 환자의 경우에는 아예 이런 능력을 찾아볼 수 없지요.

싱어를 비롯한 연구진은 이 영역의 많은 뉴런들이 운동 피질을 포함한 모든 피질 및 피질하 영역들과 이 영역이 교감하는 과정에서 초고속으로 신호를 주고받는 데 얼마나 뛰어난지를 설명해줍니다.

여러분이 글을 읽을 때 운동 피질이 활성화한다고 생각하면 신체가 도약하는 것처럼 보일지 모르겠습니다. 말 그대로 피질이 뛰어오르는 것에 가깝습니다. '뛰어오른다'는 말에서 촉발된 순간의 이미지를 안나 카레니나가 철로에 뛰어드는 이미지로 한번 재구성해보세요. 톨스토이의 소설에서 그 문장을 읽는 독자는 자신도 같이 뛰어든 것입니다. 안나가 기차 앞으로 뛰어들었다는 대목을 읽으면 아마도 십중팔구는 다리와 몸통을 움직일 때와 같은 뉴런이 활성화됐을 것입니다. 여러분이 그녀의 쓰라린 좌절감에 공감하고 일부 거울 뉴런이 그녀의 절박감을 근육의 움직임으로 실연하는 과정에서 여러분의 뇌도 아주 많은 부분이 활성화됐을 테고요.

거울 뉴런은 대중적으로는 널리 알려지긴 했지만 제대로 이해되어 있지는 않습니다. 하지만 읽기에서는 대단히 흥미로운 역할을 맡고 있지요. 이 연구 분야에서 특히 관심을 끄는 제목의 논문이 있습니다. 바로 〈제인 오스틴을 읽을 때 당신의 뇌Your Brain on Jane Austen〉라는 논문입니다. 이 논문에는 18세기 영문학을 연구하는 나탈리 필립스Natalie Phillips가 스탠퍼드 대학교의 신경과학자들과 팀을 이루어 우리가 상이한 방식으로 소설을 읽을 경우 어떤 일이 일어나는지, 즉 '주의를 집중'하느냐 마느냐에 따라 어떤 차이가 나는지를 조사한 결과가 나옵니다(콜린스의 두 인용문을 떠올려보시기 바랍니다). 필립스와 동료들은 이 연구를 통해 우리가 소설 한 편을 '집중해서' 읽을 때는 등장인물들의 느낌과 행동에 관련된 뇌 영역이 활성화된다는 사실을 발견했습니다. 문학을 전공하는 스탠퍼드 대학원생들을 상대로 실험한 결과였지요. 집중해서 읽게 하느냐, 재미로 읽게 하느냐에 따라 학생들의 뇌가 활성화되는 영역이 달라진다는 사실에 연구팀은 놀랐습니다.

이와 관련된 연구에서 에모리 대학교와 요크 대학교의 신경과학자들은 우리가 촉감에 관한 은유적인 표현을 읽을 때는 촉각을 담당하는 영역의 신경망인 감각 피질이 활성화되고, 움직임에 관한 글을 읽을 때는 운동 뉴런이 활성화되는 것을 보여주었습니다. 그러니 우리가 에마 보바리*의 실크 스커트에 관한 구절을 읽을 때는 촉각 영역이 활성화되고, 에마가 변덕스러운 연하의 연인 레옹을 쫓아가려다 마차에서 굴러떨어지는 대목을 읽을 때는 운동 피질에서 동작을 담당하는 영역이 활성화되는 동시에 숱한 감정 영역에서도 같은 일이 일어나겠지요.

이처럼 문학에서 공감과 타인의 관점 취하기가 어떤 역할을 하는지에 관한 신경과학적 연구는 점점 늘어나고 있습니다. 이제 시작 단계이지요. 소설의 심리학을 연구하는 인지과학자 키스 오틀리Keith Oatley는 소설을 읽는 것과 공감 및 마음 이론의 기반으로 알려진 인지 과정 사이에는 강한 관련이 있음을 입증했습니다. 오틀리는 요크 대학교 동료인 레이먼드 마Raymond Mar와 함께 중요한 사실을 밝혀냈습

• 소설 《보바리 부인》의 주인공.

니다. 우리가 소설을 읽는 동안, 타인의 관점을 취해보는 과정과 소설 내용(인생의 거대한 감정과 갈등이 주기적으로 전개되는 공간) 자체가 공감에 기여할 뿐만 아니라 '도덕 실험실'(사회과학자 프랭크 해크멀더Frank Hakemnlder가 만든 명칭입니다)의 역할까지 한다는 것입니다. 그런 의미에서 우리가 소설을 읽을 때는 뇌가 적극적으로 다른 사람의 의식을 그대로 따라합니다. 여기에는 우리가 따라하리라고는 전혀 상상도 못 했을 사람까지 포함됩니다. 이때 우리는 잠시나마 타인이 되어보는 것이 정말 어떤 의미인지를 시뮬레이션해볼 수 있습니다. 그들의 삶은 우리와 아주 비슷하거나 때로는 너무나 다른 감정과 분투에 지배당하기도 한다는 사실을 알게 되지요. 그런 시뮬레이션을 거치면서 우리의 읽기 회로망은 정교해집니다. 또한 우리의 일상생활도, 다른 사람들에게 지도력을 행사하는 이들의 삶도 마찬가지입니다.

소설가 제인 스마일리는 현재 우리 문화에 의해 가장 크게 위협받고 있는 것이 바로 소설 속의 이런 차원이라고 걱정합니다. "제 짐작으로는 단지 기술만으로 소설을 죽이지는 못할 겁니다. ……하지만 소설은 주변으로 밀려날 수 있습니다. ……그런 일이 일어난다면…… 사람들은 우리 자신이나 서로를 이해하는 법을 잃어버리게 되고 그 결과 우리 사회는 야만적이고 거칠어질 겁니다." 이 말은 모두를 위해 깨어 있는 민주 사회를 구현하는 데 읽는 삶이 얼마나 중요한지를 일깨웁니다.

따라서 공감에는 아는 것과 느끼는 것 둘 다 포함됩니다. 여기에는 다른 사람, 다른 종교, 다른 문화, 다른 시대에 대해 우리가 예전에 갖고 있던 가정들을 뒤로하고 새로운 지적 이해를 심화시키는 것까지 포함됩니다. 우리 모두의 역사에서 바로 지금 이 순간이야말로 타인에 대한 공감 어린 앎이, 달라이 라마나 데즈먼드 투투 주교, 프란치스코 교황 같은 정신적 지도자들이 말한 '무관심의 문화'에 대한 최선의 해독제가 될지도 모릅니다. 또한 그것은 사람들 사이를 이어주는 최고의 다리가 되어 우리 모두가 함께 살아갈 보다 안전한 세상을 만들어줄 수도 있겠지요. 읽는 뇌 안에서 일어나는, 타인의 마음에 대한 공감 어린 이해를 통해 우리의 오만과 편견은 해소될 수 있습니다.

공감을 통해 우리는 모든 사람의 읽는 뇌 안에서 느낌과 생각이 연결되는 것이 생리적으로나 인지적으로나 정치적으로나 문화적으로 얼마나 중요한지 알 수 있습니다. 생각의 질은 우리 각자의 배경 지식과 느낌에 달렸습니다.

배경 지식

우리 각자가 경험과 정보와 우리가 읽은 책들의 조합이 아니라면 누구란 말인가…… 각자의 삶이 백과사전이며 도서관이다.

– 이탈로 칼비노

우수한 독자들은 헤밍웨이의 여섯 단어짜리 이야기를 해독하셨겠지요. 하지만 그 속에 숨은 의미를 유추하거나 어떤 감정을 느끼기 위해 특별한 배경 지식이 필요하지는 않았을 것입니다. 평생 우리가 읽는 모든 것은 지식의 저수지에 더해져서 우리가 읽는 모든 것을 이해하고 예측하는 능력의 기반이 됩니다.

여기서 '저수지'란 사실만을 가리키는 것은 아닙니다. 물론 사실도 그중 일부이긴 하지만 말이죠. 우리가 최고로 여기는 일부 작가들은 자신들이 책 읽기를 통해 개념적 토대를 쌓아왔다는 사실을 글로 웅변해왔습니다. 알베르토 망겔은 아름다운 저서 《독서의 역사》에서 깊이 읽기의 핵심적인 요소를 "읽기는 누적되는 것"이라는 말로 표현했습니다. 그는 10대 시절 부에노스아이레스의 피그말리온 서점에서 일했습니다. 거기서 그는 피그말리온의 가장 저명한 고객인, 아르헨티나의 유명 작가 호르헤 루이스 보르헤스와 조우했지요. 보르헤스는 새로운 책뿐만 아니라 새로운 대독자代讀者를 찾기 위해 그 서점에 자주 들렀습니다. 보르헤스는 50대에 접어들면서 시력을 잃기 시작하자 자신에게 책을 읽어줄 사람을 그 서점에서 차례로 채용하곤 했지요. 망겔이 보르헤스의 대독자가 되는 이야기는 존경받는 두 작가의 감동적인 일화입니다. 당시 한 사람은 세계적인 유명 작가였지만 또 한 사람은 첫 글도 발표하기 전이었지요. 그때 망겔이 보르헤스의 개인 서재에서 배운 것은 이후 《책 읽는 사람들》에서부터 《밤의 도서관》에 이르는 모든 책에 스며듭니다. 이는 책이 한 개인의 삶과 지식 저장소에 미치는 심오한 영향을 보여줍니다.

망겔과 보르헤스의 저서와 삶은 우리가 읽기에서 얻는 독특한 배경 지식이 헤아릴 수 없을 만큼 중요하다는 사실을 잘 드러냅니다.

저는 무엇을 읽느냐와 어떻게 읽느냐의 문제 둘 다에 관심이 있습니다. 우리가 지금 읽고 있는 것들이, 21세기에 특별히 요구되는 것일 뿐만 아니라 깊이 읽기 회로를 형성하는 데도 필요한 배경 지식을 충분히 제공해주고 있는 걸까요? 지금 우리 사회는 우리의 체내 플랫폼에 고유한 배경 지식을 저장한 전문가 독자 집단으로부터 서로 유사한 외부 지식 서버에 의존하는 전문가 독자 집단으로 변해가는 듯합니다. 이처럼 개인별로 고유하게 형성되는 지식의 내적 원천을 잃을 경우 우리가 어떤 대가를 치러야 하고 어떤 결과를 얻게 될지 알고 싶습니다. 그렇다고 해서 지금 우리 손끝에 넘쳐나는 정보를 간과하지도 않을 것입니다.

알베르트 아인슈타인은 우리가 지닌 세계에 관한 이론이 우리가 보는 것을 결정한다고 말했습니다. 읽기에서도 마찬가지입니다. 어떤 매체로든 새로운 정보를 보고 판단하기 위해서는 사실을 평가하기 위한 자기만의 조타실을 가져야 합니다. 뛰어난 미래학자 레이 커즈와일의 말이 옳다면 외부에 있는 정보와 지식의 원천을 인간의 뇌 안으로 옮기는 것도 가능할지 모르지만, 현재로서는 과학적으로나 생리학적으로 그리고 윤리적으로 불가능한 일입니다. 지금으로서는 우리 내부의 배경 지식은 깊이 읽기를 안정화하는 데 필수적입니다. 마치 리어 왕의 돼지고기에 소금이 필요했던 것처럼 말입니다.• 아마

• 리어 왕이 세 딸에게 유산을 물려주기 전에 자신을 얼마나 사랑하는지 물었다. 첫째와 둘째 딸은 입에 발린 답을 해 큰 몫을 챙긴 반면 막내딸은 소금만큼 사랑한다고 정직하게 답했다가 미움을 사 쫓겨났다. 나중에 리어 왕은 소금 없는 돼지고기 요리를 대접받고서야 진실을 깨닫는다. 여기서는 사라졌을 때야 비로소 진가를 알 수 있는 필수적인 것을 뜻한다.

우리는 내부의 배경 지식이 사라지기 시작할 때쯤에야 그 진가를 알게 되겠지요. 외부 지식에 대한 의존도가 너무 일찍 너무 크게 자랄 경우에는 우리가 읽는 것과 아는 것 사이의 관계가 근본적으로 바뀔 것입니다. 새로운 정보를 파악한 후 추론과 비판적 분석을 곁들여 해석하기 위해서는 우리 자신의 지식 기반을 활용할 수 있어야 합니다. 그러지 않을 경우 어떻게 될지는 분명합니다. 우리는 점점 외부의 영향에 취약한 인간이 될 것입니다. 때로는 의심스러운 정보를, 때로는 거짓 정보마저 지식으로 오인하고 쉽게 따라가겠지요. 더 나쁜 경우에는 진위 여부조차 신경 쓰지 않을 겁니다.

그런 시나리오에 대한 해결책은 바로 우리 눈앞에 있습니다. 배경 지식과 깊이 읽기 간의 호혜적 관계 말입니다. 주의 깊게 읽어야 무엇이 진실인지를 분별해내 지식에 더할 수 있습니다. 랠프 월도 에머슨은 비범한 연설문 〈미국의 학자〉에서 읽기의 이런 면을 이렇게 묘사했지요. "노력과 발명으로 정신을 강화해야 우리가 읽는 책이 어떤 것이든 여러 겹의 암시로 빛을 발합니다. 모든 문장의 중요성이 배가 됩니다." 얼마 전 인지심리학자 키스 스타노비치Keith Stanovich는 읽기에 관한 연구에서 단어 지식의 발달에 관해 그와 비슷한 이야기를 했습니다. 그는 유년 시절 어휘가 풍부했던 아이가 나중에도 어휘가 풍부해지는 반면 어휘가 빈곤했던 아이는 자라서도 어휘가 빈곤해진다면서 이런 현상에 '마태 효과'라는 이름을 붙였습니다.* 신약 성서의 복음서 이름에서 따온 말이지요. 배경 지식에 관한 마태-에머슨 효과라는 것도 있습니다. 즉 폭넓게 제대로 책을 읽은 사람은 읽기에 적용할 자원이 많아지는 반면, 그렇지 않은 사람은 적용할 자원이 적어지면서 추론과 연역, 비유적 사고의 기초가 부실해지고 결국에는 가짜 뉴스든 날조 뉴스든 불확실한 정보의 희생물로 전락하기 쉽다는 말이지요. 그렇게 되면 **청소년들은 자신이 무엇을 모르는지도 알지 못할 것입니다.**

다른 것도 마찬가지입니다. 배경 지식이 충분하지 않으면, 깊이 읽기의 나머지 과정이 작동하는 빈도도 줄어들어 이미 알고 있는 것 바깥으로는 나가지 않게 되지요. 지식이 진화하려면 계속 배경 지식이 추가되어야 합니다. 역설적이게도 오늘날 대부분의 사실 정보는 증명될 수도 없고 확증될 수도 없는 외부 원천에서 옵니다. 이런 정보를 우리가 어떻게 분석하고 활용할 것인지, 새로운 정보에 대한 비판적 사고를 계속할 것인지 그만둘 것인지가 우리 미래에 중대한 영향을 미칠 것입니다. 배경 지식과 분석적 사고를 통한 견제와 균형이 사라진다면, 우리에게 주어지는 정보의 질이나 우선순위가 정확한지, 혹시 외부의 동기와 선입견이 개입된 것은 아닌지 물어보지도 않은 채 정보를 받아들이는 위험에 처하게 됩니다.

에드워드 테너**는 "뛰어난 기술을 생산해낸 지성이 되레 그 기술로부터 위협받는다면 수치스러운 일"이라고 썼지요. 인간이 그런 덫

● '마태 효과'라는 말을 처음 만든 사람은 미국 사회학자 로버트 머튼이다. 아내인 사회학자 해리엇 주커먼과 함께 고안했다고 한다. 마태복음 25장 29절 '무릇 있는 자는 받아 풍족하게 되고 없는 자는 그 있는 것까지 빼앗기리라'는 구절에서 따왔다. 일종의 빈익빈 부익부 현상을 뜻하는 말로, 사회학계에서 연구자의 명성에 따라 지원도 격차가 벌어지는 것을 지칭했는데 그 후 다른 연구 분야에서도 쓰기 시작했다.

에 빠지는 일은 없어야 합니다. 최근 컨퍼런스에서 앨버타 대학교 도서관의 제럴드 비즐리Gerald Beasley 관장은 디지털 전환이 책의 운명에 미칠 영향에 관해 이렇게 말했지요. "현재 상황은 해결될 수 없습니다. 해결될 때까지 우리는 '책의 특성을 지키는 수호자'가 되어야 합니다." 이 말은 독자의 특성에도 적용되어야 합니다. 독자의 특성은 독자가 아는 것에서부터 시작되고 끝이 납니다.

루이 파스퇴르는 획기적인 과학 연구에 관한 이런 말을 남겼지요.••• "행운은 준비된 정신에만 찾아온다." 이 우아한 발언은 깊이 읽는 뇌에서 배경 지식의 역할을 설명하는 말로도 손색이 없습니다. 이것은 준비된 정신을 어떻게 읽기에 적용하고, 우리가 구축하는 정보를 어떻게 분석적인 기술로 분석하며, 그렇게 걸러진 생각들을 어떻게 완전히 새로운 생각과 통찰의 재료로 사용하느냐의 주제로 논의를 이어가기 위한 적절한 연결부라고 하겠습니다.

다음 논의로 넘어가기 전에 과학소설 작가인 에일린 건이 남긴 '아주 짧은 이야기'를 소개하고자 합니다. 그녀의 여섯 단어짜리 소설은 얼핏 우주여행에 관한 것으로 보이는데, 제대로 이해하려면 여분의 STEM•••• 세포가 더 필요할지도……

•• 과학기술 분야의 미국 작가.
••• 1854년 12월 7일 릴리 대학교 강연에서 한 말로 전해진다.
•••• STEM은 21세기 융합교육의 주요 과목인 '과학, 기술, 공학, 수학'의 영문 약자이면서, stem cell은 만능 세포인 줄기세포를 뜻한다.

컴퓨터, 우리가 배터리를 가져왔던가?

컴퓨터······.

깊이 읽기의 분석적 과정

> 개념 없이는 생각도 있을 수 없고, 유추 없이는 개념도 있을 수 없다. ······유
> 추는 생각의 연료이자 불이다.
>
> – 더글러스 호프스태터, 에마뉘엘 상데

    과학적 방법의 특징들이 우리 뇌가 깊이 읽는 동안 작동하는 가장
정교한 인지 과정에서도 발견된다는 사실은 그리 우연이 아닙니다.
과학에서든 삶에서든 텍스트에서든 사물의 진실에 이르기 위해서
는 관찰, 가설, 추론과 연역에 기초한 예측, 검증과 평가, 해석과 결
론, 그리고 가능하다면 재현을 통한 새로운 증거가 필요하지요. 읽기
를 시작하고 1밀리세컨드 만에 우리는 관찰한 내용을 통합하고 지각
한 것을 한데 모읍니다. 인지과학자 더글러스 호프스태터가 썼듯이,
유비적類比的 사고는 우리가 보는 것과 아는 것(배경 지식) 사이에 멋진
다리를 놓아주고, 새로운 개념과 가설을 구성하게 합니다. 이런 가설
은 연역과 귀납 같은 추론 능력을 응용하도록 길잡이 역할을 하는가
하면, 우리가 관찰하고 추론한 것에 대한 우리 생각을 평가하고 비판
적으로 분석할 수 있게 도와주지요. 우리는 여기서 그동안 거쳐왔던

모든 것의 해석들을 끌어내고, 운이 아주 좋은 경우에는 풍부한 통찰에도 이릅니다. 읽기의 중심에 시도 있고 과학도 있지요.

과학적 사고의 방법들 중에 어떤 것이 가동되는지는 대체로 읽기의 숙달 정도와 읽는 내용에 달렸습니다. 예를 들어, 이탈리아 파르마 대학교의 신경과학자인 레오나르도 포가시Leonardo Fogassi가 쓴 운동 시스템 속의 거울 뉴런에 관한 과학 논문을 읽고 있다면, 우리는 제시된 개념과 가설, 그리고 발견이 기존 증거 위에 구축된 것인지 여부와 재현과 검증이 가능한 평가 방법이 사용되었는지 여부, 결론과 해석이 기존 자료와도 부합하는지 여부를 평가할 필요가 있습니다. 그 과정에서 우리는 유추적, 추론적, 분석적 검증 도구들을 사용하며, 포가시 교수로부터 대단히 많은 것을 배우게 되지요. 이런 배움은 우리의 배경 지식에 추가됩니다.

유추와 추론

우리가 월리스 스티븐스의 시나 현대 철학자 마크 그리프의 《모든 것에 반대한다》를 읽고 있다면…… 가령, 음…… 운동 뉴런에 관한 글을 읽을 때와는 다른 형식의 추론과 더욱 미묘한 감정들을 사용할 가능성이 높습니다. 읽기, 적어도 모든 깊이 읽기에는 유비적 사고와 추론이 필요합니다. 우리가 읽는 것의 다층적인 의미를 찾아내기 위해서지요. 저는 우리가 일상생활에서 하는 일과 그 이유에 관해 그리프가 철학적으로 탐구한 글을 읽으면서 제 자신이 운동을 하는 분명한 이유들과 덜 분명한 이유들을 알게 되었습니다. 저는 그리프가 관찰한 헬스장에는 1분도 있고 싶은 생각이 없습니다. 그곳에서 아마존 여전사와 프로메테우스 지망생들의 불평과 신음소리와 현란한 외모를 접하게 되면 누구라도 그들이 하고 있는 것에 반감이 생길 수 있습니다. 하지만 저는 운동을 그런 식으로 보지는 않습니다. 그 점이 바로 그리프가 멋지게 전복적으로 전달한 이야기의 요점이기도 하지요. 그러니까 우리의 가장 기본적인 활동과 그 동기를 살펴봄으로써 '한 번뿐인 야생의 소중한 삶'을 가지고 우리가 무엇을 해야 하는지 생각하게 만드는 것입니다.

모든 것에 반대하는 것처럼 보이는 그리프의 비판적인 글은 유비적 사고와 추론적 사유가 어떻게 갈수록 복잡해지는 세상을 이해하는 데 도움을 주는지를 보여주는 강력한 사례입니다. 알면 알수록 우리는 더 많은 유추를 할 수 있게 되고, 그런 유추를 사용해 더 많이 추론·연역·분석하고 우리의 이전 가정들을 평가할 수 있지요. 또한 그 모든 것이 우리 내부에서 자라나는 지식 플랫폼을 확장하고 개선합니다. 그 역도 똑같이 성립하지요. 그리고 거기에는 우리의 현재와 미래 사회를 겨냥한 냉혹한 함의가 담겨 있습니다. 우리가 아는 것이 적을수록 유추를 끌어낼 가능성이나 추론과 분석 능력을 키울 가능성이 줄어드는 것은 물론, 우리의 일반적인 지식을 확장하고 적용할 가능성도 낮아지지요.

아서 코난 도일 경이 탄생시킨 최고의 탐정 셜록 홈스는 주의 깊은 관찰과 배경 지식, 유비적 사고가 연역적 추리로 이어지는 과정을 보여줌으로써 우리를 끊임없이 놀라게 하지요. 우리는 가장 평범한 증거물들로부터 탁월한 추론을 끌어내는 방식 때문에 홈스에게 계속해서 매료됩니다. 거기에 우리는 최면에 걸린 듯 빠져들지요. 홈스가 주목하는 증거물이란 오른쪽 바짓가랑이에 묻은 두 가닥의 짧은 갈색 개털, 왼손의 채 아물지 않은 작은 생채기, 옷깃 아래 남아 있는 물기, 케임브리지에서 런던으로 가는 오후 4시발 편도 기차표 같은 것들입니다. 보세요! 가슴의 주머니 위로 젖은 차표 귀퉁이가 살짝 삐져나와 있고 머리카락은 헝클어진 교수가 가장 유력한 용의자입니다. 그는 세 번이나 거짓말을 했지요. 처음에는 그가 비 오는 케임브리지 기차역 근처에 있었는지에 관해, 두 번째는 살인이 일어난 시각인 4시에 어디에 있었는지에 관해, 세 번째는 사건의 불행한 희생자와 그에 못지않게 운이 나빴던 짧은 갈색 털의 잭 러셀 테리어(십중팔구는 쉬지 않고 요란하게 짖어대는 종이기에 딱하게 희생됐을 가능성이 크지요)를 최근에 본 적이 있는지에 관해서 말입니다.

대서양 양쪽의 대륙을 오가며 이어지는 추리소설 시리즈를 떠받치는 홈스의 추리 방법은 우리 자신의 추론 능력을 반영한 것이기도 합니다. 다만 홈스의 추리는 지어낸 것인 반면 우리의 추론 능력에는 또 다른 무엇이 있지요. 우리는 홈스(특히 영국 배우 베네딕트 컴버배치의 뛰어난 연기로 그려내는 비사교적 인물 홈스)와는 달리, 오히려 명민한 미스 마플*에 가깝게, 추론 능력을 공감과 타인의 관점 취하기와 결합해서 책 속의 수수께끼를 풀 때가 많습니다.

---

* 애거서 크리스티의 추리소설에 등장하는 주인공.

우리 뇌는 미스 마플을 선호합니다. 우리의 좌우 전전두엽 피질에 폭넓게 분포된 신경망은 텍스트의 정보를 분석·예측하고, 그 결과는 내부의 평가 시스템에 들어가 각 가설의 가치를 평가하는 데 사용됩니다. 실제로 어떤 연구에 따르면 좌측 전전두엽 영역이 관찰과 추론을 연결한 뒤에 자체 생성된 가설이 하나둘 차례로 나오게 됩니다. 그동안 우측 전전두엽 피질은 각 예측의 가치를 평가한 다음 이 판단을 다시 좌측 전전두엽 영역으로 보내 최종 허가를 받지요. 이 과정은 과학적 방법이 실행되는 것과 비슷합니다. 다만 공감의 신경망과 마음 이론이 해법에 추가된다는 것만 다르지요. 장기적으로는 깊이 읽는 뇌처럼 유추와 추론과 공감과 관련된 과정을 활용한 보다 혼성적인 방법이 홈스의 추리 방법보다 선호되어야 합니다. 그것이 바로 연역입니다!

유추의 과정, 추론의 과정, 공감의 과정, 배경 지식의 처리 과정 사이의 연결을 꾸준히 강화하면 읽기의 차원뿐만 아니라 더욱 많은 차원에서 유리해집니다. 읽기를 통해 이런 과정들을 연결하는 법을 계속 배운다면 이는 삶에도 적용되어 자신의 동기와 의도를 구분할 줄 알게 되고, 다른 사람들의 생각과 느낌도 더욱 명민하고 지혜롭게 이해하게 됩니다. 그것은 공감을 통한 연민의 토대가 될 뿐만 아니라 전략적 사고에도 도움이 되지요.

하지만 오바마가 말했듯이, 이는 노력과 실습 없이는 얻지 못할 뿐만 아니라 사용하지 않으면 그대로 남아 있지도 않습니다. "사용하라, 그러지 않으면 잃는다"라는 뇌신경의 기본 원리는 깊이 읽기 과정의 모든 단계에 적용됩니다. 더욱 중요한 것은 이 원리가 가소적인 읽는 뇌의 모든 회로에도 적용된다는 사실입니다. 우리는 복합적인 유추와 추론 기술을 계발하고 사용하기 위해 계속 노력해야만 정보의 수동적인 소비자가 아닌, 사려 깊고 비판적인 분석가의 능력을 유지할 수 있습니다.

비판적 분석

이쯤 되면 깊이 읽기 회로에서 비판적 분석이 차지하는 핵심적인 통합의 역할에 관해 이야기하지 않을 수 없겠군요. 과학, 교육, 문학, 시를 비롯해 어떤 관점에서 보든, 깊이 읽기의 과정 중에 비판적인 사고만큼 많이 쓰이는 것도 없습니다. 그만큼 지적 형성에서 중요한 자리를 차지하지요. 그럼에도 비판적 분석을 기르는 것만큼이나 그것을 정의하는 것도 어렵습니다. 읽는 뇌의 관점에서 보면 비판적 사고는 과학적 방법의 전 과정을 요약한 것입니다. 텍스트의 내용을 우리의 배경 지식, 유추, 연역, 귀납, 추론으로 합성하여 저자의 숨은 가정과 해석, 결론을 평가하는 것을 말합니다. 비판적 사유를 세심하게 형성하는 것이야말로 다음 세대가 텍스트에서든 스크린에서든 조작적이고 피상적인 정보에 휩쓸리지 않도록 예방접종을 하는 최선의 방법입니다.

그렇지만 비판적 사고를 계발하는 데는 시간과 노력이 많이 들기 때문에 즉각성과 손쉬움 그리고 효율성을 높이 평가하는 문화에서는 점점 어려운 일이 됩니다. 우리 대다수는 비판적인 사고를 하고 있다고 생각하지만, 솔직히 따져보면 우리가 생각하는 수준에는 미치지 못합니다. 우리는 '나중에' 비판적 사고에 시간을 할애할 거라고 믿지요. 하지만 그 나중이란, 의도는 온데간데없는, 보이지 않는 휴지통 속일 뿐입니다.

문학 연구자인 마크 에드먼드슨은 저서 《왜 읽는가?Why Read?》에서 이렇게 묻습니다. "비판적 사고란 정확히 무엇인가?" 그러고는 비판적인 사고에는 개인적인 믿음과 확신을 검토하고, 잠재적으로는 그 것을 뒤집을 수도 있는 힘까지 들어 있다고 설명합니다. 그런 다음 그는 질문합니다. "당신 자신이 무언가를 믿지 않고, 또한 이런 믿음을 바꿀 준비가 되어 있지 않다면 이런 비판적 사고의 힘이 다 무슨 소용인가? 비판적 사고란 대개 입장이 확정되지 않은 상태에서 일어나는 것이다."

이 대목에서 에드먼드슨은 비판적 사고를 위협하는, 그렇지만 불충분하게 논의돼온 두 가지 관련 위협을 열거합니다. 첫 번째 위협은 세계를 이해하기 위한 어떤 강력한 틀(정치적 혹은 종교적 관점 같은 것)이 변화에 너무 닫혀 있는 데다 그것을 너무 완고하게 고수하는 나머지 거기에서 벗어난 생각은 어떤 것도 받아들이지 않을 때 닥칩니다. 그 생각이 실증적 또는 도덕적 증거에 기초하고 있을 때조차 말이지요.

두 번째 위협은 젊은이들 다수가 자신의 신념 체계를 전혀 발전시키지 못하는 것입니다. 이런 일은 젊은이들이 과거의 사상 체계(가령, 지그문트 프로이트나 찰스 다윈 또는 놈 촘스키의 업적)에 관한 지식이 부족하거나 그것을 살펴보고 학습하는 데 필요한 인내심을 갖지 못한 경우에 일어나지요. 그렇게 되면 더욱 깊이 있는 이해에 필요한 비판적 사고를 배우는 능력마저 저해될 수 있습니다. 지적 방향타를 잃고 표류하거나, 의문을 허용하지 않는 사고방식을 고집하는 것은 우리 모두에게 내재된 비판적 사고에 대한 위협이지요.

비판적 사고는 결코 저절로 생겨나지 않습니다. 수년 전에 저희 가족은 이스라엘 철학자 모셰 할버탈Mohe Halberthal의 안내로 예루살렘 메아 셰아림Mea Shea'rim의 한 학교를 방문했습니다. 그곳은 정통 유대교에 대한 신앙심이 깊은 지역으로 할버탈이 아니었다면 초대받지 못했을 곳이었지요. 할버탈의 윤리와 도덕성에 관한 연구는 오늘날 세계가 직면한 가장 어려운 정치적, 영적 문제를 다루고 있습니다. 그의 접근 방식은 심오하게 사려 깊으면서도 때로는 논쟁적이지요. 그가 다룬 문제들 중에는 그의 도움으로 작성된 이스라엘 방위군의 윤리 규정도 들어 있습니다. 저는 그 학교의 창문 너머로 어린 사내아이들이 까불고, 기도하고, 노래하는 것을 봤습니다. 아이들은 《토라》의 한 문장을 어떻게 해석할지 서로 논쟁을 하기도 했습니다. 아이들은 하나의 해석이 옳다고 단정하지 않고 과거의 모든 주석을 관련 지어보더군요. 대체로 텍스트의 문장 이외에 다른 것은 끌어들이지 않았습니다. 어린 독자들은 과거의 지식(이 경우에는 수세기 동안 주고받은 생각들이죠)에 대한 자기 나름의 이해를 출발점으로 삼았습니다.

이런 형식의 지적인 분석이 바로 가장 깊은 형식의 읽기 과정에서 일어납니다. 이때 텍스트에 대한 다양한 해석이 오가면서 배경 지식과 공감이 통합되고 추론과 비판적 분석이 합쳐지지요. 따라서 가장 깊은 형식의 비판적 분석이란 과거에 열심히 추구했던 사고와 느낌을 최선으로 통합하는 것을 말합니다. 이것은 완전히 새로운 이해를 위한 최고의 준비이기도 하지요. 그런 놀라운 방식을 통해 단어들은 새로운 개념을 드러낼 수 있습니다. 그런 점에서 비판적 사고는 새로운 생각으로 연결되는 가톨릭적이면서 탈무드적인 다리이기도 합니다.

깊이 읽기의 생성적 과정

> 통찰이란 거대한 미지의 지식 저장고인 뇌를 흘깃 바라보는 것이다. 피질이 자신의 비밀을 나눠주는 것이다.
>
> – 조나 레러

우리는 마침내 읽기라는 행위의 막바지에 이르렀습니다. 지금까지는 우리가 글을 읽을 때 경험하는 다양한 탐사 모드들에 대해 살펴봤습니다. 탐사 모드란 텍스트에서 정보를 거둬들이고 최선의 사고와 느낌을 연결한 다음 비판적 결론을 도출하여 완전히 새로운 생각을 엿볼 기회가 되어줄 인지적 공간으로 미지의 도약을 감행하는 것을 말합니다. 그 절정이 통찰입니다. 철학자 마이클 패트릭 린치가 말했듯이 말이지요. "깨달음은 눈 깜짝할 사이에 온다. ……통찰은…… 문이 열리는 것이고, 하이데거가 말했듯이 '탈은폐disclosing•'다. 우리는 문을 엶으로써 행동하지만, 그런 다음에는 그 너머에 있는 것을 봄으로써 행동한다. 이해는 탈은폐의 한 형식이다."

우리가 깊은 통찰을 경험할 때 일어나는 것이 찰나적인 본성을 띠고 있다고 해서 그것이 남긴 인상마저 곧장 사라지는 것은 아닙니다. 지금 잠시 멈추고, 우리가 바로 앞 단락의 글을 읽으면서 얻은 몇 가지 중요한 통찰들을 반추해볼까요? 여러분의 기억을 자극하기 위해 저의 독서 편력에서 뽑아온 세 가지 사례를 들려드리겠습니다. 두 가지는 소설, 한 가지는 과학 책입니다. 첫 번째는 역시 릴케의 책에서 따왔습니다. 앞서 이야기한 《젊은 시인에게 보내는 편지》가 아니라 《사랑하는 하느님 이야기》에 나오는 가장 터무니없는 이야기입니다. 저는 이 따뜻한 이야기를 스무 살 때 읽었지요. 하지만 그 이야기에서 얻은 섬세한 통찰들은 그 후로도 결코 잊은 적이 없습니다. 그중에는 한 무리의 아이들에 관한 이야기가 있습니다. 그 아이들은 무언가를 신이라고 믿고 아주 소중하게 교대로 간직했습니다. 하지만 가장 작은 아이가 '그것'을 잃어버리고 말았습니다. 어느덧 낮은 밤으로 바뀌어 다른 아이들은 떠나고 가장 작은 아이만 남아서 필사적으로 '그것'을 찾았지만 아무런 소용이 없었지요. 소녀는 모든 행인에게 사정합니다. 신을 찾도록 도와달라고. 하지만 아무도 도와주지 못했지요. 마침내 모든 희망이 사라지려는 순간 이방인이 나타납니다. 그는 소녀에게 몸을 굽히고는 이렇게 말합니다. "신은 어디서 찾아야 할지 모르겠구나. 하지만 방금 땅바닥에서 작은 골무를 발견했단다."

• 독일어로는 Entbergung.

아이가 '신'을 되찾았을 때 제가 그 아이와 함께 느꼈던 순수한 기쁨의 전율을 저는 아직도 잊을 수 없습니다. 그 이야기에는 유년 시절의 믿음에 관한 생각이 얼마나 따뜻하게 담겨 있는지, 우리 인간이 신에게 '매달리는' 수없이 다양한 방식을 어떻게 작은 골무로 표현했는지 그때 알았지요. 또한 셰익스피어와 폴로니우스*가 말하듯이, 얼마나 많은 통찰이 간접적인 방식으로 우리에게 이르러 우리를 보다 천천히, 어쩌면 보다 정확하게 가장 달콤한 깨달음의 순간으로 이끄는지를 깨달았습니다.

보다 최근에는 메릴린 로빈슨의 《길리아드》가 저에게 통찰을 주었습니다. 매년 읽을 때마다 저와 함께 변화를 겪는 책이지요. 아무런 일도 일어나지 않는 듯한 장소와 시간을 배경으로 한 이 고요한 이야기에서, 주인공 존 에임스 목사는 아주 어린 아들을 위해 자신의 기억을 담은 편지들을 정성껏 써내려 갑니다. 이 점잖은 교구 목사는 자신이 세상을 떠난 후에도 자기 세대의 지혜가 전달되고 지켜지기를 바랐던 거지요. 우리에게 가장 어렵고 불가해한 영역에 속하는 종교적 믿음, 사후세계, 용서, 덕, 우리의 존재 자체에 관한 질문을 소설에 그토록 솜씨 좋게 담아낸 경우도 드뭅니다. 이 애정 어린 아버지가 평생 쌓아온 생각의 어깨를 어린 아들에게 내주려는 노력을 보면서 깊이 읽기 중에 일어나는 통찰이 얼마나 애정 어린 기능인지를 깨닫게 되지요. 그것은 우리가 지닌 최선의 생각을 후대에 남기는 것입니다.

---

* 〈햄릿〉의 등장인물. 오필리어의 아버지.

세 번째 사례에는 통찰과 창의적 사고에 관한 제가 좋아하는 문장이 들어 있습니다. 바로 〈심리학회보Psychological Bulletin〉에 실린 신경과학자 애른 디트리히Arne Dietrich와 리엄 캔소Riam Kanso의 논문입니다. 두 사람은 그동안 뇌영상 연구들이 통찰과 창의적 사고에 관해 알아낸 내용을 살펴본 후 분노에 가까운 어조로 이렇게 결론짓습니다. "창의성은 어디에나 있다고 말할 수 있다." 그들은 EEG(뇌전도 검사)와 ERPs, 그리고 다른 신경영상 연구들까지 샅샅이 살펴보았지만, 가장 창의적인 사고가 분출하는 순간에 어떤 일이 일어나는지를 보여주는 깔끔한 지도는 찾아내지 못했던 거지요. 오히려 그럴 때는 우리 뇌의 여러 영역, 특히 전두엽 피질과 전방 띠이랑(공감과 유추, 분석, 그리고 이것들의 연결을 포함한, 깊이 읽기의 과정들과 연관된 부위)이 활성화하는 것처럼 보였던 겁니다. 하지만 그런 연구 결과가 나왔다고 해서 안달할 필요는 없습니다. 오히려 그것이야말로 읽기 과정에서 우리 같은 독자 개개인이 저만의 새로운 생각을 일으키고 표현할 때 뇌 회로에서 수렴되는 일련의 대단한 과정을 완벽히 묘사한 것인지도 모르니까요. 이처럼 생각이 떠오르고 표현되는 바탕을 두고 웬델 베리는 문장의 기회이자 한계라고 멋지게 묘사했지요.

　우리가 눈 앞에 문장들을 읽어 들이는 마지막 밀리세컨드로 진입하는 순간 그곳에는 사실도 있고 아직 풀리지 않은 수수께끼도 있습니다. 문학 연구자인 필립 데이비스처럼 '경험의 관조를 위한 해저holding ground•'라는 아름다운 은유를 사용하든, 신경과학자인 스태니슬라스 드앤처럼 '신경 작업장'이라는 보다 심리학적인 용어를 쓰든, 소설가 기시 젠처럼 방이 여럿인 독자의 '내면성'이라는 단어를 쓰든, 읽기라는 행동에는 읽는 사람의 머릿속에 두 팔을 한껏 벌릴 만큼의 공간이 활짝 열리면서 우리의 모든 인지적, 정동적 과정들이 순수한 주의와 반성의 소재가 되는 마지막 순간이 있습니다. 이 정지의 순간은 인지적으로나 생리적으로나 그저 고요한 시간도 정적인 시간도 아닙니다. 오히려 강렬한 활동이 일어나는 순간이지요. 이 순간은 우리를 텍스트에서 벗어나, 혹은 텍스트를 넘어 통찰 속으로 한층 깊이 이끌 수 있습니다. 이때 우리는 과거의 지각과 느낌, 생각들을 체로 걸러내, 심리학자 윌리엄 제임스가 생각했던, 그리고 필립 데이비스가 "보이지 않는 생성적 장소…… 단어들 배후와 내부와 사이의 보이지 않는 정신의 현존"이라고 묘사했던 것을 추구합니다. 두 사람의 생각을 감히 수정하는 것은 거의 신성모독처럼 느껴지지만, 저는 "단어들 배후와 내부, 그 사이를 읽는 정신의 보이지 않는 현존"이라고 표현하고 싶습니다.

이 마지막 단계의 생성적 순간을 소설가와 철학자 그리고 신경과학자들은 다양한 각도에서 보여줍니다. 에머슨이 말한 언어와 생각의 '보고quarry'가 어떤 식으로 개념화되든, 독자 여러분은 거기에서 무엇을 발견하게 될지 압니다. 그리하여 우리가 과거의 생각들 너머에 있는 것을 섬광처럼 둘러보게 함으로써 이따금 우리의 의식을 비춰주지요. 그런 순간마다 깊이 읽기는 우리가 삶을 둘러싼 환경 너머

• 닻을 박는 곳.

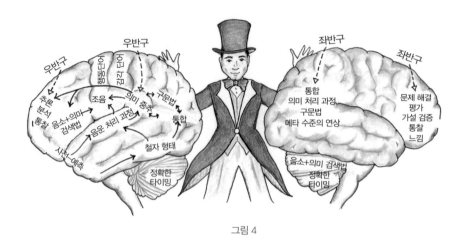

우반구
우반구
행동단어
감각 단어
조음
음소+의미 검색법
추론
분석
통찰
음운 처리 과정
의미 충족
구문법
통합
사전 예측
철자 형태
정확한 타이밍

좌반구
좌반구
통합
의미 처리 과정
구문법
메타 수준의 연상
문제 해결
평가
가설 검증
통찰
느낌
음소+의미 검색법
정확한 타이밍

그림 4

로 여행하는 데 필요한 최고의 이동수단을 제공합니다.

읽는 뇌 회로는 우리 종만의 독특한 후성적 성취입니다. 깊이 읽기는 이 회로 안에서 우리가 지각하고 느끼고 아는 것에 중대한 변화를 줍니다. 그럼으로써 회로 자체를 변화시키고 형성하고 정교화합니다. 캐서린 스투들리는 읽는 뇌를 그린 마지막 삽화에서 우리의 깊이 읽기 회로가 얼마나 아름답게 정교해지는지를 보여줍니다. 그렇지만 다음 편지에서 보듯이, 읽는 뇌는 가소성을 지니고 있기 때문에 디지털 환경 속에서 반복된 프로그램에 노출될 경우 대단히 중대한 결과가 일어날 수도 있습니다. 그런 불확실성은 결코 사소한 문제가 아니랍니다.

진심을 담아

당신의 저자

Reader, Come Home

네 번째 편지

"독자였던 우리는
어떻게 될까?"

우리를 둘러싼 공통의 것들 안에는
그가 전할 수 있는 무작위의 진실들이 있다

– 윌리엄 워즈워스, 〈고요한 눈의 수확〉

인생의 과업으로서 글의 길과, 글을 알고 사랑하는 길은 사물의 정수로 가는 길인 동시에 앎의 정수로 가는 길이기도 하다. ……앎인 사랑, 사랑인 앎에 필요한 것은 고요한 눈이다.

– 존 S. 던

친애하는 독자께,

윌리엄 워즈워스는 〈시인의 묘비명〉이라는 시의 마지막 부분에서 시인이 세상에 가져다준 유산을 '고요한 눈'이라고 표현했습니다. 예술가 실비아 저드슨Sylvia Judson은 관객이 예술에 '고요한 눈'을 들여오기를 바란다고 했지요. 신학자 존 던은 인간이 사랑을 지식으로 차고 넘치게 하려면 '고요한 눈'이 필요하다고 했습니다. 이제는 골프 선수들도 집중력을 개선하기 위해 '고요한 눈'이 필요하다고 말하지요.

저는 프로 골프 선수들이 스윙 동작에도 시가 깃들어 있음을 아는지 궁금합니다.

제가 '고요한 눈'이라는 말을 쓰는 것은 21세기 독자를 향한 걱정과 희망을 한 번에 표현하기 위해서입니다. 갈수록 그들의 눈은 고요해지기 힘들 것입니다. 그들의 정신은 마치 꿀에 사로잡힌 벌새처럼 하나의 자극에서 또 다른 자극으로 바쁘게 옮겨갑니다. 그들의 '주의의 질'은 은연중에 떨어지고 있으며, 예측 불가능한 결과를 초래하고 있습니다. 앞의 두 편지에서 살펴보았듯이 주의력 덕분에 우리는 한 단어, 한 문장, 한 단락을 붙잡은 다음 복합적인 과정을 거쳐 모든 의미와 형식 그리고 느낌의 층들로 나아갈 수 있었지요. 덕분에 우리의 삶도 나아졌고요. 하지만 철학자 요제프 피퍼 Josef Pieper가 썼듯이, 우리가 너무 많은 정보를 접하는 탓에 그것을 지각하는 능력이 사실상 줄어들고 있다면 어떨까요? 주디스 슐레비츠 Judith Shulevitz가 《안식일의 세계 The Sabbath World》에서 시사하듯이, 또한 '설득 설계'의 원리를 연구하는 기술 전문가들이 아주 잘 알고 있듯이, 우리가 우리 일상의 상당 부분을 구성하는 강화된 감각적 자극들에 사실상 중독되어 끊임없이 그것을 추구할 수밖에 없다면 어떻게 될까요? 이번 편지에서 다룰 두 가지 핵심 질문은 지금 답할 수 있는 차원을 넘어서는 깊은 의미를 함축하고 있습니다. 깊이 읽기를 구성하고 유지하는 핵심적인 인간 능력에 시간을 할애하려면 주의의 질이 높아야 합니다. 지금 우리 사회는 이런 주의력을 잃기 시작한 걸까요? 답이 '그렇다'라면 우리는 어떡해야 할까요?

이런 질문들에 답하려면 먼저 진화에 따른 신경회로의 배선과 현대 문화 간의 근본적인 긴장부터 이해해야 합니다. 독일 유력지인 〈프랑크푸르트 알게마이네 차이퉁〉의 '포일레톤Feuilleton(문예섹션)' 편집자 출신인 프랑크 쉬르마허에 따르면, 이런 긴장이 발생한 것은 우리 종이 모든 새로운 자극을 즉각 알아차려야 했기 때문이라고 합니다. 어떤 사람들은 이런 성향을 **새것 편향**novelty bias이라고 부르기도 하지요. 환경에 대한 극도의 경계심은 생존의 차원에서 중요합니다. 이런 반사신경 덕분에 선사 시대의 우리 조상들은 어렴풋이 찍힌 호랑이 발자국을 보거나 덤불 속에서 들려오는 부드러운 독사의 소리만으로도 목숨을 구할 수 있었지요.

쉬르마허가 썼듯이, 이제 문제는 끊임없이 새롭고 감각적인 자극들이 쏟아져 들어오는 다양한 디지털 기기에 주의가 분산되거나 아예 주의를 빼앗기는 바람에 밤 시간이 짧아질 때가 많아졌다는 것입니다. 최근 〈타임〉이 20대들의 미디어 사용 습관을 조사한 결과 정보를 얻는 매체를 전환하는 빈도가 시간당 27회라고 합니다. 휴대전화를 확인하는 횟수는 하루 평균 150~190회에 이르고요. 사회 전체로 보면, 우리는 환경에 의해 주의가 끊임없이 분산되는 데다 우리가 타고난 신경회로의 배선은 이것을 방조합니다. 요즘 우리가 보거나 듣는 것에 기울이는 주의의 질은 예전 같지 않습니다. 보고 듣는 것이 너무 많은 데다 그런 과다한 정보에 익숙할 뿐만 아니라 오히려 더욱 많은 정보를 추구하기 때문이지요.

그에 따른 불가피한 부산물이 바로 주의과잉입니다. 문학평론가 캐서린 헤일스는 급속한 업무 전환과 높은 수준의 자극 그리고 쉽게 찾아오는 지루함이 주의과잉의 원인이라고 지목했지요(역으로 주의과잉이 급속한 업무 전환과 높은 수준의 자극 그리고 쉽게 찾아오는 지루함을 키우기도 합니다). 1998년 당시 마이크로소프트의 버추얼월드그룹VWG[*] 일원이었던 린다 스톤Linda Stone은 아이들이 디지털 기기에 이어 자기 환경에 주의를 기울이는 방식을 설명하기 위해 **지속적인 부분적 주의**continuous partial attention라는 용어를 새로 만들었습니다. 그 뒤에도 이런 기기들은 더 늘어나 이제는 어디서나 접할 수 있게 되었지요. 아주 어린 아이들도 예외가 아닙니다. 이런 사실은 여러분이 다음에 비행기로 여행할 때 주변을 잠깐 둘러보기만 해도 충분히 알 수 있을 겁니다. 아이패드는 새로운 고무젖꼭지[**]가 되었습니다.

모든 연령층이 보이지 않는 대가를 치르고 있습니다. 대다수의 사람들이 간과하고 있지만, 아주 어린 아이조차 평소 디지털 자극을 지속적으로 받았을 경우에는 기기를 빼앗기면 지루함이나 따분함을 크게 느끼게 됩니다. 뿐만 아니라 디지털 기기를 많이 사용하면 할수록 온 가족이 오락과 정보, 주의분산의 디지털 원천에 접속돼 있는 주기도 길어지고, 의존도도 높아지게 되지요. 주의과잉, 계속된 주의분산, 환경에 의한 주의'결여'(정신과 의사인 에드워드 헬로웰Edward Hallowell이 붙인 이름입니다)는 우리 모두와 관련이 있습니다. 디지털 기기의 알람 소리에 눈을 뜨는 순간부터, 온종일 15분여 간격으로 여러 기

---

[*] 온라인 사회 생활과 가상 공동체 연구개발팀.
[**] 아이를 달래는 손쉬운 도구라는 뜻.

기를 확인하다가 잠들기 직전 다음 날을 준비하기 위해 이메일을 정리하는 마지막 순간까지 우리는 온통 주의를 분산시키는 세상에서 살아가지요.

우리에겐 고요한 눈을 키울 시간도 동력도 없습니다. 수확의 기억은 말할 것도 없지요. 직장에서나 가정에서 우리는 스크린 뒤에서, 한 가지 일에서 또 다른 일로, 혹은 어떤 자극원에서 또 다른 자극원으로 옮겨가면서 우리의 하루를 조각난 시간들로 이어 붙여왔습니다. 그러니 우리는 변할 수밖에요.

실제로 우리는 변했습니다. 이미 여러분도 느끼기 시작했을 테지요. 지난 10년 사이에 '디지털 연쇄'와 더불어 우리의 읽기는 많은 변화를 겪었습니다. 우리가 얼마나, 어떻게, 왜 읽는지가 바뀐 거지요. 이 모든 것을 잇는 '디지털 연쇄'가 걷어가는 대가를 우리는 이제서야 따져보기 시작했습니다.

디지털 연쇄 가설

우리는 얼마나 읽는가

우리가 얼마나 읽는지에 대해서는 지금도 논의가 계속되고 있습니다. 얼마 전에 캘리포니아 주립대학교 샌디에이고 캠퍼스의 세계정보산업센터 Global Information Industry Center가 하루에 사용되는 정보의 양을 조사한 적이 있습니다. 그 결과에 따르면 한 사람이 매일 다양한 기기를 통해 소비하는 정보의 양은 평균 약 34기가바이트였습니다. 기본적으로 10만 개의 영어 단어에 가까운 양이지요. 이 연구의 공동 저자인 로저 본Roger Bohn은 인터뷰에서 이렇게 말했습니다. "한 가지 사실은 분명합니다. 우리의 주의는 보다 짧은 간격으로 쪼개지고 있으며, 이것은 아마 더 깊은 사고를 위해서는 좋지 않을 것입니다."

이런 연구에 쏟은 엄청난 노력을 우리는 충분히 인정합니다. 연구자들은 크게 지지받아 마땅합니다. 하지만 "아마 더 깊은 사고를 위해서는 좋지 않을 것"이라는 말은 어이가 없을 정도로 절제된 발언입니다. 우리 모두가 지금 경험하고 있고 이름도 제대로 붙인, 시간의 '파편화chopblock'라든가 하루 34기가바이트에 이르는 무차별적인 정보로는 깊이 읽기도 깊은 사고도 증진할 수 없습니다. 물론 우리가 실제로 읽는 양이 예전보다 늘었다는 사실에 안도하는 제임스 우드 같은 사려 깊은 독자들(그리고 작가들)도 많이 있습니다. 어쨌거나 10여 년 전만 해도 미국연방예술기금NEA의 보고서에는 많은 사람이 이전보다 적게 읽고 있으며, 이는 디지털 방식의 읽기 때문일지 모른다는 정당한 우려가 담겨 있었지요. 그로부터 몇 년 후 존경받는 시인이자 당시 NEA 사무국장이었던 데이너 조아Dana Gioia가 주도한 연구 보고서에서는 이제 추세가 바뀌어 사회 전체적으로는 어느 때보다 많이 읽고 있으며, 이는 디지털 기반에 의해 촉진됐을 가능성이 있다고 시사했습니다.

사실 지난 몇 년 사이에 문해 기반에서 보다 디지털적인 기반으로 옮겨가는 과정에서 나타난 우리의 읽기 습관에 대해서는 혼동을 하기가 쉽습니다. NEA의 보고서를 근거로 하든, 그보다 최근의 보고서를 근거로 하든, 현재 우리는 너무 많은 정보에 둘러싸여 있습니다. 이제는 미국인 한 명이 하루 동안 읽는 단어 수가 웬만한 소설에 나오는 단어 수와 같을 정도입니다. 하지만 불행히도 이런 식의 읽기는 대개 연속적이거나 지속적이거나 집중적인 읽기는 되지 못합니다. 오히려 우리 대다수가 소비하는 평균 34기가바이트의 정보란 발작적인 활동이 차례로 이어지는 것을 뜻할 뿐이지요. 제인 스마일리 같은 미국 소설가들은 우리가 매일 강박적으로 소비하는 단어들이 늘어나면서 소설이 주변부로 밀려날 거라고 우려합니다. 소설을 읽는 데에는 지속적인 특별한 형식의 읽기가 필요하고 그럴 경우에만 보상이 따르기 때문이지요. 1930년대 독일 철학자 발터 벤야민은 새로운 정보에 사로잡히는 성향 안에는 보다 보편적인 차원이 자리하고 있음을 지적한 바 있습니다. 그는 우리가 끈질기게 "새로운 정보로 구성되는 현재를 추구한다. 하지만 그 정보는 새로움을 잃는 순간 생명력도 잃는다"라고 썼지요. 이 말은 지금 상황에도 똑같이 유효합니다.

읽기 연구자가 보기에는, 혹은 놀랍게도 미국의 전직 대통령이 보기에도, 벤야민이 말한 '정보'는 지식에 해당하지 않습니다. 언론인이자 작가인 데이비드 울린David Ulin은 버락 오바마가 햄프턴 대학교 학생들에게 했던 말을 인용한 적이 있지요. 여기서 오바마는 우리 젊은이들 다수에게 이제 정보는 "힘을 주는 도구도 해방의 도구도 아닌 주의분산과 기분전환, 일종의 오락이 되었다"고 걱정했습니다.

이런 오바마의 우려에 점점 많은 학자들이 공감하고 있습니다. 영문학 교수인 마크 에드먼드슨은 학생들이 정보를 일종의 오락으로 개념화한 결과 어떤 일이 벌어졌는지를 상세히 썼습니다.

나의 학생들은 오락 속에서 헤엄만 치다 보니, 정작 자신들이 가치 있게 여겨온 모든 것을 의심해보고 삶의 새로운 방식을 바라볼 기회로부터는 차단돼왔다. ……그들에게 교육이란 그저 아는 것이자 거만한 관객이 되는 것일 뿐, 인생을 어떻게 살아야 하는지에 관한 소크라테스식 대화는 결코 아니다.

이 말은 학생들이 비판적 사고와 프루스트가 말한 '고독 한가운데에서 일어나는 소통'을 모두 잃어가고 있다는 뜻입니다. 고독 속의 소통이 일어나려면 독자의 고요한 눈은 저자와의 대화까지는 아니더라도 그의 말을 들을 수 있을 만큼은 정적을 유지해야 하지요. 그런 내적 대화가 이뤄지려면 독자에게 시간과 욕구가 있어야 합니다. 에드먼드슨은 우리 젊은이들 사이에서 그런 노력이 줄어들고 있다는 사실과 함께 젊은이들이 아주 얕은 인지적 능력만을 사용해 수동적으로 즐기려고만 한다는 사실에 대해 우려합니다.

에드먼드슨의 우려는 읽기 회로에 관한 우리의 지식이 경고하는 내용과 일맥상통합니다. 즉 정보가 계속 피상적인 수준에서 일종의 오락으로만 지각된다면 결국 우리는 표면에만 머무르게 되어 잠재적으로는 진정한 사고를 심화시키기보다는 오히려 방해받는다는 것입니다. 앞서 언급했던 나탈리 필립스 교수의 연구를 떠올려보시기 바랍니다. 일반적인 읽기보다 깊이 읽기나 정밀 독해로 뇌는 더욱 활성화되었지요. 가벼운 읽기는 아무리 교묘하게 "위장해도" 또 하나의 오락거리밖에 되지 않는다고 울린은 지적했습니다. 언론인인 울린의 관점에서든, 나라의 젊은이들을 보호하는 대통령의 관점에서든, 청년들의 교사인 에드먼드슨의 관점에서든, 가장 경계해야 할 점이 있습니다. 그것은 소크라테스가 두려워했던 것이기도 합니다. 바로 젊은이들이 진실을 찾는 고된 훈련에 나서기도 전에 이미 진실을 안다고 생각하는 것입니다.

여러분 각자가 깨닫고 있는 것처럼 이런 우려는 더 이상 우리의 젊은이들만을 향한 것이 아닙니다. 우리 모두가 소비하는 정보의 양만 생각해봐도 본질적으로 판도를 바꿔놓을 문제들이 잇따를 수밖에 없습니다. 다양한 기기들이 쏟아내는 수 기가바이트의 정보가 초래하는 인지적 과부하에 우리는 어떻게 대처하고 있을까요? 첫째, 단순화합니다. 둘째, 정보를 최대한 빠르게 처리합니다. 더 정확히 말하면, 보다 압축된 형태로 더욱 많이 읽지요. 셋째, 선별합니다. 우리는 알아야 할 필요와 시간 절약의 필요 사이에서 은밀한 거래를 시작합니다. 때로는 우리 지능을 아웃소싱하기도 합니다. 자신이 더는 생각하고 싶지 않은 정보는 가장 빠르게 단순화해 소화하기 좋게 걸러주는 정보 아웃렛에 맡기지요.

그러는 과정에서 우리는 뭔가를 잃어갑니다. 마치 하나의 언어에서 다른 언어로 옮겨가는 과정에서 그러는 것처럼 말이지요. 그런 식으로 우리 자신의 개인적인 분석 능력을 느슨하게 사용하는 단계에서부터 더는 복잡한 생각이 지배적으로 통용되지 않는 문화로 점점 옮겨갑니다. 어떤 이유에서든, 우리가 인간적인 삶의 본질적인 복잡성에서 후퇴한다면 우리는 기존의 협소한 지식에만 의지하게 됩니다. 기존 지식의 기반을 뒤집거나 시험해보지도 않고, 기존 사고의 경계선 밖은 내다보지도 않게 되지요. 과거의 생각이란 예전의 모든 가정들과, 가끔은 휴면 상태에 있다가도 언제든지 우리를 덮치는 선입견들로 가득합니다. 지금과 같은 정보 과잉 상태에서 우리는 파우스트처럼 거래를 하고 있습니다. 만약 우리가 무의식중에라도 지금 무엇을 선택하고 있는지 관심을 기울이지 않는다면, 우리가 생각하는 것 이상으로 많은 것을 문자 그대로 상실할 수도 있습니다. 우리는 이미 읽는 방식을 바꾸기 시작했습니다. 이러한 변화는 디지털 연쇄의 다음 연결고리인 우리의 사고방식에 대해서도 많은 의미를 함축하고 있습니다.

우리가 읽는 방식

도덕적 인간이 된다는 것은 모종의 주의를 기울이는 것이며, 그럴 의무를 진다는 것이다. ……도덕적 판단은 본질적으로 주의를 기울이는 능력에 달려 있다. 이 능력에는 한계가 있을 수밖에 없다. 하지만 그 한계의 범위는 확장될 수 있다.

– 수전 손택

읽기 능력의 변천에 관한 이야기는 아직 끝나지 않았습니다. 지밍 리우Ziming Liu, 나오미 배런Naomi Baron, 앤드루 파이퍼, 데이비드 울린, 그리고 안네 망겐Anne Mangen 같은 서로 다른 국가와 학문 분야에서 활동하는 학자들이 지금 우리에게 익숙해진 스크린을 통한 읽기가 읽기의 본성을 어떻게 바꾸고 있는지 연구하고 있지요. 정보 과학과 읽기를 연구하는 리우는 디지털 읽기에 관한 한 '훑어보기'가 새로운 표준이라고 말합니다. 여기에 이의를 제기할 사람은 별로 없을 것입니다. 리우와 안구 운동 연구자들에 따르면, 우리가 디지털로 읽을 때는 흔히 F자형 혹은 지그재그로 텍스트상의 '단어 스팟word-spot'(흔히 스크린의 왼쪽에 있습니다)을 재빨리 훑어 맥락부터 파악한 다음, 맨 끝의 결론으로 돌진했다가, 가끔은 자신이 이해한 내용을 뒷받침하는 세부 내용을 골라 보기 위해 본문으로 되돌아가곤 합니다.

그런 훑어보기 방식이 얼마나 효과적일까요? 그 답을 알려면 훑어보기에서 더 높은 수준의 독해 과정이 사용되고 유지되는지를 살펴봐야 합니다. 나오미 배런의 뛰어난 메타 분석* 연구에 따르면 전반적인 독해력에 관해서는 의견들이 엇갈립니다. 기존 연구들 중에서는 독자가 세부적인 줄거리의 흐름과 주장의 논리적 구조를 얼마나 제대로 파악하는지에 대한 연구가 특히 주목할 만합니다. 대표적으로는 노르웨이 학자인 안네 망겐이 동료인 아드리안 반 더 빌Adriaan van der Weel, 장-뤽 벨라이Jean-Luc Velay, 제라르드 올리비에르Gerard

---

• 기존 연구 논문에 대한 분석.

Olivier, 파스칼 로비네트Pascal Robinet와 함께 인쇄물 읽기와 스크린 읽기의 인지적, 정동적 차이를 연구한 것이 있습니다. 그들은 학생들에게 그 나이대라면 누구나 좋아할 만한 단편소설(성적 욕망으로 가득한 프랑스 연애 소설!)을 읽고 질문에 답하게 했습니다. 학생들의 절반은《제니, 내 사랑Jenny, Mon Amour》을 킨들로, 나머지 절반은 종이책으로 읽게 했지요.

그 결과, 종이책으로 읽은 학생들은 스크린으로 읽은 학생들보다 줄거리를 시간 순으로 재구성하는 능력에서 더 뛰어났습니다. 다시 말해, 디지털 화면으로 읽은 학생들은 소설에서 간과되기 쉬운 세부적인 사건의 순서를 놓치는 것으로 나타난 거지요. 오 헨리의 단편소설집에서 아내는 남편에게 시곗줄을 사주기 위해 자신의 아름다운 머리카락을 잘라 팔았고, 남편은 아내에게 빗을 사주기 위해 자신이 아끼는 시계를 팔았다는 이야기를 읽으면서 세부적인 내용을 건너뛴다면 어떻게 될지 한번 생각해보시기 바랍니다. 망겐의 연구팀을 비롯한 많은 연구팀이 자신들의 연구 결과가 스크린 읽기에서 관찰되는 훑어보기와 건너뛰기 그리고 대충 읽기는 물론, 스크린에 내재하는 구체성과 공간성(우리에게 사물이 어디에 있는지 알려주지요)의 결여와 관계가 있다고 추정합니다.

이 모든 것이 학생들의 이해력에 어떤 영향을 주는지는 아직 결론이 내려지지 않았습니다. 최근의 연구 결과, 적어도 텍스트가 비교적 짧을 때는 학생들의 일반적 이해력에서 매체에 따른 중요한 차이는 발견되지 않았습니다. 하지만 다른 연구들, 특히 이스라엘 학자들의 연구 결과에서는 보다 구체적인 차이가 나타났지요. 즉 인쇄물로 읽은 학생들의 이해도가 더 높게 나왔던 것입니다. 리우는 지금까지 연구들마다 다른 결과가 나온 것이 텍스트의 길이 때문인지, 그리고 만약 긴 텍스트를 사용하면 더욱 다양한 결과가 나타날지를 두고 의문을 제기합니다.

현재로서 확실한 것은 망겐의 연구에서 실험 대상자들이 스크린으로 읽을 때는 시간 순으로 기억을 배열하는 것이 쉽지 않았다는 사실입니다. 앤드루 파이퍼와 데이비드 울린은 시간 순으로 배열하는 능력이 디지털 기기에서는 덜 중요하다고 해도 물리적 세계와 인쇄된 페이지 위에서는 중요하다고 주장합니다. 파이퍼는 생활 속에서와 마찬가지로 읽기에서도 인간은 '경로의 감각', 즉 시공간적으로 자신이 어디에 있는지에 관한 지식이 필요하다고 말합니다. 필요할 경우에는 계속해서 그곳으로 되돌아가 뭔가를 더 알기 위해서 말이지요. 그는 이것을 회상의 기술 technology of recurrence이라 부릅니다.

하버드 대학교의 물리학자 존 후스John Huth는 이들과는 아주 상이한 관점에서 이 문제를 다룬 적이 있습니다. 그는 〈세상에서 길을 잃는다는 것〉이라는 제목의, 우리의 생각을 자극하는 에세이에서 우리가 시공간적으로 어디에 있는지를 아는 것이 얼마나 보편적인 중요성을 갖는지, 그리고 그 지식을 보다 큰 그림에 연결시키지 못하면 어떻게 되는지에 관해 이렇게 썼지요. "슬프게도 우리는 종종 지식을 보다 커다란 개념적 틀에서는 제자리를 찾지 못하는 조각들로 원자화한다. 이럴 경우 우리는 의미를 지식의 수호자들에게 넘겨줘버리고 그것의 개인적 가치는 잃어버린다."

여기서 한 가지 질문이 제기됩니다. 즉 디지털 매체 위에서 일어나는 그런 물리적 지식(스크린 위에는 없고 다른 매체에는 있는)의 감소가 독자들이 세부적인 내용을 파악하는 방식에는 물론, 읽기가 독자를 데려가는, 손에 만져질 듯한 곳에 이르는 방식에도 부정적인 영향을 미칠까요? 문학평론가 마이클 더다는 읽기라는 경험 깊은 곳에 있는 무언가로 우리의 생각을 인도하기 위해 물리적 차원을 활용합니다. 그는 스크린으로 책을 읽는 것은 척박한 호텔 방 안에 머무는 것과 같다고 말합니다. 그러고는 이렇게 덧붙이죠. "책은 집이다. 당신이 사랑하고 소중히 여길 수 있는, 실재하는 물리적 사물이다." 책의 물리적 실체감은 우리가 어렵게 길어 올린 생각들과 여러 겹의 감정들을 품고도 판단은 유보하게 하고, 또 우리가 집으로 가는 길을 찾는 능력을 길러주지요. 그런 의미에서 책의 물성은 심리적으로나 물리적으로 만질 수 있는 무언가를 제공합니다. 파이퍼와 망겐 그리고 비교문학자인 캐린 리타우Karin Littau는 이 부분을 더욱 확장해서 우리가 단어를 전체 텍스트 안에서 이해하는 방식에서 촉각이 어떤 역할을 하는지를 강조합니다. 이 역할은 대개는 언급되지 않는 것이지요. 파이퍼가 보기에, 인쇄물 읽기에 수반되는 감각적인 차원은 정보에 중요한 여분, 다시 말해 단어에 일종의 '기하학'을 더함으로써 우리의 전반적인 이해에 도움을 줍니다. 두 번째 편지에 언급했던, 단어 처리에 기여하는 것들을 떠올려보신다면 파이퍼의 견해가 생리학적으로 이해될 것입니다. 우리가 어떤 단어에 관해 아는 것이 많으면 많을수록 뇌의 활성도는 커지고, 활용 가능한 의미의 수준도 높아집니다. 파이퍼는 단어를 스크린으로 읽을 때는 놓치기 쉽지만 인쇄된 형태로 읽을 때는 활성화되는 것에 촉각이 또 다른 차원을 더한다고 암시합니다.

심리학에는 '설정set'이라는 아주 오래된 개념이 있습니다. 이 개념은 오늘날 대다수의 사람들이 매체와는 상관없이 읽기에서 연속성과 순차성 그리고 뉘앙스를 잃어간다는 사실을 설명해줍니다. 빠른 정보 처리 속도가 특징인 스크린으로 몇 시간에 걸쳐 읽을 경우에는 무의식중에 설정마저 디지털 기반의 읽기 쪽으로 발달됩니다. 만약 그 시간의 대부분이 산만함으로 가득한 인터넷상의 읽기로 채워진다면, 순차적인 사고의 중요성과 사용도도 줄어들겠지요. 이후 우리가 스크린을 끄고 책이나 신문을 집어 든다 해도 그런 방식으로 읽기가 계속됩니다. 이것을 '블리딩 오버bleeding over' 효과라고 부르겠습니다.

이 블리딩 오버 효과에는 걱정스러운 면이 있습니다. 게다가 그것은 더 오랫동안 지속될 가능성마저 있지요. 모두가 이 편지에서 강조한 신경가소성 때문입니다. 즉 우리가 디지털로 많이 읽을수록 우리의 뇌 회로도 디지털 매체의 특징을 더 많이 반영하게 된다는 사실입니다. 니콜라스 카는 저서 《생각하지 않는 사람들》에서 스탠리 큐브릭이 제기했던 우려를 상기시킵니다. 바로 디지털 문화에서 우리는 컴퓨터가 우리처럼 될까 걱정하기보다 우리가 컴퓨터처럼 될지를 더 걱정해야 한다는 것입니다. 읽기 연구는 그런 걱정을 뒷받침합니다. 우리의 읽기 회로는 다양한 과정의 합산물로서, 주로 끊임없이 가해지는(혹은 부재하는) 환경적 요구에 의해 형성됩니다.

예컨대, 앞서 언급한 주의의 질적 변화는 본질적으로 잠재적인 기억의 변화와도 관련됩니다. 특히 **작업 기억**이라 불리는 비교적 짧은 유형의 기억이 그렇습니다. 읽기를 위한 서커스 천막의 첫 번째 무대를 떠올려보세요. 우리는 작업 기억으로 짧은 시간 동안 정보를 붙잡고 있는 덕분에 그것에 주의를 기울이고 인지적 기능에도 활용하지요. 예를 들면, 수학 문제 하나를 풀 때는 숫자들을, 단어 하나를 해석하는 동안에는 글자들을, 문장 하나를 읽는 동안에는 단어들을 단기 기억에 잡아둡니다. 작업 기억에 관해서는 몇 년에 걸쳐 거의 보편적으로 여겨져온 원칙이 있었습니다. 심리학자 조지 밀러George Miller의 '7±2 법칙'입니다. 밀러에 따르면, '7±2 법칙'은 대다수 전화번호가 지역 번호를 포함해 일곱 자릿수인 이유를 설명해줍니다. 밀러는 자신의 회고록에서 7이라는 수는 정확한 것이라기보다 비유적인 것이었다고 썼지요. 작업 기억에 관한 최근의 연구 결과들을 보면 우리가 실수 없이 기억 속에 잡아둘 수 있는 수는 '4±1'일 가능성이 높습니다.

최근까지 저는 작업 기억에 관한 새로운 연구 결과들을 보며, 밀러의 비유적인 숫자 7이 그저 부정확한 과시였을 거라고만 생각했습니다. 그러다 이 가정을 의심하기 시작했습니다. 나오미 배런은 로이드TSB보험회사의 의뢰로 작성된 2008년 보고서를 인용했습니다. "'5분 기억'에 영국이 치르는 비용은 16억 파운드"라는 다소 극적인 제목이 붙은 보고서였지요. 여기서 성인의 평균적인 주의 지속 시간은 5분이 약간 넘는 것으로 나옵니다. 5분이라면 별로 인상적이지 않을 수도 있습니다. 하지만 더욱 주목할 만한 사실은 이 수치가 불과 10년 전의 절반밖에 되지 않는다는 것입니다.

그 보고서는 작업 기억보다는 주의력을 주로 다루고 있었음에도 둘 사이의 연관성을 제대로 짚고 있었습니다. 앞서 언급했던 디지털 매체로 읽을 경우 서사 기억에 생기는 문제들과, 주의 지속 시간 및 기억에 일어나는 변화의 연관성은 아리아드네*의 실타래만큼이나 분명해 보입니다. 다른 사람들은 문자를 기억의 도구라고 반겼지만 소크라테스는 '망각을 위한 처방'이라고 주장했습니다. 소크라테스는 인간이 지식을 보존하기 위해 글에 의존하기 시작하면, 고도로 발달한 기억력을 이전만큼 활용하지 못할 거라고 느꼈던 거지요. 마찬가지로 지금 우리가 문자 문화에서 디지털 문화로 옮겨가는 과정에서 다양한 형식의 기억이 새로운 '처방'과 더불어 어떻게 변해갈지를 검토해봐야 합니다.

우리 문화의 처방은 예전과 같은 방식의 기억은 불가능하게 만들지 모릅니다(망각으로는 이어지지 않더라도 말이죠). 첫 번째 이유는, 지금 우리는 작업 기억을 너무 많이 분산시킨 탓에 제대로 기능하지 못하기 때문입니다. 두 번째 이유는, 우리가 디지털 세계에서는 과거와 같은 방식으로 기억할 필요가 없다고 여기기 때문이지요. 소크라테스의 걱정을 지금 상황에 맞게 바꿔보면, 외장형 기억에 대한 우리의

* 그리스 신화에 나오는 미노스 왕의 딸로 미궁의 미노타우로스를 처치하기 위해 나타난 영웅 테세우스에게 실타래를 주어 미궁에서 길을 잃지 않고 탈출할 수 있도록 도왔다.

의존도가 점점 커지는 동시에 다양한 정보원이 우리의 주의를 폭발적으로 분산시키면서 작업 기억의 질과 양은 물론, 궁극적으로는 장기 기억으로 다져지는 과정마저 누적적으로 변할 수 있다는 것입니다. 실제로 많은 성인의 평균적인 기억 시간이 지난 10년간 50퍼센트 이상 줄었음을 보여주는 우울한 연구들이 있습니다. 우리는 경계심을 갖고 그런 연구를 반복해서 실시해야만 합니다. 하지만 연결고리는 여기에서 끝나지 않습니다.

우리는 무엇을 읽는가

읽기와 관계있는 모든 것, 즉 독자와 저자, 출판사와 책, 다시 말해 읽기의 현재와 미래는 서로 연결돼 있습니다. 시간이 지나면서 우리의 읽기 행위에 일어나는 변화는 우리가 읽는 것과 쓰는 방식에도 영향을 미칠 수밖에 없습니다. 그 변화는 글로 쓰인 언어(문어)에도 영향을 미칠 것입니다. 예를 들어, 개별 독자가 단어들 속의 다층적인 의미를 풀어낼 만큼 충분한 시간을 할애하는 것에서부터, 작가가 복합적인 분석을 요구하고 보상하는 단어와 문장을 사용하는 것과, 그런 작가를 하나의 문화권이 어떻게 평가하는지에 이르기까지 광범위하게 영향을 미칠 것입니다. 이탈로 칼비노는 이런 사실을 다음과 같은 문장으로 표현했지요.

산문 작가에게: 성공이란 절묘한 언어 표현에 달려 있다. 그것은 종종 순간적으로 번뜩이는 영감에서 나올 수도 있지만 대개는 **적확한**

말mot juste, 그러니까 한 단어도 바꿀 수 없는 문장, 즉 소리와 개념의 가장 효과적인 결혼으로 얻어진…… 간결하면서 집중된, 잊을 수 없는 문장을 찾는 참을성 있는 탐구 끝에 얻어진다.

단어를 듬성듬성 건너뛰는 방식으로 읽는 21세기 독자들은 관용구로 가득한 이 칼비노의 발언을 읽으면서 단어들의 절반쯤은 놓치고 말까요? 아니면 문장 속의 '영감', '적확한 말', '효과적인 결혼', '잊을 수 없는' 같은 말은 알아들었으니 자신은 글의 요점을 파악했다고 생각할까요? 그럴 경우엔 작가가 신중하게 골라서 사려 깊게 배열한 단어와 생각 속에서 어렵게 얻은 진실과 아름다움의 궤적은 놓쳤다는 사실은 결코 깨닫지 못하겠지요. 칼비노는 정확하고 정련된, 그러면서도 경쾌한 형식을 얻기 위해 평생을 바쳤습니다. 그것은 건너뛰기 방식으로 읽는 독자에게는 보이지 않을 수도 있고, 심지어는 아무런 상관조차 없어질 수도 있습니다. 그리고 우리 또한 그런 독자가 될 수도 있습니다.

최근에 저는 〈노터데임 매거진〉의 편집자인 케리 템플Kerry Temple이 쓴 읽기에 관한 에세이를 읽었습니다. 그는 이렇게 관찰했더군요.

우리가 받은 원고를 읽을 때면 나는 출력을 한다. 반드시 화면이 아닌 인쇄본으로 읽는다. 그래야 글을 제대로 읽을 수 있고, 주의를 집중할 수 있으며, 이야기에 완전히 빠져들 수 있고, 글과 함께 있을 수 있다.

그렇게 하는 이유는 편집자로서의 일이 지면을 통해 우리가 하는 이야기의 깊이와 질과 어감과 내용에 관해 주의를 기울일 것을 요구하기 때문이다. 또 다른 이유는 나도 작가로서 산문을 쓰는 일이 얼마나 수고로운지를 알기 때문이다. 필자는 나의 세세한 주의를 누릴 자격이 있다. 나는 원고를 읽는 동안 완전히 몰입함으로써 필자와의 거래를 사려 깊은 주의집중으로 이행한다.

이 글은 필자의 의도와 독자의 주의가 만날 때 무엇을 기대할 수 있는지를 잘 보여줍니다. 하지만 불행히도 이제 우리는 건너뛰기나 겉핥기 방식의 읽기가 텍스트의 집필 방식에도 직간접적으로 영향을 주는 것을 보게 됩니다. 출판사들로서는 달라진 독자의 요구를 고려해야만 하지요. 새로운 독자들이 보여주는 건너뛰기 읽기 방식은 길고 조밀하게 단어가 적힌 텍스트나, 쉽게(혹은 빠르게) 파악되지 않는 복합적인 원고, 꼭 필요하지 않은 단어들에는 잘 맞지 않습니다. 그럴 경우 문화는 우리가 가늠할 수 없는 방식으로 고통을 겪게 됩니다. 이런 맥락 속에서는 무엇이 빠져 있는지도 모르고 있다가 그것이 완전히 사라지고 나서야 깨닫게 되지요.

얼마 전 데이비드 브룩스*는 아름다움에 관한 칼럼을 한 편 썼습니다. 아름다움이 예고 없이…… 행방불명되고 말았다는 자신의 고요한 느낌에 관한 것이었지요. 브룩스는 누구를 탓하지 않았습니다. 해

---

* 〈뉴욕타임스〉 칼럼니스트.

결책을 제시하지도 않았지요. 단지 우리가 어떤 세계관을 '뜻하지 않게' 포기하면서 부지불식간에 잃어가는 것을 응시했습니다. 그 세계란 아름다움이 진실과 선함과 불가분으로 연결돼 있으며, 아름다움의 지각이 덕과 고상함도 합당한 자리를 차지하고 있는 삶으로 이끄는 길이 될 수 있는 곳입니다.

읽기에서든 예술에서든 아름다움의 지각은, 통찰과 마찬가지로, 깊이 읽기를 구성하는 것과 같은 능력에서 많이 나옵니다. 또한 통찰과 같이 우리가 그런 능력에 시간을 충분히 들여야만 아름다움의 지각이 충분히 '멀리 뻗어나가' 더 많이 보고 인식하고 이해할 수 있게 됩니다. 읽기가 시각적인 것만은 아니듯 아름다움도 감각에 관한 것만은 아니기 때문이지요. 메릴린 로빈슨은 에세이 〈쇠퇴Decline〉에서 아름다움은 '강조의 전략'이라면서 "그것을 알아보지 못하면 텍스트도 이해할 수 없다"고 썼습니다. 아름다움은 우리에게 무엇이 가장 중요한지 주의를 기울일 수 있도록 도와주지요. 아름다움의 지각이 단어들의 얕은 표면을 물거미처럼 가로지르는 훑어보기로만 축소된다면 우리는 그 밑의 깊이는 놓치고 말 것입니다. 아름다움에 이끌려서 그 아래에 깃든 것을 배우고 이해하는 일도 결코 없을 테지요.

우리가 디지털 문화로 옮겨오기도 전에 칼비노는 이런 문제들에 뒤따라올 지대한 파장들에 대한 일련의 통찰을 제시했습니다.

환상적으로 빠르고 넓게 퍼진 다른 매체들이 우위를 점한 채, 모든 소통을 하나의 동질적인 표면 위로 납작하게 만들어버리는 위험을 무롭쓰고 있는 시대에 문학의 기능이란 다른 것들 간의 소통이다. 그 이유는 단지 그것들이 다르다는 사실에 있으며, 문학은 그것들 간의 차이를 무디게 하는 것이 아니라 선명하게 벼림으로써 문어의 진정한 성향을 좇는 것이다.

어려운 생각들을 글로 옮기는 일에 평생을 바친 칼비노는 언어의 복잡성이 우리에 의해 '납작해져서는' 안 된다는 호소를 남겼습니다. 언어의 미래는 작가들이 어렵게 얻은 생각으로 우리를 이끄는 단어들을 찾아내려는 노력을 지속적으로 해나가는 것과 함께, 독자들도 그에 맞춰 최선의 사고를 읽으려는 노력을 계속 해나가는 것과 연결돼 있습니다. 저는 우리가 글의 아름다움에서 빠른 속도로 한 발 물러선 것이 염려가 됩니다. 심지어 우리가 기억을 약화시키는, 글자수 제한에 맞지 않을 때는 복합적인 생각마저 벗어던지는 단계에 가까워진 것은 아닌지 걱정스럽습니다. 그런 복합적인 생각이 담긴 글이 구글 검색창의 맨 마지막인, 조회수가 가장 낮은 20번째 페이지에 묻혀 있을 때도 마찬가지입니다. 급증하는 정보에서부터 우리가 매일 소비하는, 죽처럼 묽은 '아이-바이트eye - byte●'로 이어지는 현재의 디지털 연쇄에 대해서는 사회 전체의 경계가 필요합니다. 그래야 우리의 주의와 기억의 질은 물론, 아름다움을 지각하고 진실을 인지하는 능력, 그리고 복합적인 의사결정 능력이 위축되지 않을 테니까요.

● 한눈에 쉽게 일별할 수 있는 콘텐츠

언어와 사고가 위축되고 복합성이 줄어들며 모든 것이 점점 같아질 때, 우리의 사회 정치는 종교 조직이나 정치 조직 내의 극단주의자들로부터든, 그보다는 덜 명확하게 광고주들로부터든 큰 위협을 받게 됩니다. 집단이나 사회 또는 언어 내의 동질화는 잔인하게 강제되든 미묘하게 강화되든, 결국 다른 것, 즉 '타자'라면 무엇이든 제거하는 방향으로 치달을 수 있습니다. 사회 내부의 다양성 보호는 헌법이 존재하기 훨씬 오래전부터 우리의 유전적 신경다양성 cerebrodiversity•에도 구현돼 있는 원리입니다. 유전학자와 미래학자는 물론, 보다 최근에는 토니 모리슨이 저서 《타자들의 기원 The Origin of Others》에서 썼듯이, 다양성은 우리 종의 발전은 물론, 우리가 사는 상호 연결된 지구상의 삶의 질, 나아가 우리의 생존까지 증진합니다.

이런 중대한 맥락에 비춰볼 때 우리는 언어의 풍부하고 확장적이며 거침없는 사용을 보호하고 보존하기 위해 노력해야 합니다. 인간의 언어는 잘 양육되면 무한한 상상 밖의 생각을 창조해낼 가장 완벽한 도구를 제공하는가 하면, 우리의 집단적 지능을 발전시킬 토대를 제공하기도 합니다. 그 역도 참입니다. 그 함의를 생각하면 우리 모두 방심할 수 없습니다.

얼마 전에 저는 이런 어둡고 무거운 생각을 더없이 가벼운 분위기에서 토론한 적이 있습니다. 어느 여름 프랑스 알프스에서 이탈리아 출판인인 아우렐리오 마리아 모톨라 Aurelio Maria Mottola 박사와 함께 산

• 우울증, 조울증, 아스퍼거 증후군 등 다양한 신경질환을 정상의 범주에 포함시키는 개념.

책을 하고 있었지요. 우리는 점점 높이 올라갔고 마침내 가느다란 나무들이 나타나기 시작했습니다. 그때 저는 우리 문화가 보여주는 언어 동질화의 경향이 어떤 영향을 주게 될지 걱정스럽다고 말했지요. 여기서 동질화란 저자들이 단어를 선택하는 폭이 좁아지는 것부터, 원고의 길이가 짧아지고 복합 구문과 비유적 표현이 제약받는 것까지 다 포함합니다. 복합 구문과 비유적 표현은 모두 배경 지식을 필요로 하기 때문에 이제는 쉽사리 구사할 수도 없습니다.

그렇다면 더는 공유되지 않는 지식을 전거典據로 삼는 은유와 비유가 가득한 책과 시들의 운명은 어떻게 될까요? 그가 물었습니다. 하나의 문화가 공유하는 암시(성경, 신화, 우화에 나오는 은유, 시구, 등장인물)의 목록이 줄어들고 점점 사라지기 시작하면 어떻게 될까요? 여러 언어를 구사하는 이 박식한 출판인이 계속해서 묻더군요. 만약 '책의 언어'가 지금 문화의 인지적 스타일(빠르고 지나치게 시각적이며 인위적으로 끝을 잘라낸 스타일)에 맞지 않으면 어떻게 될까요? 글쓰기도 변하고 더불어 독자, 작가, 출판사, 언어 자체도 변할까요? 지금 우리는 다양한 직군에서 비교적 고차원의 언어로 구현되던 지적 수준이 뒷걸음치기 시작한 것을 목도하고 있는 걸까요? 그리하여 불운한 프로크루스테스의 침대마냥, 갈수록 작아지는 스크린 위의 읽기가 요구하는, 부지불식간에 좁아드는 규범에 우리를 맞추게 되고 말까요?

우리는 아름다운 풍경 속 어느 지점엔가 멈춰 섰습니다. 그리고 우리의 발길을 달갑지 않은 생각의 방향에서 돌려보려고 했지요. 시대마다 확장하고 변화하는 것이 언어의 본성 아닐까요? 우리는 서로 물었습니다. 우리 자신이 속한 시대 나름의 최상의 자신감을 되찾는 것이 바로 글쓰기의 역사 아닐까요? 읽는 뇌의 가소성이야말로 다양한 유형의 읽기와 쓰기를 수용하는 데 이상적인 메커니즘을 우리에게 제공하지 않을까요?

우리는 우리가 지금까지 얻은 것을 잃어서는 안 됩니다. 저는 그렇게 말했습니다. 지금 독자 여러분에게 말을 건네듯이, 여름 산책의 조용한 동반자에게도 부드럽게 말했지요. 어떤 분은 틀림없이 저의 항변이 지나치다고 생각하실 겁니다. 어느 나라가 됐든 나이와 세대에 따라 시계태엽처럼 규칙적으로 호감을 잃어가는 해묵은 책과 시집이 꽂힌 서가를 아쉬워할 사람은 엘리트 계층뿐일 거라며 말이지요. 하지만 정작 제가 걱정하는 것은 엘리트주의와는 정반대의 어떤 것입니다. 제가 지금껏 이 책도 쓰고 연구를 해나가는 유일한 이유는 어릴 적 제가 과거의 '위대한 문학'을 읽도록 동기를 불어넣어준 분들의 헌신 때문입니다. 바로 저의 부모님과 노트르담교육수녀회 출신의 열성적인 몇몇 선생님들 말이지요. 그 선생님들은 교실 두 개짜리 건물에서 8학년까지 가르치셨습니다. 오로지 그때 읽은 책들 덕분에 저는 제가 살던 미국 중서부 소도시인 일리노이주 엘도라도시의 석탄 광부와 농부들 곁을 떠나지 않고도 소중한 사람들과 도시 밖의 세상을 완전히 새로운 방법으로 이해할 수 있었지요. 단어와 이야기, 그리고 책 덕분에 저는 고요한 눈(어쩌면 어렸을 때는 결코 저의 장점이 될 수 없었겠지요)보다는 넓어진 시선으로 세계를 바라보게 되었습니다. 그때 살았던 월넛스트리트 위의 아주 자그마한 저의 관측소에서는 감히 상상도 하지 못했을 세계를 말이지요. 그곳에서 저는 에밀리 디킨슨과 샬럿 브론테, 마거릿 미첼을 처음으로 만났습니다. 알베르토 망겔도 저와 비슷하게 책으로 쌓은 지식 창고를 가리켜 이렇게 말했지요. "모든 것은, 내가 새로운 것을 읽을 때마다 알게 되고 기억하게 되는 것을 기초로 한 등비수열로 나아간다."

오늘날 어린이와 젊은이들도 저마다의 월넛스트리트를 떠나 세계 각지의 사람과 생각들과 연결될 수 있는 놀라운 잠재력을 가진 인터넷을 통해, 들어보지도 못한 세계들을 발견하고 있다는 사실에는 의심의 여지가 없습니다. 하지만 그들이 그러기 전에 그리고 그러는 동안에도 적극적으로 자신만의 고유한 지식의 내적 기반을 구축했으면 좋겠습니다. 그런 기반에는 책꽂이에서 뽑아든 책들은 물론, 진룬 양*과 마크 대니얼레프스키**의 그래픽 노블에서 배운 것들까지 모두 포함됩니다. 그렇게 읽고 기억하는 법을 배우기를 바랍니다. 그것이야말로 그들이 어떤 사람이 될지 그리고 어떻게 생각할지를 결정하는 동시에 그들과 우리의 미래를 결정할 것이기 때문입니다.

저는 지난 수년간 명석하고 잘 교육받은 수백 명의 학부생을 가르쳐왔습니다. 저는 매일 그들의 지능과 세상에 기여하려는 열망을 보면서 기분이 고양됩니다. 그것은 제가 일하는 대학교의 특별한 목적이기도 하지요. 하지만 이제는 점점 많은 학생들이 컴퓨터 언어를 프

• 미국의 만화 스토리 작가.
•• 미국의 스릴러 소설 작가.

로그래밍하는 데는 놀랍도록 능숙한 반면, 제가 '여러 색깔의 코트●', '자비의 질●●', '가지 않은 길●●●'을 언급할 때는 점점 어려워합니다. 바로 이곳 뉴잉글랜드에서 말이지요. 읽기의 전사를 자처한 저로서는 다음과 같은 질문에 직면할 수밖에 없습니다. 우리 젊은이들이 자동적으로 자신의 초기 설정된 지능에 도움을 구하는 방식으로 모르는 명칭이나 개념을 찾는 단계로 들어서기 전에, 자신의 내적 플랫폼이 신중하게 그리고 충분히 구축되고 있느냐는 것입니다. 제가 지식의 외부 플랫폼보다는 내부 플랫폼을 선호한다는 뜻이 아닙니다. 저는 둘 다 귀중하게 생각합니다. 하지만 외부 플랫폼에 자동적으로 의존하게 되기 전에 먼저 내부 플랫폼부터 충분히 구축해두어야 합니다. 그런 순서로 발달되어야만 젊은이들은 자신들이 모르는 순간이 언제인지를 알 테니까요.

따라서 문제는 디지털 문화에서 우리가 소비하는 단어의 양이나 읽는 방법에만 국한되지 않습니다. 우리가 읽는 양이 읽는 방식에 미치는 영향과, 읽는 양과 방식이 우리가 읽고 기억하는 것에 미치는 영향도 문제가 됩니다. 더욱이 그 영향은 우리가 읽는 것에만 그치는 것이 아닙니다. 우리가 읽는 것은 디지털 연쇄의 다음 연결고리인 쓰는 방식마저 바꿔놓습니다.

● 여러 색깔의 천조각으로 기운 코트라는 의미로 미국 싱어송라이터인 돌리 파튼이 어린 시절의 가난을 회상한 노래 제목으로 유명하다.

●● 셰익스피어의 〈베니스의 상인〉에 "자비의 질은 강요되는 것이 아니다The quality of mercy is not strained"라는 표현이 나온다.

●●● 미국 시인 로버트 프로스트의 시 제목.

글이 쓰이는 방식

캐럴과 놈 촘스키 부부의 지도를 받으며 대학원 과정을 이수하는 동안 언어에 대한 저의 관점에는 변화가 있었습니다. 맨 처음 관심은 단어의 아름다움에 있었지만 점차 언어 구조 속에서의 단어에 대한 연구로 옮겨간 거지요. 그 과정에서 저는 이전에 문학을 연구하던 때에는 알지 못했던 것에 주목하게 되었습니다. 그것은 언어의 다양한 과정, 특히 구문이 우리 생각의 소용돌이를 반영한다는 사실입니다. 러시아 심리학자 레프 비고츠키* 가 《사고와 언어》라는 탁월한 책에 썼듯이, 문어는 우리의 가장 난해한 생각을 반영할 뿐만 아니라 이를 더욱 심화시킵니다.

이처럼 문어가 우리의 지적 발달에 미치는 영향과 더불어 생각해볼 만한 사실이 있습니다. 요즘 대학교와 고등학교에서는 19세기부터 20세기 초까지의 문학작품을 읽어낼 정도의 '인내심'이 없는 학생들이 늘어나면서 많은 영어 교수와 교사들의 불안감이 커지고 있다고 합니다. 19세기 영문학에서 가장 뛰어난 작품인 허먼 멜빌의 《모비딕》과 조지 엘리엇의 《미들마치》를 생각해보세요. 두 책에 나오는 문장들의 밀도나 이를 이해하기 위한 인지적 분석의 수준은 상당합니다. 《미들마치》에서 제가 좋아하는 문장은 불쌍한 도로시아가 남편의 천재성의 한계를 깨닫게 된 통찰의 순간을 묘사한 것입니다. 그것도 신혼여행 중에 말이지요!

* 구소련의 심리학자로 10년 정도의 짧은 연구 활동 기간 동안 발달심리학 분야에 뚜렷한 업적을 남기고 37세에 결핵으로 사망했다.

어떻게 도로시아는 결혼 몇 주 만에 뚜렷이 목격한 것은 아니지만 숨이 막힐 듯한 우울함과 함께, 남편의 정신에서 발견하리라 생각했던 탁 트인 전망과 신선한 공기가 끝 모를 대기실과 구불구불한 통로로 바뀐 것을 느끼게 되었던가?

분명히 이 문장에 쓰인 단어나 구나 절이 어려운 것은 아닙니다. 하지만 엘리엇이 구사한 고밀도의 문법과 '꼬불꼬불한' 문장 구조는 카소본 씨*의 정신이 목표를 잃고 방황하는 것을 거의 완벽하게 시뮬레이션하고 있습니다. 인터넷과 트위터에서 양육되면서 거대한 단어 더미에 휩싸이고 140자만으로 자기 생각을 표현하는 것에 익숙해진 젊은 세대가 이런 문장을 감상하거나 멜빌과 엘리엇의 작품을 읽기란 힘든 일이겠지요. 150~300자가 넘는 마르셀 프루스트의 문장은 말할 것도 없습니다.

물론 여기 제기된 문제들 중에 어떤 것은, 모톨라 박사가 표현한 것처럼, 시대 변화에 따르는 언어 사용의 변화와도 관련이 있습니다. 이 점을 감안해서 저는 저의 서가에서 유명 작가들의 최신 베스트셀러 소설 세 권과 20세기 초의 소설 세 권을 뽑아봤습니다. 제가 아주 재미있게 읽은 책들이지요. 이 책들을 통해 요즘 작품들의 문법 구조를 무작위로 살펴보면 어떤 사실을 확인할 수 있을지 알고 싶었습니다. 저의 멘토였던 진 칼Jeanne Chall 같은 읽기 연구자들이 **가독성 공**

• 도로시아의 남편.

식readibility formulae이라 부른 방법을 아주 단순화한 (즉 비과학적인) 것이지요. 이것은 원래 다양한 텍스트에 대한 연령별 적합성을 평가하는 방법입니다(제가 대학원에 다닐 때만 해도 그런 공식을 연구하는 것을 꺼렸다는 사실을 기꺼이 인정하겠습니다). 저는 각각의 책을 무작위로 훑은 다음 문장별로 쓰인 단어의 평균 숫자, 문장과 단락의 구와 절의 평균 숫자를 계산해봤습니다. 그러자 작품의 스타일과 내용에는 상당한 차이가 있음에도, 요즘 베스트셀러 소설은 문장에 사용된 구와 절의 수가 급감하면서 문장의 평균 길이가 20세기 초중반 작품의 절반에도 미치지 못하는 것으로 나타났습니다.

산문의 밀도가 떨어지는 경향은 굳이 가독성 공식을 사용하지 않더라도 일상에서도 쉽게 관찰되지요. 중요한 점은 읽기 스타일(우리가 읽는 방식)과 쓰기 스타일(우리가 읽는 것) 간의 재편성이 실제로 점점 빨라지고 있느냐는 것이고, 만일 그렇다면 그것이 어떤 문제가 되느냐는 것입니다. 제가 진행한 피상적인 표본 조사만으로는 한 시대의 쓰기 스타일이 바뀌는 것에 따른 변화는 물론, 이 변화가 지배적인 매체의 특징인지, 아니면 더욱 불길하게는 이미 작품 속에 구현된 사고의 복합성을 반영하는 것인지조차 속단할 수 없습니다. 저자의 생각의 깊이가 작품의 문장 밀도와 직접적으로 관련이 있다고 말하는 것은 터무니없겠지요. 저는 그동안 우리가 헤밍웨이와 조지 엘리엇의 진가를 모두 인정할 수 있다는 글을 종종 써왔습니다.* 그럼

---

* 흔히 헤밍웨이와 엘리엇은 각각 압축적이고 간결한 문체와 길고 복합적인 문체를 대표하는 작가로 대비된다.

에도 저는 우리가 밀도 높은 산문의 복합적인 개념을 다루려 하지 않거나 장차 그럴 능력조차 없어질 경우에 겪을 인지적 손실에 대해 의문을 품기 시작했습니다. 그러다 보니 우리가 읽거나 쓸 때 선택하는 글자의 수와 우리의 사고방식 사이의 관계에 대해서도 점점 걱정하지 않을 수 없습니다.

tl; dr(너무 길어; 읽지 않음). 읽기의 질과 생각의 질이 맺고 있는 결정적인 관계는 주의와 **인지적 인내**(과학적이기보다는 직관적으로 제가 붙인 이름입니다)의 변화에 의해 크게 영향을 받습니다. 지난 몇 년간 제가 받은 편지 중에서도 문학과 사회과학 교수들이 보낸 것들이 특히 당혹스럽고 놀라웠습니다. 그들은 대학생들이 오래되고 밀도가 높은 미국 문학과 문장을 읽을 만큼의 인내심이 없다는 사실에 혼란을 느끼고 있었지요. 그중 어느 대학교의 저명한 영어학과장은 한때 인기가 있었던 헨리 제임스 세미나를 이제는 진행할 수 없다고 했습니다. 제임스를 읽고 싶어 하거나 읽을 수 있는 학생 수가 너무 적다는 것이었죠. 그 교수들이 관찰한 가장 흔한 현상은 두 가지였습니다. 첫째, 밀도 높은 텍스트의 어려운 문장 구조를 이해하려면 시간과 노력을 들여야 하는데도 학생들은 점점 그런 시간과 노력을 참아내지 못하고 있습니다.

둘째, 학생들의 글쓰기 실력이 저하되고 있습니다. 물론 저는 학부생을 가르치는 내내 이런 비판을 들어왔지요. 그럼에도 이 문제는 어떤 시대도 결코 피해 갈 수 없는 중대한 물음입니다. 학생들이 개념적으로 어려운 산문에서 멀어지는 것과 소셜 미디어에 축약적으로 글을 쓰는 것이 작문 능력에도 부정적인 영향을 줄까요? 여기에는 두 가지 이슈가 관련되어 있습니다. 이 문제는 학생들의 글쓰기에 작동하는 인지적 인내와도 관련 있을지 모릅니다. 학생들이 글쓰기에 인용한 문장을 추적한 결과, 대다수가 인용 자료의 첫 페이지나 마지막 세 페이지를 언급한 것으로 조사됐습니다.

학생들이 첫 페이지와 마지막 페이지 사이의 수많은 내용들을 읽기나 했는지, 글 전체를 리우가 말한 F자나 지그재그 형태로 읽은 것은 아닌지 궁금할 따름입니다. 그러니까 첫 페이지를 읽은 다음 중간 부분을 조금 읽고 마지막 페이지를 읽는 식으로 말이지요. 그렇다면 자료의 본문에 나오는 배경 지식과 논증 그리고 증거들은 스쳐 지나갔거나 대체로 읽지 않았다는 말입니다. 그런 읽기 방식은 결국 완성도와 설득력이 떨어지는 글쓰기로 귀결되고, 학생들은 읽기와 쓰기 모두에서 개념적으로 겉핥기만 하게 되겠지요.

몇몇 교수들은 편지에서 이제는 학생들의 짧아진 주의집중 시간에 대처하기 위해 단편소설집을 읽기 과제로 낸다고 했습니다. 그러면서도 교수들은 적잖이 상반된 감정을 품고 있었습니다. 단편소설의 본질적 가치에 대해서는 의심의 여지가 없습니다. 하지만 젊은이들의 공감력이 쇠퇴하고 있다는 보도가 나오면 당연히 집단적인 정밀 조사를 벌여야 하는 것과 마찬가지로, 학생들이 길고 어려운 텍스트를 기피하고 작문 실력이 떨어지는 것이 자주 관찰된다면 거기에도 똑같은 조치가 따라야 합니다. 핵심적인 쟁점은 그들의 지능도 아니고, 거의 확실시되긴 하지만, 학생들이 다양한 글쓰기 스타일과 멀어지는 것도 아닙니다. 문제는 학생들이 어려운 비판적, 분석적 사고를 견디는 인지적 인내심을 잃게 될지 모른다는 것입니다. 심지어 이 과정에서 인지적 끈기를 얻지 못하는 일까지 같이 일어날 수도 있습니다(심리학자 앤절라 더크워스가 이런 현상에 '그릿'이라는 이름을 붙여서 유명해졌지요). 인지적 끈기야말로 학생들이 기피하는 바로 그 장르에서 길러지는 것인데도 말이지요. 앞에서 저는 배경 지식과 비판적 분석력의 결여가 어떻게 공인되지 않은 정보, 심지어 거짓 정보에도 취약하게 만드는지를 설명했습니다. 그처럼 불충분한 정보에 노출되는 데다 복합적인 지적 기술까지 사용하지 못한다면 젊은이들의 읽기와 쓰기 능력은 더욱 저하되고 결국 그들은 미래를 제대로 준비하지 못하게 됩니다.

이 능력은 대단히 지적인 기술이자 개인적인 특성으로, 청소년들이 앞으로 직면할 수밖에 없는 변화와 복잡한 문제들을 파악하고 대처하는 데 가장 중요한 기반이 됩니다. 대학 시절 이런 능력을 발달시킨 사람은 졸업 후에 요구되는 훨씬 도전적인 형태의 지적 강인함을 기를 수 있지요. 장래 직장 생활에서 논리 정연한 보고서나 문서 또는 요약문을 쓰거나, 아니면 국민투표, 법원 판결문, 의료 기록, 유언장, 탐사 보도, 정치 후보의 개인 기록 등의 가치를 평가하거나, 더 나아가 가짜 뉴스와 보도를 둘러싼 논란 속에서 진실과 거짓을 구분할 때에도 필요한 능력이지요. 민주 사회는 나이와 상관없이 모든 시민이 이런 능력을 기르도록 도와야 합니다.

제니퍼 하워드Jennifer Howard*는 당혹스러운 에세이인 〈사기투성이의 인터넷〉에 거짓 뉴스를 전하는 사람과의 인터뷰를 실은 적이 있습니다.

가짜 뉴스 장르의 달인이 〈워싱턴포스트〉에 이렇게 말했다. "솔직히 말해서 사람들은 확실히 멍청하다. 무엇이든 퍼 나르기만 할 뿐이다. 그 누구도 그 무엇에 대해서도 사실 확인을 하지 않는다. 허구에서 진실을 가려내려면 시간과 정보 이해력, 열린 마음이 필요한데 주의가 분산된, 양극화된 문화에서는 모든 것이 부족해 보인다. 우리는 곧바로 공유하고 싶어 한다. 바로 그 점이 조작을 쉽게 한다.

지금 학생과 교사, 학부모, 시민 들에게는 풀기 어려운 문제가 많습니다. 우리 시민들이 어떻게 생각하고 결정하고 투표할 것인지는 집단적 능력에 달려 있지요. 한층 높은 수준의 이해와 분석이 가능할 뿐만 아니라 그에 걸맞은 지력으로 디지털 환경의 복잡한 현실을 항해하는 능력 말입니다. 이것은 더 이상 어떤 매체에 어떤 장점이 있는지의 문제가 아닙니다. 지금 이 순간 어떻게 해야 우리 아이와 청소년, 그리고 우리 자신의 내면에 최적의 사고 모드가 장착될 수 있느냐의 문제이지요.

이런 생각은 새로울 것이 거의 없습니다. 미디어의 영향력에 관한

• 미국의 저널리스트이자 편집자.

마셜 매클루언의 상징적인 메시지와 월터 옹의 보다 철학적인 권고는 읽기가 우리의 사고를 영구히 바꿔놓을 수 있다고 걱정했던 소크라테스의 말에 다시 한번 귀 기울이게 합니다. "만약 인간이 이것*을 배우면, 이것이 그들의 영혼에 망각을 심을 것이다. 사람들은 더는 기억력을 쓰지 않을 것이다. 문자에 의존하게 되면 무언가에 대한 기억을 자기 내부에서 가져오는 대신, 외부에 표시해둘 것이기 때문이다." 당시 소크라테스로서는 내부와 외부에 기억 저장고를 함께 두면 어떤 잠재적 가치가 있는지를 이해할 만한 시간적 여유가 없었습니다. 반면에 우리는 읽기와 사고방식의 변화가 일상생활에 어떤 영향을 미치는지 충분히 파악하는 데 필요한 시간을 들이지 않고 있습니다.

예수회 신부이자 학자인 월터 옹은 소크라테스의 일부 우려는 대단히 정확하지만 그의 모든 걱정이 현대 사회에 타당한 것은 아니라고 지적했지요. 그리고 우리의 지적 진화는 각각의 매체가 어떻게 다른가보다는 매체를 통해 인간에게 어떤 일이 일어나는가에 달려 있다고 주장했습니다. 그렇다면 문해 기반 문화와 디지털 기반 문화를 모두 물려받은 우리 세대 독자들은 앞으로 어떻게 될까요? 구어와 읽기 그리고 쓰기에서 일어나는 변화가 너무나 미묘해서 우리가 미처 대처하기도 전에 인간의 사고에서 참되고 우수하고 고결하고 핵심적인 것이라 여겨졌던 것을 잃어버리게 되는 것은 아닐까요? 아니면 지금 우리가 지닌 지식과 그것을 토대로 추론한 것을 활용해 두

• 글.

매체에서 가장 좋은 점만 선별한 다음 젊은 세대에게 가르칠 수는 없을까요?

이런 질문들에 답하기 위해서는 앞의 편지들에서 이야기했던 우리 자신의 읽기 생활에 대한 보다 깊은 검토가 필요합니다. 독자 여러분은 혹시 글을 읽을 때의 주의력이 예전보다 못한가요? 심지어 무엇을 읽었는지를 기억하는 능력조차 떨어졌나요? 스크린으로 읽을 때면 점점 핵심 단어만 찾아 읽고 나머지는 건너뛴다는 사실이 느껴지나요? 스크린 읽기의 습관이나 방식이 종이책 읽기에도 영향을 미치고 있나요? 뜻을 이해하지 못해 같은 단락을 반복해서 읽는 때가 있나요? 글을 쓸 때면 생각의 가장 중요한 부분을 표현하는 능력이 미묘하게 빠져나가거나 줄었다는 의심이 드나요? 정보를 간결하게 요약한 문장들에 길들여진 나머지 스스로 그 정보를 분석해볼 시간이 없거나 그럴 필요조차 느끼지 못하게 된 건 아닌가요? 치밀하고 복잡한 분석은, 심지어 쉽게 찾아볼 수 있는데도 점점 기피하나요? 특히 다음 질문이 중요합니다. 예전에 자신의 읽기 자아에서 끌어오곤 했던, 존재 전체를 감싸는 즐거움을 찾기가 어려운가요? 사실상 더 이상은 길고 어려운 글이나 책을 읽어갈 뇌의 인내심이 남아 있지 않은 것 같다는 의심이 들기 시작했나요? 만약 어느 날 여러분이 걸음을 멈추고 자신이 정말 변하고 있는지 생각해본 뒤에도 뭔가 어떻게 해볼 시간조차 없다면 어떻게 될까요?

디지털 연쇄 가설에 대한 사례연구

그래서 저는 이제 저의 심란했던 사연을 들려드릴까 합니다. 베스트셀러감이라고 하기는 힘든 이야기의 줄거리는 이렇습니다. 읽기와 디지털 문화 속에서 그 변화를 연구하는 학자가 어느 날 문득 자신도 변한 것은 아닌지 자문해보게 된다는 거지요. 제게는 한심한 일화로 남아 있습니다만, 거기서 우리 모두를 위한 몇 가지 힘든 교훈을 얻었습니다.

언젠가 칼비노는 워싱턴 어빙의 《립 밴 윙클》*이 "끝없이 변하는 사회에 관한 탄생설화가 되었다"라고 썼지요. 확실히 제게 해당되는 이야기입니다. 이제는 두 번째로 겪는 경험이지요. 첫 번째 편지에서 썼듯이, 저는 《책 읽는 뇌》 집필이 끝날 무렵 첫 '각성'을 경험하게 됩니다. 7년간 읽는 뇌를 연구하다 주변을 둘러보니 저의 모든 연구 주제가 변해 있었던 거지요. 읽기는 제가 연구를 시작했을 때와는 달라져 있었습니다.

두 번째 경험은 아직도 기억이 생생합니다. 저 자신이 읽는 뇌의 가소성을 연구했으면서도, 똑같은 일이 저에게도 일어날 수 있다는 사실을 알아차린 것은 그로 인한 영향이 거의 기정사실화한 후였지요. 시작은 순진했습니다. 직업적으로나 개인적으로나 점점 책임이 커지면서 수많은 디지털 매체로 읽고 수많은 글을 마감일까지 써내

• 주인공인 립 밴 윙클이 술에 취해 잠들었다 일어나 보니 20년이 지나 있었다는 내용의 소설.

야만 했습니다. 결국 저도 다른 사람들처럼 아주 조금씩 타협을 하기 시작했지요. 그럼에도 여전히 이메일만큼은 예의를 갖춘 손 편지처럼 쓰려고 애를 썼습니다. 하지만 글은 점점 짧고 간결해지고 있었지요. 더 이상 생각을 담기 위해 완벽한 순간을 기다리는 일은 없었습니다. 그런 예전 방식은 이제 불가능한 목표가 되어버렸지요. 하지만 저는 어떤 순간에도 최선을 다했습니다. 그리고 상대방의 기대를 맞추지 못하는 것에 대해 심심한 용서도 구했지요.

읽기의 경우, 제가 더 알거나 읽어야 하는 것들이 있으면 구글, 구글학술검색Google Scholar, 〈사이언스〉 같은 저널의 일간/주간 요약, 온라인 뉴스, 온라인 〈뉴요커〉 기사 등에 점점 더 의존했습니다. 다양한 신문과 잡지도 구독하다 말다 했지요. 저는 더 이상 가장 중요한 것들(공공 생활에 대한 가장 심층적인 논평을 제공하는 것들)을 따라갈 수 없었습니다. 그래서…… 결국에는 중단했습니다. 놓친 것은 주말에 따라잡으면 된다고 생각했지요. 하지만 주중에 지키지 못한 마감시간은 주말로 넘어갔고, 결국 목표는 점점 사라져 갔습니다.

그다음에 사라진 것은 침대 옆에 놓인 채 읽히기를 기다리던 책들이었습니다. 예전에는 제가 침대에서 책을 읽는 시간을 얼마나 좋아했는지 모릅니다. 하지만 이제 저의 하루를 마감하는 마지막 몇 분을 차지하는 것은 이메일입니다. 덕분에 저는 '덕이 있는' 사람이라는 느낌 속에서 잠들 수 있게 되었지요. 하지만 예전처럼 마르쿠스 아우렐리우스의 성찰로 위로받거나, 켄트 하루프나 웬델 베리의 책을 읽으며 마음을 가라앉히는 일은 사라졌습니다. 그런 책을 읽는 동안에는 지구의 리듬과 인간의 사랑, 그리고 시련을 견뎌낸 덕성스러운 사람들의 차분한 통찰들을 제외하고는 거의 아무런 일도 제겐 일어나지 않았지요. 그들의 관조는 저의 불안한 기분과 들뜬 마음을 다독여주었습니다.

저는 여전히 많은 책을 샀습니다. 하지만 책에 사로잡히기보다 책에 담긴 내용을 읽는 경우가 점점 많아졌지요. 정확히 말할 수는 없지만, 어느 때부터인가 저는 책에 몰입하기보다는 정보를 얻는 데만 몰두하기 시작했습니다. 그러니 책을 읽는 동안 어디론가 이동하는 것은 더더욱 생각지도 못할 일이 되었지요.

그런 달갑지 않은 깨달음과 함께 저는 제 나름의 유예된 불신suspended disbelief* 상태를 중단했습니다. 과연 제 자신이 제가 논문에서 다뤘던 그런 독자로 변해버리는 것이 가능했을까요? 저의 오만함은 그런 시나리오를 받아들일 수 없었습니다. 그래서 연구가 가능한 질문에 맞닥뜨린 다른 과학자들이 흔히 하는 것처럼, 저는 한 가지 실험을 해보기로 했습니다. 저의 다른 연구들과는 달리 이번엔 저 자신이 단세포 연구 속의 단일 주제였습니다. 말하자면, 저의 귀무가설歸無假說**은 저의 읽기 스타일은 바뀌지 않았고, 읽기에 쏟을 수 있는 시간만 변했다는 것이었습니다. 그 가설을 검증하기 위한 통제 실험은 어렵지 않았습니다. 그저 매일 똑같이 시간을 내서 젊은 시절 좋아했

• 가상적인 이야기에 빠져 비현실적인 부분도 의심을 보류하는 심리. 여기서는 저자 자신의 깊이 읽기 능력에 대한 의심을 유예한 것을 가리킨다.
•• null hypothesis, 통계학에서 증명하고자 하는 가설과는 반대되는 가설.

던 책이자, 언어학적으로 어렵고 개념적으로 이해하기 힘든 소설을 읽는 제 모습을 성실히 관찰하기만 하면 되니까요. 저는 실험의 줄거리를 알 것 같았습니다. 특별한 긴장감이나 수수께끼가 끼어들 여지는 없었습니다. 제가 책을 읽는 동안 어떤 일이 일어나는지 분석하기만 하면 됐으니까요. 저의 연구소에서 난독증 환자가 글을 읽는 동안 그의 상태를 분석하는 것과 같은 식으로 말이지요.

저는 헤르만 헤세의 《유리알 유희》를 골랐습니다. 헤세는 이 작품으로 1946년 노벨 문학상을 받았지요. 제가 그 실험을 시작할 때만 해도 기분이 더없이 좋았습니다. 이 말은 과장이 아닙니다. 어린 시절 제게 큰 영향을 주었던 책을 강제로 다시 읽게 된다는 생각에 정말이지 신이 났습니다.

하지만 책을 읽어가면서 강제라는 말이 실감나기 시작했습니다. 저는 《유리알 유희》를 읽기 시작하면서 뇌를 한 방 얻어맞는 느낌이 들었지요. 그 책을 읽을 수가 없더군요. 문체는 고집스럽도록 불투명해 보였습니다. 글은 불필요하게 어려운 단어와 문장들로 빽빽했고(!), 뱀 같은 문장 구조는 의미를 밝혀주기보다 저를 혼란에 빠뜨렸습니다. 속도를 낼 수가 없었습니다. 제 머릿속에 떠오른 이미지는 한 무리의 수도사들이 계단을 천천히 오르내리는 장면이 유일했습니다. 마치 제가 《유리알 유희》를 읽으려고 책을 집어들 때마다 누군가가 걸쭉한 당밀을 제 뇌에 쏟아붓는 것 같았지요.

저는 텍스트를 조금 천천히 읽어보려 했지만 소용이 없었습니다. 그동안 매일 기가바이트 분량의 글을 읽으면서 빠른 속도에 익숙해진 탓에 헤세의 메시지를 파악할 수 있을 만큼 충분히 속도를 늦출수가 없었던 거지요. 저는 전기 피부 반응을 해보지 않고도 제 피부에서 어렴풋이 땀이 난다는 사실을 알 수 있었습니다. 저의 호흡은 거칠어졌고 아마 맥박수도 뛰어올랐을 것입니다. 코르티솔* 수치는 알고 싶지도 않았습니다. 저는 그 책이 싫었습니다. 실험도 싫었고요. 애당초 그것은 결코 과학적이지도 않았으니까요. 마지막에는 제가 어떻게 이 소설을 20세기의 위대한 소설이라고 생각했는지 의심마저 들더군요. 노벨 문학상까지 받았는데도 말이지요. 뭐, 그때는 다른 시절이었잖아. 지금은 절대 좋은 평가를 받지 못할 거야. 아마 요즘 같으면 헤세는 그 책을 내줄 출판사도 찾지 못했을 거야.

저는 이것으로 사건은 종결됐다고 생각했습니다. 그러고는 《유리알 유희》를 헤밍웨이의 책과 헤세의 《싯다르타》(헤세의 책 가운데 난이도가 훨씬 낮은 책이죠) 사이에 대충 밀어 넣었습니다. 그 책들은 모두 알파벳 순서로 제 서가에 꽂혀 있었지요. 지금의 저와 제 사고방식을 형성해준 다른 책들과 함께 말입니다. 제가 저만의 시험에서 떨어졌다는 사실은 별로 중요하게 생각하지 않았습니다. 저만 제외하면 아무도 신경 쓰지 않고, 애당초 알지도 못할 테니까요. 들킬 염려도 없고요.

하지만 저는 결국 외면할 수도 없고 다른 누구에게도 털어놓고 싶지 않은 결론에 도달하고 말았습니다. 저로서는 전혀 예측하지 못했

---

* 긴장했을 때 발생하는 스트레스 호르몬.

던 방식으로 저 자신이 변했다는 것이었습니다. 그때 저는 책을 아주 빠르게 겉핥기식으로 읽고 있었던 거지요. 사실 너무 빨리 읽는 바람에 문장의 깊은 층위들은 이해하지도 못했습니다. 그러다 보니 계속 앞으로 되돌아가 같은 문장을 반복해서 읽어야 했지요. 그럴 때마다 좌절감은 점점 커져갔습니다. 또한 문장마다 들어 있는 구와 절의 수도 참지 못했습니다. 마치 그보다 훨씬 기다란 프루스트와 토마스 만의 문장들을 예전에는 숭배하듯 마주한 적이라고는 한 번도 없었던 것처럼 말이지요. 헤세의 소설에서 두 문장에 한 번꼴로 등장하는 단어들의 긴 행렬에 저는 완전히 상심했던 겁니다. 끝으로, 예전에 제가 체험했던 깊이 읽기 과정은 좀처럼 '떠오르지' 않았습니다. 그랬습니다. 저는 변해 있었던 거지요. 저 역시 이오네스코의 코뿔소*였던 겁니다. "그래서 뭐?" 저는 딱히 누구에게랄 것도 없이 큰 소리로 투덜댔습니다.

그 실험은 재앙이었습니다. 물론 그것은 그저 제 서가 안에서만 있었던 사생활의 한 자락에 그칠 수도 있었습니다. 하지만 두 가지 생각이 저를 소리 없이 뒤흔들었습니다. 첫째, 그 서가는 헤르만 헤세를 포함한 저의 벗들로 채워져 있었습니다. 그 벗들은 저의 가족과 선생님들 다음으로 저의 인격 형성에 커다란 영향을 주었지요. 그런데도 나는 경위야 어찌 됐든 그런 평생의 친구들을 저버리고, 그들 대부분을 알파벳 순으로 서가에 아무렇게나 밀쳐두려 했단 말인가?

• 프랑스 극작가 외젠 이오네스코는 《코뿔소》라는 작품에서 인간성을 잃어가는 사람을 코뿔소로 묘사했다.

둘째, 그때까지 저는 난독증이 있는 1000명의 아이들에게 해온 말이 있었습니다. 적과 마찬가지로 실패 또한 최고의 교사가 될 수 있지만 그러기 위해서는 변화의 필요성을 인정해야 한다는 말이었지요. '절치부심'의 심정으로 저는 다시 책을 읽기 시작했습니다. 하지만 이번에는 짧고 집중적으로 20분 간격으로 읽었지요. 미리 계획한 바 없고 내키지도 않는 이 불편한 2단계 실험을 며칠 동안 계속할지는 정하지 않았습니다.

그로부터 2주 만이었습니다. 그 많은 날들이 끝나갈 무렵 저는 성 바오로가 체험한 현현* 보다는 훨씬 덜 극적인 체험을 했습니다. 어떤 섬광이나 번뜩이는 통찰은 없었습니다. 그저 마침내 집에 돌아왔다는, 이전의 읽는 자아로 돌아왔다는 느낌이 들었을 뿐이지요. 이제 저의 읽는 속도는 책 안에서 진행되는 행동의 속도와 일치했습니다. 읽는 속도를 늦추거나 당길 수 있게 된 거지요. 이제 저는 헤세의 글을 읽을 때 온라인 읽기 방식 안에서 무의식중에 익숙해진 읽기의 속도나 발작적인 주의가 작동하지 않습니다.

앤 패디먼은 그녀의 놀라운 책 《다시 읽기Rereadings》에서 책을 처음 읽는 것과 다시 읽는 것을 비교한 적이 있습니다. "전자는 속도가 더 있는 반면, 후자는 깊이가 더 있다." 디지털 독자로서 헤세의 걸작을 다시 읽으려 했을 때 저의 경험은 그것과는 반대되는 방식이었지요. 저는 최대한 빠르게 다시 읽으려다가 실패했습니다. 실제로 나오미

---

* 율법주의자였던 바오로는 기독교인을 탄압하기 위해 다마스쿠스로 가다가 예수의 현현을 체험한 뒤 개종했다.

배런은 스크린 읽기로의 이동이 우리의 다시 읽기 욕구를 줄일 것이라면서, 그것은 거대한 손실이라고 했지요. 책을 읽는 연령대에 따라 우리는 매번 다른 사람이 되기 때문이라는 이유에서입니다. 저는 강제로 책 안에 들어가고 나서야 비로소 첫째, 속도를 늦추고, 둘째, 책 속의 다른 세계에 빠져들며, 셋째, 저만의 세계 밖으로 들어 올려지는 경험을 했습니다. 그 과정에서 저의 세계는―아주 조금―느려졌고, 저는 잃어버렸던 읽기의 길을 되찾았지요.

저의 작은 실험이 보여줬듯이, 저의 읽기 회로는 그때그때 주어진 요구에 적응했습니다. 비록 저는 이런 변화를 거의 의식하지는 못했지만 저의 읽기 행동(혹은 스타일)은 그 과정에서 변했던 겁니다. 다시 말해, 나중에 접목된 경련적인 온라인 읽기 스타일이 무분별하게도 저의 모든 읽기로 옮겨갔던 거지요(그런 읽기 스타일은 낮 시간에 이루어지는 일상적인 읽기에는 적절했지만 말입니다). 그 결과 제가 이전에 즐겼던 힘든 텍스트에 대한 몰입감은 점점 불만족스러워졌던 겁니다. 저는 되찾은 독해력이 다시 변할 수 있는지는 시험해보지 않았습니다. 사실 알고 싶지도 않았습니다. 저는 그저 제가 잃어버릴 뻔했던 것을 되찾고 싶었을 뿐이니까요.

결국, 제가 시도한 단순화된 실험은 인쇄물과 디지털 매체 모두에 경도된 우리 모두에게 더없이 중요한 문제와 대면할 수 있게 한 방법이었습니다. 옹의 용어로 표현하면, 제가 마주한 질문 중에는 두 가지 상이한 읽기 모드에 의해 저 자신이 변하게 된 경로를 인정하는 것이 포함돼 있었지요. 어쩌면 그에 못지않게 중요한 것으로, 매일 두 가지 형식의 소통에 양다리를 걸치고 있는 현실에서 당연히 따라오는 것은 바로 벌린 클링켄보그*가 던졌던 바로 이 질문입니다. 과거에 독자였던 나는 이제 어떻게 될 것인가?

제가 늘 기억해온 아주 단순하고 아름다운 아메리카 원주민의 이야기가 있습니다. 어느 날 할아버지가 어린 손자에게 인생에 관해 이야기합니다. "모든 사람 안에는 두 마리의 늑대가 있단다. 늑대들은 그 사람의 젖을 먹고살면서 늘 서로 전쟁을 벌이지. 첫 번째 늑대는 아주 호전적이고 폭력적인 데다 세상에 대한 증오로 가득하단다. 두 번째 늑대는 평화를 좋아하고, 빛과 사랑으로 가득하지." 어린 소년은 걱정스레 묻습니다. 어느 늑대가 이기느냐고. 할아버지는 이렇게 답합니다. "네가 젖을 주는 늑대란다."

디지털 연쇄의 마지막 고리: 우리는 왜 읽는가

'두 번째 늑대'에게 젖을 주기 위해 저는 저만의 읽기 실험이 진짜 어떻게 끝났는지를 말씀드리려고 합니다. 저는 세 번째로 《유리알 유희》를 읽었습니다. 이번엔 어떤 실험적 이유에서가 아니라 단지 예전과 같은 읽기로 돌아가 평화를 느끼기 위해서였지요. 소설가 앨레그라 굿맨 Allegra Goodman은 좋아하는 책을 다시 읽는 것에 관한 아름다운 글을 썼습니다. "주름이 잡힌 직조물처럼, 텍스트는…… 매번…… 다른 부분을 드러낸다. 그러면서도 텍스트가 펼쳐질 때마

---

* 미국 논픽션 작가.

다…… 독자는 새로운 주름을 더한다. 텍스트를 읽을 때마다 기억과 경험이 자신을 그곳으로 눌러 넣어, 모든 만남이 그다음 것에 영향을 미친다." 저는 책을 다시 읽을 때마다 처음 헤세를 읽었을 때의 저에 관한 중요한 무언가를 떠올렸습니다. 다시 읽기를 마칠 즈음에는 제가 왜 예전에 그 책을 즐겁게 읽었는지 이유를 다시 깨달았습니다. 또한, 어쩌면 아이러니하게도, 제가 읽기를 연구하는 학자가 되기 전에 읽기가 제게 가졌던 의미도 되찾았지요.

우리가 읽는 이유는 읽는 사람의 수만큼이나 많을 겁니다. 하지만 왜 읽는가, 그 이유를 묻는 질문을 의식적으로 제기함으로써 세계에서 가장 사랑받는 몇몇 작가들은 우리의 생각을 더없이 크게 자극하는 답들을 제시할 수 있었지요. 저는 시간이 더 지나기 전에 여러분 스스로 그 질문을 해보았으면 합니다. 제가 예전의 읽는 자아를 재발견한 후에 돌아온 답은 이것입니다. 저는 이 세상을 사랑할 새로운 이유를 발견하기 위해 읽습니다. 또한 이 세상을 뒤로한 채 저의 상상 너머, 저의 지식과 인생 경험 밖에 있는 것을 엿볼 수 있는 공간으로 들어가기 위해 읽습니다. 그 공간에서는 가끔 시인 페데리코 가르시아 로르카*가 그랬던 것처럼 "어린 시절의 영혼을 내게 되돌려주기 위해, 아주 멀리" 떠나갈 수 있지요.

이런 생각을 하다 보면 헤세가 〈책의 마법The Magic of the Book〉이라는 제목의, 거의 알려지지 않은 에세이에서 썼던 또 다른 이야기에 귀

• 스페인 시인이자 극작가.

기울이게 됩니다.

인간이 자연의 선물로 받지 않고 자신의 영혼으로 창조한 수많은 세계들 중에 책의 세계가 가장 위대하다. 모든 어린아이는 자신의 첫 글자를 석판에 휘갈기고 처음으로 글을 읽으면서 인공적이고 가장 복잡한 세계로 진입한다. 이 세계의 법과 규칙을 완전히 알고 완벽하게 실행할 만큼 충분히 오래 살 수 있는 사람은 없다. 단어가 없다면, 쓰기가 없다면, 책이 없다면 역사도 없을 것이고 인간성도 없을 것이다.

헤세의 '수많은 세계들'과 로르카가 말한 '어린 시절의 영혼'은 여러분을 다음 편지로 안내하는 최선의 길이기도 합니다. 다음 편지에서는 우리가 우리 아이들에게, 아이들의 아이들에게, 다시 아이들의 아이들의 아이들에게 물려주었으면 하는 것에 관해 이야기하고자 합니다. 바로 읽는 삶이라는 독특한 유산입니다.

진심을 담아
여러분의 저자

다섯 번째 편지

디지털로 양육된 아이들

어린이들은 신호다. 그들은 희망의 신호이며 생명의 신호다. 하지만 그들은 또한 진단적 신호, 그러니까 가족과 사회, 그리고 세상의 건강을 보여주는 지표이기도 하다. 어린아이들이 수용되고 사랑받고 보살핌받고 보호받는 곳은 어디든 가족이 건강하고 사회도 건강하며 세상은 인간적이다.

– 프란치스코 교황

모든 매체에는 장단점이 있다. 어느 매체나 어떤 인지적 기술을 발전시키는 과정에서 다른 것을 희생시킨다. ……인터넷은 인상적인 시각적 지능을 발달시키는 대신 심층 처리 deep processing 과정을 희생시킬 것처럼 보인다. 심층 처리란 주의 깊은 지식 습득, 귀납적인 분석, 비판적 사고, 상상과 반추 같은 것이다.

– 퍼트리샤 그린필드

친애하는 독자께,

오래전 제 아이들이 어렸을 때의 일입니다. 아이들이 제게 출근하면 뭘 하는지 다시 한번 이야기해달라고 청했습니다. 그때 우리는 미드웨스트 중심부에 사는 아이들의 조부모님을 방문하고 돌아온 참이었습니다. 그곳에서 아이들은 옥수수밭과 콩밭, 말과 소 떼를 보았습니다. 도시에서만 자란 아이들은 매료되었지요. 그래서 저는 불쑥 이렇게 말했습니다. "나는 어린이들을 기르는 농부란다!" 아이들은 한바탕 웃고는, 읽는 뇌 연구자나 교사라는 대답보다는 훨씬 나은 아주 멋진 대답이라고 했습니다. 저도 그 대답이 마음에 들었기 때문에 제가 인생을 걸고 하는 일을 그렇게 생각하기로 마음먹었습니다.

그때 대답을 지금 다시 떠올려봅니다. 이번 편지의 주제가 그것이기 때문이지요. 바로 아이들을 어떻게 '기를까' 하는 것입니다. 20세기의 상속자이자 21세기의 시조인 아이들 말입니다. 셰익스피어가 〈한여름 밤의 꿈〉에서 수많은 사랑의 형식을 묘사했듯이, 그들은 "나 자신의 것이면서 나 자신의 것이 아닌" 존재들입니다. 그들은 우리 자신의 것인 동시에 우리 자신의 것이 아닙니다. 나아가 그들은 우리(즉 아이들의 부모와 조부모, 그리고 증조부모)와는 다른 존재가 되기 직전의 순간에 있습니다. 그것은 지난번 또 다른 소통 방식의 대전환기, 그러니까 소크라테스의 구술 문화와 아리스토텔레스의 문자 문화 시대에서 구텐베르크 이후 시대로 넘어오던 시기 이래로 가장 큰 변화의 시기입니다.

어느 시대에나 부모와 자녀 간에는 깊은 협곡이나 작은 골과 같은 차이가 있게 마련입니다. 저는 디지털로 양육된 아이들과 우리 세대의 차이가 어느 정도인지보다는 기하급수적인 환경 변화 속에서 무엇이 아이들의 발달에 최선인지에 더 관심이 있습니다. 과거로 돌아갈 수는 없습니다. 역사를 보더라도 몇몇 이탈 사례를 제외하고는 그런 경우는 거의 없었지요. 하지만 현실을 받아들인다고 해서 과거와 현재에 우리가 어떤 존재인지, 매일 우리 아이들을 형성해가는 변화가 무엇인지에 대해 정확한 정보를 토대로 열정적이고 비판적으로 분석하는 일을 중단해서는 안 됩니다.

지금 수많은 다양한 변화들이 일어나고 있습니다. 앞의 편지에서 제기한 질문들이 우리 아이들의 양육 문제에도 담장 위의 닭처럼 되돌아옵니다. 그때 이야기한 쟁점들을 아동 발달과 관련된 것으로 바꿔본다면 이런 질문으로 요약될 것입니다. 주요 매체들이 속도와 즉각성, 고강도의 자극, 멀티태스킹, 대량의 정보를 선호하는 지금의 문화 속에서 우리가 살아간다면 시간이 걸리고 인지적 노력이 필요한 깊이 읽기의 과정은 결국 위축되거나 점점 사라지게 될까?

그런데 이 질문에서 '사라진다'는 말에는 이미 완전하게 짜인 회로가 존재한다는 의미가 함축되어 있습니다. 하지만 현실에서는 새로운 독자(즉 각각의 아이)가 처음부터 완전히 새로운 읽기 회로를 구축해야만 합니다. 우리 아이들은 읽는 법을 배우기 위한 아주 단순한 회로를 형성하고 기초적인 해독력을 습득하는 데 그치거나, 아니면 계속해서 고도로 정교한 읽기 회로를 발달시킴으로써 갈수록 수준 높은 지적 처리 과정을 더해갈 수도 있습니다. 그 과정에서 읽기 회로의 발달 정도는 천차만별일 수 있지요. 그것은 개별 아동의 특성, 읽기 지도의 유형, 지원, 매체(우리의 논의에서 결정적인, 읽기 매체의 유형)에 좌우됩니다. 여기에 매체의 특성이나 행동유도성affordance*까지 읽기 회로의 발달에 영향을 미칩니다. 아직 그에 대한 이해도는 낮지만 말이지요. UCLA 심리학자 퍼트리샤 그린필드Patricia Greenfield가 증명했듯이, 어떤 매체에 노출된 시간(함께 보낸 시간)이 길수록 매체의 특성(행동유도성)이 이용자(학습자)의 특성에 미치는 영향은 커집니다. 매체는 피질에 정보를 전하는 메신저로서 아주 초기 단계부터 피질을 형성하기 시작합니다.

따라서 아이의 아직 형성되지 않은 읽기 회로는 그 나름의 독특한 문제와 복잡한 질문들을 제기합니다. 첫째, 읽기 회로에서 조기에 발달하는 인지적 구성요소가 디지털 매체에 의해 바뀌는 것은 아이들이 읽기를 학습하기 전일까요, 그 과정에서일까요, 아니면 그 후일까요? 특히 아이들의 주의, 기억, 배경 지식의 발달(성인의 경우 멀티태스킹, 속도, 주의분산에 의해 영향을 받는 것으로 알려져 있습니다)에는 어떤 일이 일어날까요? 둘째, 아이들이 영향을 받는다면 그런 변화는 전문가 수준의 읽기 회로의 구성 또는(그리고) 깊이 읽기 능력을 형성하고 유지하려는 동기에도 영향을 줄까요? 마지막으로, 다양한 디지털 매체가 아이들과 사회에 주는 엄청난 긍정적 가치는 잃지 않으면서 읽기에 미치는 부정적 영향에 대처하려면 어떻게 해야 할까요?

• 대상의 어떤 속성이 유기체에게 특정한 행동을 하도록 유도하거나 특정 행동을 쉽게 하게 하는 성질.

주의분산 시대의 집중과 기억

주의집중

우리가 무엇에 얼마나 주의를 기울이느냐에 따라 어떻게 생각하는 지도 결정됩니다. 예를 들어 인지 발달 과정에서 아이들은 유아기부터 청소년기까지 점점 더 큰 집중력과 지속력을 갖고 주의를 기울이는 법을 배우지요. 집중하는 법을 배우는 것은 정말 중요한 일이지만, 사방에 주의를 분산시키는 것들이 만연한 문화권에서는 더없이 어려운 과제입니다. 성년에 가까운 젊은이는 자극들 사이를 옮겨 다니면서도 그것들로부터 영향을 적게 받는 법을 배울 수 있습니다. 이때가 되면 적어도 원리상으로는 끊임없는 주의분산을 무시할 수 있게 하는 억제 체계가 충분히 형성된 상태이기 때문이지요. 그보다 더 어린 아이들의 경우에는 그렇지 않습니다. 이들의 전두 피질에 있는 금지 체계와 실행 계획 기능이 발달하는 데는 긴 시간이 필요합니다. 따라서 아주 어린 시기에는 쉽게 주의를 빼앗기지요.

지금 어린아이들의 주의를 집중시키고 있는 것은 디지털 세계입니다. 2015년 랜드 보고서에 따르면, 3~5세의 아동은 하루 평균 네 시간씩 디지털 기기를 사용했습니다. 불과 2년 전만 해도 52퍼센트였던 0~8세 아동의 디지털 기기 접근율은 75퍼센트로 뛰었지요. 성인의 경우 디지털 기기 사용률은 1년 만에 117퍼센트 상승했습니다. 지속적인 자극과 끊임없는 주의분산이 우리 모두를 괴롭히고 있는 셈입니다. 하지만 누구보다도 아이들을 위해 그 영향을 서둘러 파악할 필요가 있습니다.

심리학자 하워드 가드너는 디지털 시대의 청소년들이 '원래 하던 일에서 주의를 빼앗기고, 이리저리 건너뛰는' 전형적인 경련성 행동 방식을 두고 '메뚜기 정신'이라고 불렀습니다. MIT 학자 시모어 페퍼트Seymour Papert가 처음 사용한 말이지요. 프랑크 쉬르마허와 마찬가지로, 신경과학자 대니얼 레비틴은 그처럼 우리의 주의가 금세 다른 일로 옮겨가는 것을 새것 편향이라는 진화적 반사작용으로 해석합니다. 새것 편향이란 새로운 것이라면 무엇이든 곧바로 우리의 주의를 끌어당기는 것을 뜻합니다. "인간은 끼니나 짝을 구할 때와 마찬가지의 열정을 품고 새로운 경험을 얻으려고 애쓰기 마련이다. ……멀티태스킹을 하다 보면 우리는 부지불식간에 중독의 구멍으로 빠져든다. 이것은 뇌의 새것 중추가 반짝이는 새로운 자극을 처리하고 보상을 받으면서 일어나는 일이다. 하지만 이것은 하던 일을 계속하고 싶어 하고, 지속적인 노력과 주의를 기울임으로써 보상을 얻고 싶어 하는 전전두엽 피질에는 해롭다. 우리는 장기적 보상을 좇고 단기적 보상은 포기하는 방향으로 우리 자신을 훈련시켜야 한다."

레비틴이 경영인을 대상으로 쓴 책에 나오는 구절입니다. 하지만 성인을 위한 그의 값진 교훈은 어린아이들에게 더 큰 의미가 있습니다. 아이들의 전전두엽 피질과 그것을 뒷받침하는 중앙 집행 시스템은 아직 '지속적인 노력과 주의에 주어지는 보상'을 학습하지 않은 상태이지요. 아이들이 '단기적 보상을 포기'할 수 있게 해줄 계획과 금지 기제는 더 말할 것도 없습니다. 다시 말해 뇌가 주의를 사로잡는 것들 사이를 옮겨 다니는 일은 생물학적인 의미에서나 문화적인 의미에서 성인에게는 약한 호우 같은 것이지만 아이들에게는 퍼펙트 스톰*에 해당합니다. 전전두엽이 제대로 발달하지 않은 아이들은 하나의 '반짝이는 새로운 자극'에서 또 다른 반짝이는 새로운 자극으로 부리나케 뛰어다니며 잇따라 주의를 빼앗기게 됩니다.

레비틴은 아이들이 주의를 빼앗는 일련의 자극들에 익숙해진 나머지 뇌가 사실상 코르티솔과 아드레날린 같은 호르몬에 내내 잠겨 있을지도 모른다고 주장합니다. 이 호르몬들은 대개 싸움과 도피, 스트레스와 관련 있지요. 이 아이들의 나이는 불과 서너 살이고 때로는 두 살 이하일 때도 있습니다. 아이들은 처음엔 수동적으로 자극을 받아들이다가 나중에는 점점 적극적으로 자극을 요구하게 되지요. 자신들보다 훨씬 나이 많은 아이들에게나 걸맞은 자극을 규칙적인 간격으로 요구하는 것입니다. 레비틴이 이야기하듯이, 아이들과 청소년들이 이렇게 끊임없이 새롭고 감각적인 자극에 둘러싸여 있을 때는 지속적으로 주의집중 과잉 상태에 놓이게 됩니다. 그는 "멀티태스킹은 뇌가 초점을 잃고 부단히 외부 자극을 찾는 것을 효과적으로 보상함으로써 도파민–중독의 되먹임 회로를 만들어낸다"고 설명합니다.

이처럼 한껏 긴장이 고조된 상태에 있다 보니 오늘날의 유년기에는 몇 가지 새로운 현상이 생겨나곤 합니다. 《디지털 시대, 위기의

• 악재가 겹치는 상황.

아이들》의 저자인 임상심리학자 캐서린 스타이너-어데어가 관찰했듯이, 아이들에게 오프라인으로 가라고 했을 때 가장 흔히 나오는 불평이 "심심해"라는 말입니다. 아이들은 코앞에 있는 스크린에 주의를 빼앗길 가능성이 높습니다. 그러고는 계속되는 감각적 자극에 순식간에 휩싸이게 되고, 그다음에는 익숙해지다가 결국에는 유사중독 상태가 되는 거지요. 그러다 보니 지속적인 자극을 없애버리면 아이들은 예상대로 견딜 수 없을 만큼 따분해하는 반응을 보입니다.

"나 심심해." 심심함에도 여러 종류가 있습니다. 우선 자연적인 무료함이 있지요. 이것은 유년기의 한 요소이기도 합니다. 이것이 아이들에게 종종 자기 나름의 오락거리와 단순한 재미를 만드는 추동력을 줄 수도 있습니다. 수년 전에 발터 벤야민은 이런 무료함을 "경험의 알을 부화하는 꿈의 새"라고 묘사했지요. 그 밖에 문화적으로 유발되는, 비자연적이고 새로운 유형의 무료함도 있을 수 있습니다. 이것은 너무나 많은 디지털 자극에 뒤따르는 것입니다. 이런 유형의 무료함은 아이들의 역동성을 떨어뜨리지요. 그래서 스스로 현실 세계, 특히 자신의 방과 집과 학교 밖의 경험을 탐구하고 창조하고 싶은 마음이 들지 않게 만들 수도 있지요. 스타이너-어데어가 썼듯이, "스크린 위에서 노는 것에 중독되면 아이들은 자신들이 무료함이라 부르는 둔주fugue• 상태를 헤쳐 나가는 법을 모를 것이다. 하지만 그런

• 일시적 기억 상실이나 장애.

상태가 바로 창의성으로 이어지는 전주곡일 경우가 많다." 우리 아이들에게 최대한 많은 것을 주고 싶다는 마음에서 최신의 고성능 전자책과 기술적 혁신을 쥐어주면 오히려 자신이 읽은 것으로 자신만의 이미지를 구축하고, 자신만의 창의적 오프라인 세계를 구축하는데 필요한 동기화와 시간을 박탈하게 될지도 모릅니다. 그렇게 된다면 지적으로 정말 부끄러운 일이 될 테지요.

이런 경고의 말은 향수에 젖은 탄식이 아닙니다. 기술을 활용해서 길러진 아이들의 창의력을 강력하고 흥미진진하게 사용하는 것을 막자는 말도 아닙니다. 그 이야기는 조금 뒤에 다시 하지요. 다만 '잃어버린 유년기'에 대한 걱정을 문화적(이라 쓰고 '서구적'이라 읽는) 사치로 일축해서는 안 됩니다. 혹시 현실 속의 잃어버린 유년기는 어떻게 생각하느냐고 반문하실지도 모르겠습니다. 하루하루 생계에 급급한 일상의 몸부림이 다른 모든 것을 짓누르는 현실 말이지요. 저는 그런 아이들을 저의 일상적인 생각이나 연구에서 멀리한 적이 결코 없습니다.

하지만 제가 걱정하는 것은 모든 아이들입니다. 그렇기 때문에 지금 아이들이 보여주는 인지 발달의 궤적이 너무나 걱정스럽습니다. 아이들은 끊임없이 자극받고 가상적인 오락물에 노출된 나머지 (스크린) 바깥 세계로 나가서 스스로 노는 법을 찾을 생각은 좀처럼 하지 않습니다. 예컨대 야외에서 직접 자신의 은신처를 만들며 놀아보는 것 말입니다. 뒤엉킨 덤불과 나무막대는 '화성'이 되고, 나지막한 나뭇가지에 걸쳐둔 식탁보는 이로쿼이(뉴욕주에 살았던 아메리칸 인디

언)의 텐트가 되지요. 이런 곳에서 아이들은 깊은 상상의 세계에 흠뻑 빠져들고, 어느새 저녁 식사 시간이 찾아오지요. 이런 곳에서 시간은 멈추고 생각은 깊어집니다. 그리고 신경과학자 포가시가 인상 깊게 주장하듯이, 아이의 운동 피질은 인지력을 향상시킬 뿐만 아니라 여기에는 상당한 활성화가 요구되지요!

이런 문제들은 아이의 연령이 높아질수록 점점 심각해집니다. 디지털 주의분산에 의한 중독성 유혹의 종류가 늘고 강도가 높아지면서 많은 청소년이 스크린 앞에서 보내는 시간은 두 배, 세 배 늘어나 급기야 하루 열두 시간에까지 이르게 되지요. 스타이너-어데어는 아이들의 디지털 몰입이 포함하고 있는 중독적 측면에 대해 이렇게 단도직입적으로 말합니다. "중독에 관한 이야기는 과장이 아니다. 임상적 현실이다. ……어른인 우리는 자기 자신의 정신을 함부로 다루고 자신의 신경망으로 도박을 할 수도 있다. 하지만 다정한 부모라면 뻔히 알면서 아이의 미래를 위험에 맡기지는 않을 것이다. 그런데도 우리는 이런 기기(중독이라는 말로 설명해야 하는 기기)들을 우리 아이들에게 건넨다. 사실 아이들은…… 디지털 기기의 일상적 사용이 뇌 발달에 미치는 영향에 훨씬 취약하다. ……우리는 얼리 어댑터가 되고 싶고, 우리 아이들에게 모든 것을 주고 싶다는 열망에 오히려 아이들을 해로운 길로 내모는 것은 아닐까?"

디지털 세계가 청소년에게 미치는 압도적이고 중독적인 영향력을 아프도록 현실적으로 묘사한 작품으로는 앨레그라 굿맨의 소설 《초크 아티스트The Chalk Artist》가 있습니다. 이 소설의 주인공은 매사추세츠주 케임브리지와 가상 세계인 에버웬에 동시에 거주하는 대단히 지적이고 감성적인 사춘기 소년입니다. 이 상냥하고 예민한 소년은 깨어 있는 모든 시간(그리고 자야 하는 시간의 대부분)을 소름끼치는 가상 세계에서 보내다가 결국에는 가상 세계를 더 좋아하게 되면서 비극적인 결말을 맞게 되지요. 심리치료사 에드워드 헬로웰 같은 연구자는 디지털 주의분산이 아이들을 끊임없이 사로잡아 강박에 이르게 하는 바람에 환경적 요인에 따른 주의력결핍증을 보이는 아이들이 양산되고 있다는 말까지 합니다. 그는 주의 기반 학습력 결핍으로 진단되는 아이들의 수가 늘어나는 것은 오늘날 진단 기술이 좋아지고 조기 진단이 가능해져서이기도 하지만, 아이들 사이에 새로운 유형의 주의력 결핍이 생겨난 결과일 수도 있다고 걱정합니다.

스탠퍼드 대학교의 신경과학자인 러셀 폴드랙 Russell Poldrack과 그의 연구팀은 10여 년간 이 질문의 답을 찾기 위해 연구했습니다. 여기에는 주의결핍 진단을 받은 아이와 받지 않은 아이의 생리학적 차이를 관찰하는 것과 함께, 디지털 매체에 친숙한 학생들의 멀티태스킹 수행력에 관한 연구도 포함돼 있지요. 아마 예측하셨겠지만, 주의결핍 증세가 있는 아이들의 경우 전전두엽의 억제 체계에 중요한 차이가 있었습니다. 이 시스템은 멀티태스킹에 관여하는 정신적 전환 장치에 필수적인 요소이지요. 구체적으로 말하면, 주의결핍으로 진단받은 아이들은 한 가지 과제에 집중하는 능력이 낮습니다. 다른 과제들에 주의가 분산되는 것을 막을 수 없기 때문이지요. 디지털 세계에 아이들의 주의를 분산시키는 것들이 점점 늘고 있다는 점을 생각해보세요. 그 때문에 평범한 아이들마저 주의결핍 장애가 있는 아동과 비슷해지고 있는 것은 아닐까요. 정말 그렇다면, 그런 변화는 아동 발달의 또 다른 측면에는 어떤 영향을 미칠까요?

예를 들면, 긍정적인 면도 동시에 나타나고 있습니다. 디지털로 양육된 젊은이들은 특정 환경에서는 수행력을 잃지 않고도 정보의 다중적인 흐름을 따라 주의를 이동시킬 수 있다는 것이죠. 지금까지 업무 전환이나 주의 전환에 관한 연구 결과는 많이 누적되어 있습니다. 대개는 성인들을 대상으로 진행된 연구들이지요. 하지만 결과는 복잡합니다. 폴드랙 등이 진행한 이전 연구들은 대다수 사람들이 상당한 '두뇌 비용'(즉 어떤 것이든 심층적으로 처리하는 능력을 잃는 것)을 지불하지 않고는 업무를 전환할 수 없음을 보여주었지요. 하지만 폴드랙의 최근 연구는 디지털 세상에서 자란 청소년의 경우에는 이것이 가능함을 보여주었습니다. 다만, 하나의 업무를 충분히 훈련받았을 경우에만 그렇습니다. 만약 우리 아이들이 대부분의 성인들보다 훨씬 능숙하게 여러 가지 정보원을 다룬다면, 그들은 다가올 미래의 많은 직업에서 점점 더 중요해지는 기술을 가지게 되겠지요. 다시 말해, 굳이 훈련하지 않아도 일정한 제약 하에서는 주의를 분산시키는 대상들을 따라 능숙하게 주의를 기울이고 업무를 수행하는 법을 익힐 수도 있을 것입니다. 여기서 일정한 제약이 무엇인지는 체계적으로 연구하고 이해할 필요가 있습니다. 일정한 제약이란 말이 중요한 것은 대다수의 사람들이 스크린으로 읽을 때는 멀티태스킹을 하고 있을 가능성이 90퍼센트인 반면, 인쇄 매체로 읽을 때는 그 가능성이 1퍼센트에 불과하기 때문입니다.

우리는 지금 디지털 문화가 우리 삶의 모든 측면(확장까지 포함)에 크게 공헌할 거라는 약속과 그 실현이 교차하는 곳에 걸터앉아 있습니다. 이제 우리는 그에 따르는 예기치 않은 결과들을 조금씩 깨닫고 있지요. 스타이너-어데어와 핼로웰은 물론 점점 많은 학자들의 연구가 가리키는 것은, 디지털의 영향력이 압도적으로 커지면서 우리 아이들과 그들의 인지에 미치는 다양한 효과에 대한 훨씬 심층적인 연구의 필요성이 커지고 있다는 사실입니다.

메뚜기 정신 안의 기억

제가 관련 연구를 주의와 읽기에서부터 시작한 이유는, 그쪽이 제가 가장 잘 아는 분야인 동시에 인지적으로 충격이 가장 먼저 나타나면서도 가장 쉽게 포착되는 지점이기 때문입니다. 또한 과학과 기술로 긍정적인 변화를 낳을 확률이 가장 높은 곳이기도 하지요. 원래 돌발적이고 호기심 많은 어린아이의 주의력이 끊임없는 입력 때문에 오히려 약해진다면 우리 연구자들은 아이들의 기억과 인지 발달에 미치는 그런 하향적 영향도 연구해야 합니다. 그중 한 가지는 아이가 무언가를 작업 기억에 담아두는 능력에 관한 것입니다. 이 능력은 아이가 문해력과 수리력을 익힐 때 가장 중요한 변수 가운데 하나이지요. 작가 매기 잭슨은 작업 기억에 관한 자신의 생각을 디지털식으로 비유한 적이 있습니다. "우리의 작업 기억은 타임스 스퀘어를 가로질러 미끄러지듯 지나가는 디지털 뉴스 크롤(자막) 같다. 그것은 끊임없이 업데이트되는 단편 정보이기에 결코 되돌아보는 법이 없다."
그러면 우리 성인들이 텔레비전 뉴스를 시청할 때를 떠올려볼까요?
우리가 진행자의 말을 들으며 뉴스 자막을 읽을 경우에는 두 가지
내용을 적정하게 알아들을 수 없을 때가 많습니다. 만약 너무 많은
자극이 아이들 주변에서 주의를 차지하기 위해 항상 경쟁한다면 아
이들의 작업 기억은 얼마나 변할까요? 우리는 그것을 알아야만 합
니다.

두 번째 문제는 다른 유형의 기억에 관한 것입니다. 만약 작업 기
억이 변하기 시작한다면 장기 기억마저 변할 수 있습니다. 두 가지가
다 변할 경우에는 아이들의 배경 지식 구축에도 내리막 효과가 일어
날 것입니다. 배경 지식이 감퇴하면 젊은이의 읽기 회로가 형성되는
동안 다중적 깊이 읽기 기술이 발달하고 작동되는 데에도 영향을 줄
것입니다.

그것과 관련된 간접 증거는 점점 늘어나고 있습니다. 2000년대 초
에 네덜란드의 마리아 드 용Maria de Jong과 아드리아나 부스Adriana Bus가
실시한 연구에는 온라인 공간에서 아이들의 '메뚜기 정신'을 가장 뚜
렷하게 보여주는 최초의 사례가 소개됩니다. 당시에는 전자책이 지
금보다 성능은 훨씬 뒤떨어졌지만 기본적인 선택 사양은 괜찮았습니
다. 아이들은 그냥 읽어주기만 하는 비증강 텍스트와, 주의를 빼앗는
다양한 선택지가 있는 증강 텍스트 중에 골라 들을 수 있었지요. 실
험 상대였던 네다섯 살짜리 네덜란드 아이들은 전두엽 피질이 아닌 손
과 발을 통해 자신들의 선호를 분명히 보여줬습니다. 아이들은 추가

적인 사양은 다 선택해본 반면, 텍스트에는 가끔씩만 관심을 보였지요. 그러다 보니 비증강 텍스트를 들을 때보다 이야기를 따라가거나 세부 내용을 기억하기 어려웠습니다. 다시 말해, 아이들의 주의를 붙들어두기 위해 경쟁하는 자극의 수는 아이들의 기억에 영향을 주었고, 이것은 다시 아이들의 이해에 영향을 주었습니다.

이와 같은 직관적인 발견은 최근 연구들을 통해서도 뒷받침됩니다. 지난 몇 년간 조안 간즈 쿠니 센터와 맥아더 재단 디지털 미디어 및 학습 프로그램은 기술이 아이들에게 미치는 영향에 관한 대단히 중요한 연구를 연속적으로 진행해왔습니다. 네덜란드 학자들과 아주 유사한 방식으로 진행한 연구에서 쿠니 연구진은 종이책과 전자책, 증강현실북이 아이들의 문해 기술에 미치는 영향을 비교했습니다. 결과는 발달심리학자인 케이시 허시-파섹Kathy Hirsh - Pasek과 로베르타 골린코프의 새로운 작업을 포함해 최근 점점 늘어가는 다른 연구자들의 연구 결과와 다르지 않았습니다. 증강현실북의 증폭된 주의분산 기능들이 책의 내용을 이해하는 데 자주 방해가 된다는 사실을 발견한 거지요. "고도의 증강현실북은 이야기로부터 초보 독자의 주의를 분산시켰다. ……요컨대, 너무나 많은 종과 호루라기 소리를 장착하는 바람에 독서 기술을 강화하는 데는 도움이 되지 않는 것으로 나타났다. 그렇지 않았으면 매력적인 기술이었을 텐데."

이런 연구들에 등장하는 어린아이들이 이야기를 재구성하거나 세부 내용을 기억하지 못하는 것을 보면서 여러분은 앞서 안네 망겐의 연구에 참여했던 대학생들이 떠오르실지도 모르겠습니다. 그들은 인쇄물이 아닌 스크린으로 읽었을 때 열정적인 연애소설의 줄거리와 세부 내용을 기억하지 못하는 경향이 있었지요.

이런 두 가지 연구 결과는 디지털 독자의 기억 형식이 달라짐에 따라 주의에도 변화가 있을 수 있으며, 이것은 다시 아이들이 읽은 것을 이해하고 깊이 생각하는 데에도 잠재적으로 나쁜 영향을 미칠 수 있음을 암시합니다. 이스라엘 과학자 타미 카치르Tami Katzir는 초등학교 5학년생들에 관한 대규모 연구에서 바로 그와 같은 사실을 발견했지요. 그녀는 동일한 이야기를 인쇄물로 읽느냐, 스크린으로 읽느냐에 따라 학생들의 독해력에 중요한 차이가 있다는 사실을 발견했습니다. 대다수의 아이들이 디지털 읽기를 선호한다고 했지만, 자신이 읽은 내용을 이해하는 데는 인쇄물이 나았습니다.

이 분야의 연구는 계속 늘어나고 있지만 아직 연구되지 않은 부분이 있습니다. 바로 아이들의 분산된 주의, 작업 기억, 깊이 읽기 과정의 형성과 가동 사이에서 일어나는 구체적인 발달 관계를 그려내는 '확실한 증거 smoking gun'입니다. 그럼 세 가지 관계에서부터 시작해볼까요. 끊임없이 유입되는 다중의 정보 조각에 관심을 품고 항상 뭔가가 있을 거라고 예상하는 디지털 시대 아이들의 기대가 기억과 배경지식에는 어떤 영향을 줄까요? 우리는 우리 아이들이 구글과 페이스북 같은 외부 지식원에 점점 더 많이 의존함으로써 어떤 결과가 나타나는지 탐구하고 이해하려는 노력을 기울여야 합니다. 전문가 독자를 연구할 때보다 더욱 치열하게 말이죠. 제가 생각하는 몇 가지 가설은 다음과 같습니다.

예상이 자포자기를 낳을 때 여러 해 전 제가 신참 연구자였을 때의 일입니다. 이탈리아에서 열린 국제 신경과학 컨퍼런스에서 저의 첫 번째 공식 연구 발표를 했지요. 이어 영국의 유명 연구자인 존 모턴John Morton 교수가 저의 연구 결과를 뒷받침하는 자신의 기억 연구에 관해 이야기하고 싶어 했습니다. 그는 그전에 먼저 작은 실험부터 해보자고 했습니다. 제게 그가 불러주는 숫자들을 다시 불러보라는 것이었지요. 기억력 실험에 흔히 사용되는 과제였습니다. 하지만 그는 그 사실을 제게 말하지는 않았습니다. 숫자를 몇 개나 불러줄지도 알려주지 않은 채, 계속 숫자를 웅얼거리기만 했지요. 사실은 매번 7±2개의 숫자를 불러준 것이었지만 저는 그걸 몰랐습니다. 오히려 저는 그가 저의 작업 기억 능력을 시험하기 위해 점점 많은 숫자를 불러줄 거라고 예상했지요. 그러다 저는 얼어붙고 말았습니다. 더는 일곱 개의 숫자조차 되불러줄 수 없었지요. 제가 처리하지 못할 만큼의 수를 불러줄 거라고 예상한 탓이었습니다. 정말 당황스러웠습니다. 그 후 30년이 지났습니다. 당시 모턴 교수가 그렇게 했던 것은 우리의 예상이 작업 기억 능력에 얼마나 영향을 미치는지 일깨워주기 위해서였던 겁니다.

그처럼 감정이 실린(이것은 장기 기억에는 언제나 좋습니다) 일화를 생각하면 다음과 같은 가설을 세워보게 됩니다. 계속 새로워지는 스크린 위의 정보를 모두 기억하는 것은 불가능하다는 생각 때문에 작업 기억 능력이 점차 감퇴할 수 있다고 말이지요. 우리가 스크린으로 읽기 위해 '설정'해둔 뇌의 상태가 인쇄물을 통한 읽기 속으로도 흘러들어간다는 사실을 기억해보세요. 아이들은 너무나 자주 스크린을 TV나 영화와 연결시키기 때문에 태블릿이나 컴퓨터 모니터에서 지각하는 것조차 영화처럼 무의식적으로 처리하고 있는 것은 아닌지, 그래서 스크린 위의 수많은 세부 내용과 다양한 자극들이 기억할 수 없는 것으로 보이는 것은 아닌지 궁금합니다. 그래서인지 그들은 기억을 하지 않지요. 같은 맥락에서, 좀 더 나이 든 스크린 독자들도 작업 기억을 덜 사용할지도 모릅니다. 그들 역시 텍스트를 점점 영화처럼 처리하며, 굳이 기억하려 들지는 않는 것일 테지요.

멀티미디어 자극에 대한 주의집중의 영향 만약 이런 상상이 맞다면, 두 가지 결과를 예상해볼 수 있습니다. 첫째, 서사의 과정과 세부 내용이 덜 적극적으로 처리될 것이고, 그 결과 그것에 대한 독자의 기억도 영향을 받겠지요. 둘째, 스크린에는 회귀적 차원(즉 우리가 종이책이나 문서를 읽을 때는 쉽게 앞의 내용으로 되돌아가 다시 읽을 수도 있다는 사실)이 별로 존재하지 않을 것입니다. 스크린 읽기에서는 단어를 위한 물리적 공간이 스쳐 지나가지요. 영화 속에서 이미지가 끊임없이 동적으로 제시되는 것처럼 말입니다. 그래서 매기 잭슨은 스크린 위에서는 "되돌아보는 법이 없다"라고 했습니다. 그러니 문어에서 볼 수 있는 회귀적 차원은 실제보다 덜 중요하게 여겨질 것입니다.

인지적 발달의 측면에서 보자면 회귀는 되돌아보기를 돕습니다. 되돌아보기는 아이들이 이해한 내용을 점검하도록 도와주지요. 이것은 다시 작업 기억에서 세부 내용으로 미리 연습해보도록 도와줌니다. 그러면 학습한 내용을 장기 기억에 다져두는 데도 도움이 되지요. 만약 아이들이 무의식중에 스크린 위의 정보를 마치 영화처럼 처리하고 있다면, 줄거리의 세부 내용은 더 희미하고 덜 구체적으로 보일 것입니다. 말 그대로 세부 내용의 순서는 기억 속에서 흐릿해지겠지요. 망겐이 연구했던 좀 더 나이 많은 실험 대상자들의 경우에도 마찬가지였습니다. 분명히 훨씬 어린 아이들의 경우에도 그럴 것입니다.

이런 추측이 사실로 입증되더라도 저의 업적이라고는 할 수 없습니다. 이미 20세기에 시카고 대학교의 역사가 앨리슨 윈터_{Alison Winter}가 기억의 역사에 대해 썼으니까요. 그녀의 책은 우리의 사고를 자극합니다. 그녀는 영화, 녹음기, 컴퓨터 같은 문화적 발명품들이 기억의 역할을 바꿔놓았으며, 이는 특정 시대에 기억이 어떻게 작동하는지를 설명해주는 강력한 은유로도 작동한다고 주장했지요. 그녀에 따르면 대부분의 사람들은 우리가 기억에서 불러오는 '상_{pictures}'이 있는 그대로라고 믿습니다. 그 상을 촬영한 카메라의 본질과는 상관없이 말이지요. 여기서 저는 그녀의 생각을 더욱 확장해 영화가 아이들의 작업 기억을 설명하는 유용한 은유를 제공하는 동시에 스크린 위의 모든 것을 보기 위한 정신의 생리적 습관이 되었을지 모른다는 가정을 해보려고 합니다. 정말 그렇다면 아이들은 다양한 유형의 기억을 효과적으로 사용하는 능력이 떨어지겠지요. 그렇다고 해서 이것이 돌이킬 수 없는 변화인 것만은 아닙니다. 적어도 유년기가 시작될 무렵까지는 그렇습니다.

저의 가정을 얼마간 뒷받침해주는 연구 결과도 있습니다. 망겐과 마찬가지로 영국의 심리학자 수전 그린필드는 아이들이 서사에서 주요 사건들을 정리해주는, 작위적 인과의 사슬 같은 가장 흔한 특징들을 스크린상에서는 그냥 지나칠 수 있다고 주장합니다. "서사가 책에서는 필수조건인 반면 인터넷에서는 그렇지 않다. 인터넷에서는 병렬 선택, 하이퍼텍스팅, 무작위적인 참여가 더 일반적이기 때문이다." 나아가 그녀는 스크린을 통한 입력은 "우리 뇌에 말이 아닌 이미지와 그림으로 도착하는 만큼, 수신자가 그것을 추상적으로 이해하기보다 곧이곧대로 바라보게 하지 않을까?"라고 묻습니다.

스크린과 서사 간의 불일치가 작업 기억과 추상적 사고를 모두 바꿔놓을지의 여부를 알려면 좀 더 깊은 연구가 필요합니다. 하지만 그것이 아이들에게 미치는 영향에 관한 질문은 갈수록 중요성이 커질 수밖에 없겠지요. 특히 그 문제는 아이들이 배경 지식의 저장고를 구축하고 스크린에서 본 것의 진실성에 관한 비판적 판단을 내리기 위해 자신의 다져진 기억을 사용하는 방법과 연결돼 있다는 점에서 그러합니다.

내면화된 지식

깊이 읽기와 인지 발달의 중심에는 심오한 인간적 능력이 자리 잡고 있습니다. 그것을 통해 아이들은 이미 아는 것을 토대로 새로운 정보를 비교하고 이해함으로써 개념적으로 더없이 풍부한 배경 지식을 구축하게 되지요. 두 가지 예를 들어보겠습니다. 하나는 여러분의 과거에서, 다른 하나는 저의 현재에서 가져온 것입니다. 혹시 《호기심 많은 조지》를 기억하시는지요? 사랑스러운 말썽꾸러기 원숭이가 어찌어찌해서 빠져나온(글쎄요, 아마도 도난당한) 풍선들을 타고 하늘로 날아가는 장면 말입니다. 조지가 멀리 땅 위를 내려다보면서 집들이 '조그마한 인형의 집' 같다며 큰 소리로 웃지요. 인형의 집을 가지고 놀면서 그런 작은 크기와 모습에 익숙해져 있던 아이들은 이제 새로운 뭔가를 깨닫기 시작하겠지요. 아주 높은 곳에서는 사물이 다르게 보인다는 사실을 말이지요. 그러면서 그림에서 나타나는 깊이를 지각하기 시작합니다.

하지만 사물의 달라진 모습을 인식하려면 사전에 지식의 기반이 있어야 합니다. 최근에 저는 에티오피아 외딴 지방을 방문한 적이 있습니다. 그곳에는 학교도 전기도 상수도도 없었습니다. 글로벌 문해 운동을 위해 그곳을 방문했던 저는 아이들에게 문어octopus 사진을 보여주었습니다. 아이들은 웃었지요. 그런 생물은 듣도 보도 못했기 때문입니다. 통역사가 문어가 사는 바다에 대해 설명했지만 조금도 도움이 되지 않았습니다. 원래 우리는 언어와 다른 해양 생물들을 소개하는 앱까지 사용할 계획이었지만 모두 수포로 끝났습니다. 매일 도보로 왕복 네 시간씩 물을 뜨러 다니는 아이들에게 바다는 이해할 수 없는 것이었지요. 또 다른 미지의 사물인 풍선을 타고 하늘을 향해한다는 것은 말할 것도 없습니다.

비유란 알려진 것과 알려지지 않은 것 사이의 대단히 개념적인 연결입니다. 하지만 환경의 영향을 받는 아이들의 발달 과정에서 비유란 결코 단순한 것이 아니지요. 서구 문화권에서 자라는 아이들은 다행히 환경으로부터 많은 것을 제공받습니다. 하지만 이제는 역설적이게도 아이들이 받는 것에 비해 요구받는 것은 너무 적을지도 모릅니다. 매기 잭슨은 너무 많은 정보가 주어질 때는 배경 지식을 구축하기가 더 어려워진다고 했지요. 함께 고민해볼 문제입니다. 아이의 작업 기억에 관한 저의 추측처럼, 그녀는 너무 많은 입력이 주어지는 탓에 이제 우리는 연습을 하고 비유를 하고 정보를 저장할 시간이 부족할 뿐만 아니라 이것은 우리가 아는 것과 추론하는 방식에도 영향을 준다고 주장합니다.

우리가 지각하고 읽는 것을 처리하기 위한 시간은 의미심장한 중요성을 갖고 있습니다. 기억을 구축할 때나 배경 지식을 저장할 때나 다른 모든 깊이 읽기 과정에서도 마찬가지입니다. 문학 평론가인 캐서린 헤일스는 결정적으로 중요한 이 사실을 한층 날카롭게 묘사합니다. 그녀는 디지털 매체가 시각적 자극의 양과 박자를 증가시킨다는 증거가 아주 광범위하게 존재함에도 그것이 반응 시간의 감소와 직결된다는 사실은 간과된다고 강조합니다. 이 통찰을 깊이 읽기 회로와 관련지어 생각해보면, 우리가 지각하고 처리할 시간이 줄어든다는 것은 입력되는 정보를 배경 지식에 연결 지을 시간이 줄어들고, 결국에는 깊이 읽기의 나머지 과정이 가동될 가능성도 줄어든다는 뜻입니다.

그렇지 않다면 발달된다 에바 호프먼Eva Hoffman이 썼듯이, 컴퓨터에 기반한 우리의 시간 감각은 "점점 빨라지고 짧아지는 사고와 지각의 단위에 익숙해지게 합니다". 아이들의 경우 처리할 정보는 점점 늘어나는 반면 그것을 처리할 시간은 줄어들면서 아이의 주의와 기억의 발달에 최대 위협이 되기 십상입니다. 그렇게 되면 보다 정교한 읽기와 사고의 발달과 사용에도 심각한 역작용이 초래됩니다. 깊이 읽기 회로의 모든 것은 상호의존적이니까요. 만약 아이들이 구글과 페이스북 같은 외부의 지식원에 점점 더 의존하게 되면서 내면에 누적되는 지식이 줄어든다면, 그들이 이미 아는 것과 처음으로 읽는 것들 사이에서 유사성을 발견하고 정확한 추론을 끌어내는 능력에도 중대한 변화가 일어날 것입니다. 아이들은 자신들이 뭔가를 안다고만 생각할 테지요.

이 말이 익숙하게 들리시나요? 틀림없이 소크라테스에게는 익숙했을 것입니다. 그는 자신의 학생들이 '대답을 할 수 없는 파피루스'에 너무 의존하면 개인의 진정한 지식이 아닌 허상만 갖게 된다고 걱정했습니다. 이 주제에 대한 다양한 변주곡들이 지난 150년간 주기적으로 터져 나왔습니다. 그때마다 작가와 영화제작자들은 다양한 기술에 대한 우리의 의존도가 커져가는 것에 의문을 제기했지요. 톰 행크스가 영화 〈아폴로 13〉에서 연기한 우주비행사나 맷 데이먼이 〈마션〉에서 연기한 식물학자가 기술에 의존할 수 없게 된 후에도 생존할 수 있었던 것은 자기 자신의 지식이 있었기 때문입니다. 21세기의 첫 사반세기를 살아가는 우리 아이들도 영화 속의 과학자들처럼,

유치원에서 고등학교를 거치는 동안 기술적 명민함과 함께 내면화된 지식의 저장고를 발달시켜야 합니다.

따라서 소크라테스의 걱정을 21세기식으로 바꾼다면 다음과 같은 몇 가지 질문들로 표현할 수 있을 것입니다. 우리 문화에서 끊임없이 들어오는 정보와 그에 따른 주의분산이 어린아이들의 주의와 기억을 변질시키거나 저하시킬까요? 대부분의 '해답'을 온라인에서 바로 얻을 수 있기 때문에 아이들은 스스로 지식을 쌓으려는 노력을 덜하게 될까요? 두 가지 질문 가운데 어느 하나에라도 "네"라는 대답이 나온다면, 우리 청소년들은 지식에 대한 그런 식의 수동적 반응에 길들여진 나머지 결국에는 내면의 지식 저장고는 물론, 비유와 추론을 통해 지식을 연결하는 능력마저 고갈되지 않을까요?

만약 이런 시나리오 가운데 하나라도 현실이 된다면, 그다음 세대의 깊이 읽기 과정, 특히 연민, 타인의 관점 취하기, 비판적 분석, 보다 언어적인 유형의 창의적 사고마저 바뀌게 될까요? 혹시 시각적인 지식이 그런 상실을 보상하고, 나아가 이런 비판적 기술을 발달시킬 대안적 수단까지 제공할까요? 청소년들이 외부의 지식원에 너무 일찍부터 과도하게 의존하게 되면 지적 발달이 방해받습니다. 그렇다고 해서 아이들이나 우리가 이미 알고 있는 전통적인 유형의 지식원에만 과도하게 너무 오랫동안 의존하도록 가르칠 경우엔 아이들이 디지털 문화에서 기량을 키워가는 것이 방해받게 되지요. 결국 아이들의 지적 발달은 두 원칙 사이에서 계속 진화해나가면서 사려 깊은 균형을 찾는 것에 달려 있습니다.

그런 점에서 기술에 반감을 가졌던 소크라테스만이 저와 의견을 같이하는 유일한 동지는 아닙니다. 미국 언론인 찰리 로즈Charlie Rose와의 인터뷰 중에 구글 창립자인 에릭 슈미트도 이렇게 말했지요. "제가 우려하는 것은 방해의 수준, 그런 압도적인 정보의 속도가…… 사실상 인지를 바꿔놓고 있다는 것입니다. 그것은 보다 깊은 사고에 영향을 주고 있습니다." 저는 슈미트 씨가 이 말을 후회하지 않기를 바랍니다만, 저의 걱정과 통하는 그의 솔직한 의견에 대해서는 고맙게 생각합니다.

인지의 변화가 깊이 읽기와 깊은 사고에 변화를 가져올까

캐서린 스타이너-어데어는 자신의 책에 '거대한 단절Big Disconnect'•이라는 제목을 붙였습니다. 부모들이 자녀의 과다한 디지털 기기 사용을 차단하고 싶어 한다는 점을 강조하기 위해서였지요. 급박성을 담고 있는 '단절'이라는 제목은 아이들이 외부 지식원에 쉽게 접속할 수 있다는 사실을 알게 되면 스스로 지식을 쌓고 거기 의존하려는 생각을 하지 않게 되는 상황을 우려한 것이겠지요. 심리학자 수전 그린필드는 이런 견해를 다음과 같은 사고실험을 통해 끝까지 밀고 갔습니다. "미래에 사람들이 외부 접속에만 너무 익숙해진 나머지 어떤

• 《디지털 시대, 위기의 아이들》의 원제.

유형의 참조를 위해서든, 어떤 사실도 내면화*하지 않는 상황을 상상해보라. 사실을 맥락 속에서 파악해 중요성을 평가하고 이해하는 것은 더 말할 것도 없다."

이런 모든 질문과 우려는 미래학자 레이 커즈와일이 개념화한 지능의 미래에 관한 선구적인 연구와는 상충되는 것처럼 보일지도 모릅니다. 커즈와일은 자신의 연구와 비범한 발명품들을 통해 인간 지능이 인공 지능과의 연속선상에서 발전하는(특이점 원리) 미래를 그려보였지요. 그에 따르면 미래에 우리는 기하급수적으로 확장된 지능을 개발할 수 있게 됩니다.

그런 미래에 등장할 윤리적인 쟁점과 개인적, 사회적 쟁점은 차치하더라도 미래 세대가 고도로 정교한 분석적, 공감적, 비판적, 창의적 능력을 발달시킬지 여부는 현재의 우리에게 달렸습니다. 권위 있는 대학이라면 내부의 어떤 연구자에게도 허락하지 않았을 실험을 우리 문화는 이미 아무런 선행 결과나 증거도 없이 실행에 옮겼습니다. 다시 말해 실험 대상자(우리 아이들)에게 어떤 부작용과 영향이 나타날지도 모른 채 주의를 빼앗는 중독적 기기를 도입한 것이죠.

실리콘밸리의 기술 전문가인 트리스탄 해리스Tristan Harris는 다양한 앱과 기기에 적용되는 '설득 설계' 원리에 관해 잘 아는 사람입니다. 하지만 이제 그는 이런 원리를 통해 의도적으로 사용자를 중독시키는 것에 대해 거침없이 비판하고 있습니다. 또 다른 실리콘밸리

• 암기를 뜻한다.

전문가인 조시 엘먼Josh Elman 역시 해리스의 노력에 동조하고 있습니다. 그는 다양한 기기에 중독성을 심는 것을 듣고 담배업계가 암과의 관련성이 발견되기 전에 중독성 니코틴을 사용한 것과 같다고 말합니다. '잘 쓴 시간Time Well Spent' 운동을 처음 시작한 해리스는 최근 PBS(미국 공영방송망)와 〈애틀랜틱〉 지와의 인터뷰에서 이렇게 말했지요. "구글, 애플, 페이스북 등 세 개 회사에서 일하는 극소수 설계자들(대부분 샌프란시스코에 사는 25~35세의 백인 남성)의 결정이 전 세계 수백만 명의 주의집중 방식에 이토록 큰 영향을 미친 적은 없었다. ……우리는 이것을 바로잡아야 한다는 무거운 책임감을 느껴야 한다." 세 개 회사에서 일하는 대다수의 사람들은 물론 우리 대부분이 이런 책임에 공감하고 그것을 진심으로 받아들일 것입니다.

그 책임은 10억 명에 이르는 휴대전화 사용자의 다수가 아이들이라는 사실을 인정하는 데서부터 시작됩니다. 우리 종 중에서도 가장 어린 이들은 본성적으로 누구보다 설득의 원리에 취약합니다. 그 설득의 원리는 아이들의 사회적 인정 욕구 속으로 파고들 수도 있고, 아니면 고도로 효과적인 간헐적 강화* 기술을 통해 아이들의 휴대전화 사용을 늘릴 수도 있습니다. 심리학자 B. F. 스키너의 비둘기나 우리 아이들이나 보상을 얻기 위한 강화계획schedule of reinforcement** 을 따른다는 점에서는 다를 바가 없습니다. 기술을 설계하는 사람들도 그 사실을 아는 거지요. 카지노들도 압니다. 이제는 모두가 알아

• 어떤 행동을 할 때마다가 아니라 가끔씩 보상함으로써 강화하는 것.
•• 실험 대상자가 강화될 수 있도록 언제 어떻게 자극을 줄지 계획하는 것.

야 합니다.

그다음으로 우리는 다양한 매체들의 중독성을 포함해 각각의 매체들이 다양한 아이들의 주의와 기억, 구어와 문어의 발달에 미치는 긍정적, 부정적 효과를 알아내기 위한 추적 조사를 지원하고 실시해야 합니다. 우리는 다양하고, 때로는 상충되는 인쇄 매체와 스크린 매체에 관한 기존 지식의 조각들을 연결하는 한편, 각 매체가 다양한 사회경제 환경 속에서 다양한 인지 능력을 지니고 살아가는 다양한 연령의 아이들을 위한 이상적인 발달 궤도에서 어떤 역할을 하는지 이해해야 합니다.

여러분과 저는 겉보기에는 모순되는 두 가지 생각을 유지하면서도 인지 부조화에 압도되지 않을 수 있습니다. 지금 우리는 아이들의 지적 발달에 관한 한, 한 매체가 다른 매체보다 본질적으로 낫다고 보는 이분법적 소통의 딜레마에 갇혀서는 개념화할 수 없는 지점에 도달했습니다. 이 지점에 이르기까지 저는 디지털 매체의 행동유도성이 초래할지 모르는 부정적 효과에 관해 조심스러운 입장이었습니다. 그럼에도 우리가 더 많은 지혜를 발휘한다면, 모든 아이의 출생 시부터 청소년기까지 과학과 기술을 결합하여 수중의 모든 매체와 기기, 디지털 도구 중에 무엇이 언제 최적인지를 분별할 수 있으리라고 확신합니다.

어느 한쪽만 고수하기에는 그에 따른 결과가 너무나 중대합니다. 따라서 우리는 물러날 수도 없고 물러나서도 안 됩니다. 그렇다고 생각 없이 앞으로 나아가서도 안 되지요. 그런 맥락에서 유럽의

E-READ 네트워크, 뉴아메리카, 조안 간즈 쿠니 센터, 맥아더 재단 프로그램 등의 연구자들이 진행 중인 연구가 제게는 큰 힘이 됩니다. 그들은 디지털 매체의 장단점과 그것이 아이들의 삶에 미치는 영향에 변함없는 관심을 품고 연구를 계속해왔습니다. 그들과 마찬가지로 저도 이 모든 일이 "긍정적인 정신의 습관과 학습을 자극하는 비판적 탐구의 기술을 구축하도록 도움을 주리라 믿습니다. 어떤 매체로 텍스트를 보든, 이미지가 종이 위에 있든 스크린 위에 있든 마찬가지입니다."

읽는 뇌를 둘러싼 많은 연구 결과가 상충되고 불확정적이다 보니 종종 이런 질문을 받습니다. 그러면 지금 우리는 무엇을 해야 하나요? 다음에 이어질 세 통의 편지에서는 현재 우리의 지식을 토대로 열 살까지의 아이들을 위한 이상적인 읽기 생활을 체계적으로 구성해보려고 합니다. 그런 다음에는 미래의 읽는 뇌로 도약해보려고 합니다. 어쩌면 많은 분이 놀라실지도 모르겠습니다.

마음을 담아

여러분의 저자

여섯 번째 편지

첫 5년 사이, 무릎에서 컴퓨터로

너무 빨리 옮겨가지 마세요

진정한 장애물은…… 우리의 주의를 붙잡으려는 치열한 경쟁 속에서 책은 신나는 멀티미디어의 적수가 될 수 없다는 사실일까? 현실을 직시하자. 스크린은 방 안의 코끼리다.* 이 창조물을 들여다보며 면밀히 검토하지 않고는 21세기 아이들의 문해를 진정으로 이해하기란 불가능하다.

– 리사 건지, 마이클 러빈

좋든 싫든 이제 책과 스크린은 한데 묶여 있다. 이 얽히고설킨 관계 속을 인내심 있게 헤쳐 나가는 작업을 통해서만 우리는 새로운 기술들이 우리의 독서 방식을 어떻게 바꿀지 혹은 바꾸지 않을지 이해할 수 있을 것이다.

– 앤드루 파이퍼

친애하는 독자께,

아기를 기르는 방은 '중대한 일이 일어나는 방the room where it happens**'입니다. 이상적인 읽는 삶이란 아기가 사랑하는 사람의 무릎 위에 앉

• '방 안의 코끼리'는 누구나 알면서 외면하는 사실을 뜻하는 관용어다.
•• 브로드웨이 뮤지컬 〈해밀턴〉에 나오는 노래 제목으로 미국 건국의 아버지인 제임스 해밀턴과 토머스 제퍼슨, 그리고 제임스 매디슨이 밀실에서 주요 사안을 결정한 것을 의미한다.

아 '한 팔의 오금'에 안겨 있는 순간에서부터 시작되지요. 그곳에서 서로 접촉하고 응시하며 이야기에 귀 기울이는 경험은 이 온화한 신천지°로 이끄는 최선의 문을 내어줍니다. 말을 시작하기도 전에 처음으로 겪는 읽기의 경험은 아이의 (촉감과 감정의) 느낌을 뇌 안의 주의와 기억, 그리고 지각 영역과 연결해주지요.

우연찮게도 초기의 뇌 발달에서는 느낌 기반의 신경망이 두드러집니다. 심지어 인지 기반의 신경망보다 앞서지요. 저는 유아의 편도체(기억의 감정적 측면에 관여)를 위한 신경망이 기억 저장소로 더욱 유명한, 이웃의 해마를 위한 신경망보다 먼저 구축된다는 사실이 늘 놀라웠습니다. 이것은 지그문트 프로이트, 존 보울비, 메리 에인스워스에게 보내는 다정한 생리학적 지지인 셈입니다. 심리학의 역사에서 그들은 아이의 삶에서 초기 감정과 애착의 심오한 중요성을 강조한 선구적 인물들이지요.

아기가 자신의 생각을 표현할 수 없다고 해서 언어를 처리하지 못하는 것은 아닙니다. 아주 초기에도 마찬가지입니다. 이와 관련해서 스타니슬라스 드앤과 그의 아내인 신경아동학자 지슬랭 드앤-람베르츠Ghislaine Dehaene-Lambertz는 아주 흥미로운 연구를 했습니다. 생후 2개월 된 아기가 엄마의 말을 듣는 동안 뇌가 어떻게 활성화하는지 관찰한 거지요. 두 사람이 아주 편리하게 개량한 fMRI로 아기의 뇌를 관찰한 결과, 우리가 말을 듣기 위해 사용하는 것과 동일한 언어 신

• 읽기의 세계.

경망이 활성화되는 것을 볼 수 있었습니다. 단지 활성화되는 속도만 훨씬 느렸을 뿐이었지요. 그 이유는 그때까지만 해도 뇌의 수초화 myelination*가 일어나지 않았기 때문입니다. 수초화는 다양한 신경망 안의 뉴런들 사이에서 신호가 전달되는 양과 속도를 증가시킵니다. 아기는 사람의 목소리를 들으면서 자신의 언어 체계를 발달시키지요. 놀랍게도 대부분의 사람들이 아기가 우리 말에 귀를 기울인다는 사실을 눈치채기도 전에 말입니다.

부모가 천천히 의식적으로 아이에게, 오직 아이에게 글을 읽어줄 때, 서로에게 주의를 집중하게 되면서 아이의 뇌 신경회로에는 많은 일이 일어납니다. 이 느긋하고 단순한 행동이 엄청난 일을 이뤄내지요. 즉 읽기 활동과 가장 긴밀한 유대를 맺어줄 뿐만 아니라 부모와 아이가 마치 시간이 멈춘 것처럼 서로 주의를 공유하고 상호작용하며 함께하는 시간을 제공합니다. 또 단어와 문장과 개념들을 학습하고, 책이 무엇인지도 배웁니다. 부모가 아이들에게 책을 읽어주는 동안 시선의 일치감은 어린아이들의 주의에 두드러진 영향을 미치지요. 별다른 노력 없이도 아이들은 호기심과 탐색적인 행동을 조금도 잃지 않은 채, 부모나 보모가 바라보는 것에 자신의 시선을 집중하는 법을 배웁니다. 철학자 찰스 테일러는 "인간이 언어를 학습하기 위한 결정적인 조건은 **공동 관심** joint attention"이라고 썼지요. 그를 비롯해 언어의 개체발생을 연구하는 사람들은 이것을 인간 진화의 가장 중

---

* 신경세포에서 정보 전달 부위인 축삭이 다른 신경세포로 감싸여 전기적으로 절연되는 현상. 그래야 정보가 효과적으로 전달된다.

요한 특징 중 하나로 봅니다.

우리는 이제 말 그대로 부모나 보모가 아이에게 책을 읽어줄 때 어떻게 언어가 발달하는지를 알 수 있습니다. 신시내티 아동병원 의료센터의 아동신경학자 존 허튼John Hutton과 스콧 홀랜드Scott Holland의 연구팀은 새로운 뇌영상 연구를 통해, 어린아이들에게 책을 읽어주면(이 경우에는 아이들의 부모가 읽어주었습니다) 아이들의 언어 신경망이 폭넓게 활성화하는 것을 처음으로 관찰했습니다. 허튼 연구진은 엄마들이 커다란 붉은 개와 토끼와 원숭이들에 대해 들려주는 동안 아이의 어린 뇌가 어떻게 활성화하는지를 보여주었지요. 이때 중요한 변화는 단어의 의미 학습을 증진하는 언어의 수용적 측면을 뒷받침하는 뇌 영역에서만 일어나는 것이 아닙니다. 새로운 단어나 생각을 표명하게 해주는 언어 학습의 표현적 측면을 뒷받침하는 뇌 영역에서도 변화가 함께 일어나지요.

읽는 삶의 첫 2년

인지적인 관점은 물론이고 사회·감정적인 관점에서 저는 아이들에게 열리는, 읽는 삶의 첫 2년이 노리치의 줄리안*이 쓴 아름다운 글과 같기를 바랍니다. "다 잘될 것입니다. 다 잘될 것입니다. 모든 것

---

* 14세기 영국의 항구 도시 노리치의 여성 은둔 수도자.

이 다 잘될 것입니다." 아시다시피, 여러분이 아이에게 읽어줄 때는 하나하나 중요하지 않은 것이 없습니다. 이때 읽기 회로의 다양한 구성요소에 여러분이 어떤 기여를 하는지를 이야기하자면 거의 끝이 없지요. 뇌 회로의 각 구성요소들은 아이가 읽는 법을 배우기 전에 5년간 별개로 발달합니다. 페이지마다 작은 쥐가 숨어 있는《잘 자요, 달님》은 말할 것도 없고, 용감무쌍한 기차와 건방진 돼지가 등장하는 모든 책이 아이들에게 수많은 하위 개념들에 관한 정보를 하나씩 전달하는 것만 봐도 대단하지요. 이 모든 것은 아주 어린 아이들에게도 삶의 세계와 단어가 어떻게 작동하는지를 가르쳐줄 것입니다.

아이들이 단어가 작동하는 법을 배우는 데에는 그보다 나은 방법이 없습니다. 저의 연구 가운데 상당수는 정보의 '표상'(두 번째 편지에 나옵니다)을 다룹니다. 정보의 표상이란 읽는 뇌 회로의 구성물 안에 있는 기본 요소들입니다. 아이에게 책을 읽어주는 것은 아이를 다중적인 표상에 노출시키는 것입니다. 그 표상은 구어의 소리와 음소, 문어의 시각적 형식과 형태, 구어와 문어의 의미, 그밖에 각 회로의 구성물에 걸쳐 다양하게 나타납니다. 아이가 책을 들고 보고 만지고 냄새 맡을 때마다 어린 뇌가 이 정보의 표상을 기록해두지요. 걸음마를 시작한 아기는《엄마, 난 도망갈 거야》와《꼬마 기관차 토마스》, 혹은 '꼬마 돼지 올리비아'와 '마들린느' 시리즈를 반복해서 읽어달라고 하면서 그런 정보에 하나둘씩 노출되어 갑니다. 바로 그런 행동들이 이전에 경험한 모든 표상들을 굳히고 강화하지요.

그 표상들이 개념과 언어 발달의 소재가 됩니다(여러분은 몇 번째인

지도 모를 정도로 반복해서 읽은 탓에 개념이 너무나도 익숙하겠지만요). 그것은 아이가 이미 아는 개념과 단어를 강화할 뿐만 아니라 다음에 받아들일 개념과 언어의 기초도 놓고 있다는 사실만 기억하시기 바랍니다. 반복해서 읽은 페이지 안에서 유추적인 사고가 쌓여가고 언어가 무성하게 발달하지요. 여러분이 아이에게 말을 할 때 아이는 자기 주변의 단어들에 노출됩니다. 놀라운 일이지요. 반면에 여러분이 아이에게 책을 읽어줄 때는 다른 곳에서는 결코 들어본 적이 없는 단어와, 자기 주변에서는 아무도 사용하지 않는 문장에 노출됩니다. 책속의 단어만 그런 게 아닙니다. 이야기와 책의 문법이며, 리듬과 운율이며, 말놀이 동시이며 노랫말이 다 여기에 해당됩니다. 다른 어느 곳에서도 그토록 재미있는 것을 발견할 수는 없지요.

이 모든 최초의 경험들이 읽는 삶의 이상적인 출발점이 되어줍니다. 그것은 첫째는 인간적인 상호작용과 감촉과 느낌의 연계, 둘째는 함께하는 시선과 부드러운 지시를 통한 공동 주의의 발달, 셋째는 매일 같은 페이지의 같은 곳에서 마술처럼 다시 등장하는 새로운 단어와 개념의 일상적인 노출로 이루어집니다.

그러나 왜……

이제 여러분은 이렇게 질문할 것입니다. 디지털 기기가 무한정의 다양한 전자책과 이야기를 제공하는 것은 물론이고, 단어와 개념도 훨씬 쉽게 반복 학습하게 해주는데, 굳이 종이책이 필요하냐고 말이지요. 바로 이 지점에서 아기 방의 '코끼리'가 등장합니다. 읽는 삶의 첫 걸음에 대한 저의 구상에서 여러분이 생각해봐야 할 첫 번째 개념입니다.

읽기의 첫 경험에 따라다니는 첫 번째 특징은 물질성입니다. 두 번째 특징은 반복이지요. 책 속에 등장하는 짓궂은 원숭이가 무엇을 했는지 앞으로 돌아가 반복해서 살펴보는 것은 정말 쉽지요? 하지만 스크린으로는 쉽지 않습니다. 앤드루 파이퍼가 《그곳에 책이 있었다: 책의 유산과 숙명, 독서의 미래에 관한 위험한 성찰》에서 썼듯이, "디지털 페이지는…… 가짜입니다. 실재하지 않습니다."

종이책의 페이지는 초기 아동기에서 그 중요성이 과소평가된 페트리 접시*입니다. 페이지는 인지적, 언어적 반복과 재연에 물리적 실체를 부여하지요. 그럼으로써 그 페이지 위의 이미지와 개념에 반복적으로 필요한 노출을 제공합니다. 이런 것이 아이의 배경 지식을 구축하는 최초의 입력 값들이지요. 저는 아이들이 사용자와 늘 조금은 떨어져 있고 약간은 대용품 같은 스크린을 접하기 전에 책의 물리적, 시간적 **존재감**을 먼저 체험했으면 합니다. 아주 어린 아이들이 너무나 빠르게 인지적으로 전자 기기에 내맡겨진 채로 끊임없이 화면에 빠지게 된다면, 가장 사랑하는 사람의 무릎에 앉아 그 사람이 자신에게만 책을 읽어주고 이야기를 들려주는 목소리를 듣는 체험은 누릴 수 없게 되지요.

앤드루 파이퍼와 나오미 배런이 주장하듯이, 읽기는 어린아이들의

• 세균 배양 따위에 쓰이는 둥글넓적한 작은 접시.

뇌에만 관계되는 것이 아닙니다. 온몸에 관계됩니다. 아이들은 책을 보고 냄새 맡고 듣고 느끼지요. 모든 것을 받아주는 부모 덕분에 아이들은 책의 다양한 것들을 맛봅니다. 그런 부모의 무릎과는 아무 상관이 없는 스크린으로는 그럴 수가 없지요. 아이가 입으로 아이패드를 무는 것이 책을 무는 것과 같을 수는 없습니다. 아이들이 책을 보고 듣고 맛보고 만지는 것은 뇌신경에 최선의 다중감각적, 언어적 연결이 구축되도록 도움을 줍니다. 이것은 피아제가 아동의 인지 발달 과정에서 감각운동 단계라고 이름 붙인 기간에 일어납니다.

둘째, 지난 몇 년간 발달심리학자의 연구들을 보면, 아이들의 양육에 사용된 다양한 전자 기기들에 부가기능이 있느냐 없느냐에 따라 두 살 전후의 초기 언어 발달에 차이가 있었습니다. 대부분의 언어적 입력을 사람들로부터 받아들인 아이가 언어를 찾아 쓰는 데도 더 뛰어났습니다. 그런 사실은 직관적으로도 알 수 있지요. 비인간적인 매체를 통한 입력은 한 걸음 떨어져 있는 데다가 특정한 아이 한 명에게만 초점이 맞춰져 있지 않습니다. 더욱이 그런 매체가 아이의 주의를 끌지는 몰라도 아이의 시선이나 귀에 정확히 초점이 맞춰지는 경우는 드물지요. 아주 어린 아이들의 세계에서 우리 인간은 더 중요해집니다. 그 사실을 군이 입증해야 한다는 사실이 안타까울 지경입니다.

그래도 우리는 증명해야 합니다. 보다 정확히는 아동기 초기에 디지털 매체를 사용하면 무엇이 좋고 무엇이 나쁜지를 증명할 필요가 있습니다. 예를 들어, 미국의 비영리 교육재단인 커먼 센스 미디어가 최근에 실시한 설문조사에 따르면, 걱정스럽게도 지난 10년간 부모들이 아이들에게 책을 읽어주는 시간이 줄었다고 합니다. 이유는 다양합니다. 어떤 이유는 오래된 것이고 어떤 이유는 새로운 것이지요. 이해도 못 하는 아기에게 책을 읽어주는 것을 어처구니없어하는 젊은 신세대 부모는 항상 있었습니다. 그들은 자신들이 책을 읽어주는 동안 아기가 대단히 많은 것을 학습한다는 사실을 모릅니다. 또 다른 부모들은 의식적이든 무의식적이든 스크린 속의 '더욱 뛰어난 낭독자'에게 자신의 일을 미룰 수도 있습니다. 특히 부모가 모국어를 사용하는 환경에 있지 않다면 더욱 그렇습니다. 이런 경우에는 두 개 이상의 언어를 쓰는 아이에게 부모 자신의 언어로 책을 읽어주는 것이 얼마나 중요한지 전혀 깨닫지 못할 수도 있지요. 이제 태블릿이나 휴대전화가 아이들을 달래주는 가장 효과적인 최신 장난감이 되면서 실제로 어떤 부모들은 아이들에게 책을 적게 읽어주고 있습니다. 이 최신의 간편한 보모가 바쁜 일과를 마친 부모를 대신해 아이에게 책을 읽어줄 테니까요.

이유가 무엇이든 부모와 아이 사이의 책 읽기는 감소한 것으로 나타났습니다. 그런 활동이 아이의 읽기 발달에 중요한 영향을 미친다는 연구 결과들이 축적되어왔음에도 말이지요. 40년이 넘는 기간 동안 부모가 아이에게 책을 얼마나 많이 읽어주었느냐는 읽기 성취도에서 중요한 단일 지표였습니다. 이제는 부모들에게 책을 읽어주라고 권하는 캠페인들이 전 세계에서 이어지고 있습니다. 소아과 의사인 배리 저커먼 Barry Zuckerman과 페리 클래스 Perri Klass가 시작한 미국 소아과 의사들의 '손을 뻗어 읽어주세요Reach Out and Read' 캠페인이나 이탈리아의 '태어나서부터 읽기Born to Read' 프로젝트, 캘리포니아와 중국에서 진행된 주디 코흐Judy Koch의 '내세 책을 주세요Bring Me a Book' 프로그램 같은 것들이 그 사례입니다.

'손을 뻗어 읽어주세요' 캠페인의 효과를 뒷받침하는 연구들은 아주 많습니다. 이 연구들은 부모와 아이의 공유 독서에 관한 소아과 의사들의 간단한 지침과 함께 '아기가 건강 검진'을 받을 때마다 적당한 책자를 나눠주는 것만으로도 부모가 아이에게 책을 읽어주는 패턴을 완전히 바꿀 수 있음을 보여줍니다. 앱이 아니라 책 말입니다. 배리 저커먼과 제니 래드스키Jenny Radesky의 팀이 소아과 의사와 부모를 위한 지침에서 자세히 밝혔듯이, 앱이나 전자책이 아닌 종이 책은 대화식 읽기를 발달시킬 가장 좋은 기반입니다. 대화식 읽기 속에서 부모와 아이는 일종의 상호적인 소통의 루프(순환고리)를 만들고 이를 통해 언어와 관계를 쌓아가지요. 허튼의 뇌영상 데이터는 이런 읽기 형식이 초기 아동기의 언어 영역 발달에 중대한 영향을 미친다는 사실을 입증합니다.

이 모든 이야기는 이상적인 읽기의 세계를 구축하기 위해서는 두 살 이전에는 아이가 디지털 기기와 접촉하는 것을 제한해야 한다는 제 주장을 뒷받침합니다. 디지털 기기를 봉제 인형과 마찬가지로 아이 곁에 둘 수 있습니다. 굳이 디지털 기기를 금지하거나 보상으로 사용하지만 않으면 됩니다. 여러 해 전에는 텔레비전이 부모들의 가장 큰 걱정거리였지요. 저의 가족만 해도 두 살배기 데이비드가 텔레비전을 너무 많이 본다는 사실을 깨닫고 텔레비전을 '금지'했으니까요. 아이의 잘못은 아니었습니다. 저의 부주의였죠. 가정과 일 사이에서 균형을 잡는 와중에 아이에게 고무젖꼭지를 물려주듯 무의식적으로 텔레비전을 켜두었던 것입니다. 오늘날 많은 부모가 터치스크린 기기를 그렇게 사용하고 있지요. 이런 일을 바로잡기 위해 데이비드가 열 살이 될 때까지 저는 집에 텔레비전을 들이지 않았습니다. 열 살 무렵이 됐을 때 아이는 형인 벤을 포함해 동네의 어떤 아이보다 텔레비전에 관심이 많았지요(벤은 다섯 살 때까지 텔레비전을 봤습니다).

그때 배운 교훈을 과장하고 싶지는 않습니다. 아이들마다 다른 점이 많으니까요. 하지만 우리는 모두 아담과 이브의 후손입니다. 남녀노소를 막론하고 인간은 금지된 열매에 집착하게 마련이지요. 때로는 그것을 신비화한 나머지 욕망의 대상으로 삼기까지 합니다. 어린아이와 디지털 세계의 관계에 대해서는 더 이상 복잡하게 설명할 게 없습니다. 이미 우리 앞에 있는 것으로도 충분합니다.

저는 두 살배기 아기에게 맞는 균형이 있다고 믿습니다. 바로 디지털 기기를 아이의 방에 놓인 곰 인형처럼 생각하는 거지요. 다만 아이가 가장 좋아하는 것이 디지털 기기가 되어서는 안 됩니다. 두 살 이전에 아이가 경험하는 인간적인 상호접촉, 그리고 책과 인쇄물과의 물리적인 접촉은 구어와 문어, 내면화된 지식의 세계로 들어가는 최선의 진입로이자 미래의 읽기 회로를 구축할 벽돌입니다.

언어와 사고가 함께 비상하는 생후 2년에서 5년 사이

신이 인간을 만든 것은 이야기를 사랑하기 때문이다.

– 엘리 위젤

두 살에서 다섯 살까지는 시간이 쏜살같이 지나갑니다. 제가 생각하는 읽기의 세계에서 그 시기의 아이들은 이야기, 책, 단어, 글자, 숫자, 색깔, 크레용, 음악(수많은 음악!)에 이르기까지 온갖 것들에 둘러싸여 있습니다. 이 모든 것들이 실내외에서 아이의 창의성과 소통력, 신체적 탐구를 끌어내지요. 음악적인 훈련이나 스포츠, 게임 같은 다양한 신체적 활동은 규율과 주의집중에 따라오는 보상을 아이들에게 가르쳐줍니다. 아이들 모두가 음악가나 운동선수가 되지는 않겠지요. 하지만 저는 아이들이 저마다 작은 인지 지도의 제작자가 되어, 자기 세계의 새로운 변경으로 진입할 때마다 새로운 배경 지식과 단어들을 늘려갔으면 합니다.

그러기 위해 아이가 최대한 넓은 지역을 안전하게 탐험할 수 있기를 바랍니다. 하지만 이것은 말처럼 쉬운 일이 아니지요. 조 프로스트Joe Frost의 연구를 보면 아이들의 활동 반경은 1970년대 이후 90퍼센트가 줄었습니다. 원인은 여러 가지입니다. 아이들은 탐험의 성공 여부와는 상관없이 탐험을 통해 내면의 배경 지식을 쌓아갑니다. 또 책, 노래, 게임, 압운, 농담 같은 것들도 모두 배경 지식으로 쌓이지요. 아이들이 삶의 경계를 넓히는 방법은 많습니다.

예를 들어, 생후 2년간 그랬던 것처럼 매일 책을 읽어주고, 매일 밤 이야기를 들려주세요. 이런 방법을 통해 아이들은, 지금 어디에 살고 있든, 상상을 통해 아주 멀리까지 여행할 뿐만 아니라 훗날 학교에서 다시 접할 이야기와 동화들의 인지적 도식에도 익숙해지게 됩니다. 이런 이야기들을 통해 아이들은 자신의 문화를 준비하는가 하면, 평생의 교훈을 배우게 되지요. 즉 영웅이나 악당, 존경스러운 공주가 된다는 것이 무슨 뜻인지, 타인에게 친절하다는 것은 무슨 뜻인지, 누군가가 불공정하고 정의롭지 못하면 어떤 느낌이 드는지를 학습합니다. 모든 문화에 내재된 보편적 도덕률은 늘 이야기와 함께 시작되지요.

실로 우리 인간은 이야기를 좋아하는 종입니다. 조너선 갓셜은 흥미진진한 책 《스토리텔링 애니멀》에서 이런 가설을 제시합니다. 즉 문학적인 관점에서 보면 이야기야말로 우리의 아이들은 물론, 우리 모두가 "인류라는 종으로서 성공하는 데 가장 결정적이었고, 지금도 그런 도전을 미리 훈련해보도록" 도와준다는 거지요. 그런 생각은 인지과학자인 스티븐 핑커의 추측과도 일맥상통합니다. 핑커는 마치 브리지*나 체스에서 수를 기억하듯, 이야기는 우리가 살아가는 동안 비슷한 어려움에 처했을 때 어떻게 대처할지 전략을 세우도록 도와준다고 주장했습니다.

정말 그렇습니다. 소설이 어른의 읽는 뇌 회로에 공감과 타인의 관

• 카드 게임의 일종.

점 취하기를 위한 새로운 길을 제공하는 것만큼이나, 아동기에 접하는 이야기는 지리적으로나 시간적으로 멀리 떨어져 있는 다른 사람들의 관점을 배울 수 있는 기반을 제공하지요. 물론 아주 사랑스러운 동물들의 관점까지도요. 동화책에서 마사가 조지를 위로할 때마다,* 또 사랑스러운 코끼리 호튼**이 다른 누군가의 알을 부화시키려고 애쓸 때마다, 또 어린 소년 소녀나 스니치***가 아무리 노력해도 다른 아이들과 같지 않다는 이유만으로 상처를 입거나 거부당할 때마다 아이들의 공감력이 발달합니다. 이런 이야기 속에서 학습된 공감력이 유년기의 세계를 넓혀줄 뿐만 아니라 인간의 핵심적인 가치인 '타인'과의 동류 의식과 연민을 가르쳐주지요.

지금 겉으로 드러난 수면 아래에서는 너무나 많은 일이 진행되고 있습니다. 공감은 아이의 동정적 인식, 혹은 마사 누스바움이 '동정적 상상compassionate imagination'이라 부른 것의 토대입니다. 신경과학자들의 연구 결과 역시 우리가 타인의 느낌과 생각을 이해하려고 노력하는 동안 우리의 느낌과 인지가 자극받는다는 것을 보여줍니다. 유년기에 접한 이야기가 오래 남는 것은 공감 능력이 직조해낸 간단한 마법 덕분인지도 모릅니다. 하지만 그것을 통해 얻은 '타자'에 대한 이해는 평생 지속되지요. 뿐만 아니라 우리 모두가 아주 운이 좋다면, 다음 세대가 함께 살아가는 지구상의 다른 이웃들을 대하는 태도에도 영향

• 마사와 조지는 미국 동화작가 제임스 마셜의 《조지와 마사》에 나오는 하마 주인공들.
•• 미국 작가 닥터 수스의 동화에 나오는 코끼리 캐릭터.
••• 닥터 수스의 동명 작품 속 주인공.

을 주겠지요. 여기서부터 프랭크 해크멀더가 말하는 인간 발달의 도덕적 실험실이 시작됩니다.

독버섯과 학습: 이야기의 숨은 언어

도덕적 기초를 쌓는 일이 유년기에 듣는 이야기에서 시작되는 것과 마찬가지로, 아이들이 다른 곳에서는 들어보지 못한 단어를 배울 기반을 만드는 것도 여기서 시작됩니다. 부모는 이야기를 읽어주면서 무의식중에 새로운 단어를 강조합니다. 반사적으로 어떤 단어는 길게 늘이고 또 어떤 단어는 살아 있는 것처럼 읽어주지요. "옛날 옛적에 마법에 걸린 어두운 숲이 있었어요. 그곳에는 빛도 들지 않았고, 또한 아무것도 그곳을 떠날 수 없었어요. 그런데 오랫동안 저주받은 그곳에는 아주 작고 무척 부끄럼이 많은 두꺼비가 대단히 크고 더없이 희한한 독버섯* 밑에서 살고 있었어요. 그 독버섯은 말을 했어요! 매일 밤 독버섯이 두꺼비에게 비밀을 속삭이면 두꺼비는 매일 아침 모든 비밀을 부질없이 짝사랑하고 있던 슬픈 공주에게 들려주었어요."

대개 평소에는 어떤 부모라도 문장에 이렇게 많은 수식어를 넣지 않지요. 마법에 걸린이라든가 오랫동안 저주받은, 부질없이 같은 단어는

---

* 영어 단어로는 Toadstool인데 직역하면 '두꺼비의자'.

말할 것도 없습니다. 이런 것들은 다른 곳에서는 볼 수 없는, 이 이야기만의 비밀 언어이지요. 그것은 **옛날 옛적에**라는 길고 흥미진진하고 자극적인 단어로 시작해서 구어와 문어의 다중적 측면, 즉 의미론적 지식('두꺼비의자'라 불리는 버섯이 책 말고 또 어디에 있을까요?)에다 통사와 음운 체계에 이르기까지 아무도 모르게 계속해서 발달시켜 나갑니다.

아동언어학자들이 이미 알고 있듯이, 사람들은 아이에게 이야기할 때 단어의 음소를 가장 또렷하게 발음합니다. 이른바 **엄마어***이지요. 엄마어는 지난 50년 동안 가장 활발하게 활동했고 영향력도 컸던 아동언어학자 장 베르코 글리슨 Jean Berko Gleason이 오랫동안 사용해온 용어입니다. 글리슨에 따르면, 우리 모두는 어린아이에게 말할 때에는 발음을 과장하고, 단어를 길게 늘이며, 심지어 음조까지 평소보다 높입니다. 여기서 '우리 모두'에는 아이의 어린 형제자매도 포함됩니다.

저는 큰아들 벤이 다섯 살이고 작은아들 데이비드가 두 살일 때의 일을 결코 잊지 못할 것입니다. 그때 벤과 데이비드는 구석진 삼각형 창문 아래 함께 앉아 있었습니다. 자신들이 다른 사람들 눈에는 띄지 않을 거라고 생각하면서 말이죠. 하지만 저는 아이들의 말을 모두 들을 수 있었습니다. 둘은 예상하지 못한 방식으로 '응가응가'와 '쉬-쉬-'라는 단어를 한데 엮어가며, 무의미한 말을 서로에게 번갈

• 엄마가 아이에게 쓰는 말투.

아 들려주더군요. 아이들은 자신들이 금기시하는 단어, 하지만 자신들이 아는 모든 것과 운이 맞는 단어를 반복적으로 말하는 즐거움을 만끽하고 있었습니다. 벤과 데이비드는 제가 그 모든 것을 녹음하고 있다는 사실은 전혀 몰랐지요. 벤은 또한 자신이 들려주는 배설물과 관련된 단어의 운이 어린 동생의 음소 인식에 엄청난 도움을 주고 있다는 사실도 몰랐습니다.

음소에 관한 아이들의 암묵 지식과 성장 후의 읽기 성취도 사이에 관련이 있다는 것은 널리 알려진 사실입니다. 단어 지식과 성장 후의 읽기 사이의 관계도 마찬가지입니다. 반면 동요가 아이들의 음소 학습에 도움을 준다는 영국 연구자들의 더 오래된 연구는 아는 사람이 별로 없습니다. 그러니까 〈꼬마 아가씨 머펫〉이든 〈시계는 아침부터 똑딱똑딱〉이든, 아니면 동요가 아이의 주의를 맨 앞의 음소인 두운에 잡아두든 맨 끝의 음소인 각운에 잡아두든, 노래를 따라 부르다 보면 아이들 자신도 모르는 사이에 음소 인식이라는 것이 발달합니다. 벤과 데이비드가 자신들의 은신처에서 '응가응가 쉬쉬하는 곳Poo Poo Pee Pee Place'이라는, p로 시작하는 완벽한 두운 조합어를 만들어낸 것과 마찬가지로 말이죠.

우리는 음악에서도 똑같은 발달 과정을 발견할 수 있었습니다. 캐시 모리츠Cathy Moritz와 음악신경과학자인 애니루드 파텔Aniruddh Patel, 올라 오제르노프-팔치크Ola Ozernov-Palchik 등 터프츠 대학교의 연구진은 음악의 리듬이 성장 후의 읽기 발달에서 너무나 중요한 음소인 언어의 음감 발달에도 특별한 관계가 있음을 보여주었지요. 음악의 리듬과 언어의 운은 음소 이상으로 중요합니다. 여러분이 서너 살짜리 아이에게 책을 읽어줄 때 어떤 일이 일어나는지 한번 생각해보세요. 여러분은 자동적으로 말을 더욱 명료하게 발음합니다. 이 과정에서 여러분의 음성이 빚어내는 운율과 리듬의 등고선이 단어의 의미가 아이에게 전달되도록 돕지요. 여러분은 마치 다른 사람이 된 듯 평소 음역에 변화를 줍니다. 어린아이에게 읽어주는 과정에서 전혀 의식하지 않고도 읽기 회로의 가장 중요한 부분들이 발달하도록 돕고 있는 거지요. 여기서 중요한 부분들이란 단어에서 가장 작은 소리, 'ed' 나 'er' 같은 큰 형태소, 단어의 뜻, 단어가 문장에서 갖는 의미 등을 말합니다. 이 모든 지식의 원천들이 말과 이야기에서 단어들이 어떻게 사용되는지를 아이에게 가르쳐줍니다.

그렇지만 서로 연결된 읽기 회로 전체가 아니라 오직 구성요소들만 꾸준히 발달한다는 점에 유의해야 합니다. 아이가 역사적으로 실존했던 장 폴 사르트르나 《앵무새 죽이기》의 주인공 스카우트와 같은 조숙한 열외자가 아닌 이상, 한참 더 자라기 전까지는 책을 읽으려는 요량으로 각 부분들을 연결하는 법을 배우려 들지는 않을 것입니다. 그럴 필요도 없고요. 제가 생각하는 이상적인 읽기의 발달 순서에 따르더라도 아이를 생리학적으로나 심리학적으로 그런 방향으로 내몰지는 않을 것입니다! (관심이 있으신 분은 《책 읽는 뇌》에서 관련 부분을 참조하시기 바랍니다.)

유년기의 잃어버린 시간 보호하기

아이가 디지털 기기로 둘러싸여 있고 '휴식 시간'조차 자극적인 오락물로 점점 채워져가는 유치원과 가정에서 부모는 어린아이를 어떻게 돌봐야 할까요? 저는 망중한의 시간을 지키기 위한 운동이 일어났으면 좋겠습니다. 그 시간에 아이들은 그들만의 작은 상상력을 발휘해 벽장문을 터널의 입구로 만들고 유치원 운동장을 소행성이 부딪히는 달 표면으로 만들 수 있겠지요. 바로 그런 활동을 위한 시간과 공간을 유년기에 마련해주려면 디지털 기기에 대한 노출을 더 점진적으로 더 주의 깊게 진행해야만 합니다. 아이가 그런 매체를 텔레비전이나 음향 기기 같은 주변 환경으로 개념화하도록 도와주되, 그중 어떤 것도 2~5세 사이의 아주 짧은 시기를 모두 잡아먹게 해서는 안 됩니다.

그것은 말처럼 쉽지는 않습니다. 우리는 모두 강박의 동물이고, 아이들은 더욱 그렇습니다. 아이들은 자신의 주의를 사로잡는 것에는 무엇이든 집착합니다. 그리고 스크린만큼 효과적으로 주의를 끄는 것도 없습니다. 스크린은 계속 움직이는 영상을 보여주고 웅웅대는 소리를 들려줌으로써 아이의 감각을 공격-도피 반응용 호르몬에 흠뻑 젖게 합니다. 제가 가장 두려운 것은 만약 우리가 부모로서, 한 사회와 문화의 구성원으로서 유년기의 밤낮이 무엇으로 채워지는지에 주의를 기울이지 않는다면 우리 아이들과 그들의 습관은 스크린 모드로 설정될 거라는 사실입니다.

연결할 것인가 말 것인가: 무엇을 그리고 언제?

부모가 대면해야 하는 첫 번째 도전은 아이의 발달에 적합한 디지털 콘텐츠는 무엇이며, 디지털 기기를 얼마 동안이나 사용하게 할 것인가입니다. 각각의 아이에게 언제 어떤 앱과 활동을 소개해주는 것이 가장 좋은지 파악하기란 성가시고 어려운 일입니다. 초보 부모가 앱을 고르기란 결코 간단한 문제가 아닙니다. 리사 건지 Lisa Guernsey와 마이클 러빈 Michael Levine의 포괄적인 연구에 따르면, 아이폰만 해도 앱이 100만 가지가 넘는 데다, '아동발달용' 혹은 '교육용'이라고 불리는 것만 해도 수천 가지나 됩니다. 자칭 교육용이라는 앱조차 대다수는 전혀 교육적이지 않습니다. 2~5세 아동을 위한 읽기 학습용 앱들 중에도 설계 단계에 읽기 교육 전문가가 참여한 것은 극소수이지요.

건지와 러빈의 최신 저서에는 다음과 같은 조언이 나옵니다. 부모들은 앱을 구입하기 전에 늘 3C(아이 Child와 콘텐츠 Content, 맥락 Context)를 염두에 두는 한편, 끊임없이 늘어나는 앱 서비스를 평가해주는 웹사이트를 참고해야 한다고 말이지요. 여기에 제가 한 가지 조언을 덧붙이자면, 새로운 앱을 아이에게 소개한 다음 처음 몇 분간은 부모가 아이들과 함께 사용해보세요. 그래야 부모도 힘들지 않고 함께 즐길 수 있을 테니까요. 아이들은 혼자서도 사용법을 빨리 배울 것입니다. 부모 역시 특정 앱이 재미가 있는지, 아이가 거기에 시간을 쏟을 가치가 있는지 금방 알게 됩니다. 저는 '헬리콥터 부모'라는 현상을 두

둔하려는 것이 아닙니다. 또한 2~5세의 아이가 사용하는 앱은 모두 '교육적'이어야 한다고 주장하는 것도 아닙니다. 그보다는 아이의 상상을 불러일으키는 것은 무엇인지, 연령별로 아이의 독특한 개성을 발달시키는 것은 무엇인지, 아이에게 쓸데없는 것은 무엇인지 알아가는 것이 중요합니다. 그다음에 부모는 아이가 이 매체를 혼자 탐험하도록 내버려두어야 합니다. 마치 아이가 뒷마당이나 공원을 쏘다니도록 내버려두는 것처럼 말이지요. 다만 너무 오래는 안 됩니다!

언제 얼마나 그렇게 내버려둬야 할까요. 저는 아이에게 앱과 디지털 '장난감'을 건넬 때는 처음엔 비교적 짧은 시간 동안만 탐구하게 하고 점차 사용 시간을 늘려가는 것이 좋다고 생각합니다. 캐서린 스타이너-어데어가 자세히 말했듯이, 2~3세 아이의 경우에는 하루 몇 분에서 시작해 30분까지 늘려가는 거지요. 좀 더 나이가 들면 사용 시간도 늘어나겠지만, 그래도 하루 두 시간은 넘지 않게 하는 것이 좋습니다. 하지만 실제로는 그 연령대의 많은 아이들이 유치원과 같은 보다 공식적인 학습 환경에서 생활하지요. 거기서 아이들은 다양한 디지털 기기를 접하는 경우가 많습니다. 최신 통계에 따르면 이 연령대의 아이들은 하루 평균 네 시간 이상 스크린을 봅니다.

저는 최대 두 시간만 사용하게 하라고 권고하지만 이를 어떻게 실천해야 할지는 모르겠습니다. 아이에 따라 차이가 많겠지요. 저는 낮에는 아이 스스로 주도하는 놀이와 인간적인 접촉에 시간을 내어주고, 밤에는 주로 이야기를 읽어주거나 종이책을 보게 하라고 권합니다. 그러기 위해서는 디지털 기기와 함께하는 시간이 하루 네 시간을 넘겨서는 안 됩니다. 그럴 경우엔 아이가 자유분방하게 놀거나 부모와 함께 이야기책을 읽는 것은 힘들어지지요. 특히 토끼보다 거북의 속도에 가까운 종이책은 더욱 그렇습니다.

　이 점에 관해서는 아동발달 연구자들의 연구 결과들이 계속 나오고 있습니다. 부모가 아이와 함께 전자책으로 이야기를 읽을 때는 둘의 상호작용이 이야기 속에 나오는 내용과 단어, 생각보다는 기계적이고 게임다운 면을 중심으로 이뤄질 때가 많다는 것이죠. 관찰 사례가 늘고 있습니다. 그러니까 미취학 자녀를 둔 대다수 부모의 경우에는 그저 종이책을 읽어주는 편이 아이의 언어 발달과 개념 이해에는 낫다는 거지요. 일부 연구자들이 경고하듯이, 전자책은 형식 자체가 "읽기가 시작되기도 전에 이야기책 함께 읽기라는 개념을" 바꿔놓을 수 있습니다. 그것은 아이들의 이해력 외에도 다른 것들에까지 부정적인 영향을 미칠 수 있지요. 아드리아나 부스Adriana Bus는 여러 해 동안 이야기책 함께 읽기에 관해 연구해왔습니다. 그녀는 최근 연구에서 인터랙티브(쌍방향) 북이 아이의 어휘력과 이해력에 상대적으로 부정적인 영향을 준다는 사실을 입증했지요. 하지만 그보다 더 최신의 연구에서는 중요한 단서를 달았습니다. 부모가 적극적으로 아이의 어휘 학습을 지원하면 인터랙티브 북을 가지고도 보다 긍정적인 영향을 줄 수 있다는 것입니다.

　이처럼 디지털의 보다 긍정적 영향을 약속하는 일련의 흐름 중에는 스크린과 인쇄물의 중간 형태이면서 부모와 아이 사이의 인간적 상호작용을 염두에 두고 설계된 디지털 장르도 있습니다.

ThinkRBook은 저의 동료인 신시아 브리질 Cynthia Breazeal이 MIT 미디어 연구소 퍼스널 로봇 그룹의 박사 과정 학생인 앤절라 창 Angela Chang과 함께 만든 연구용 기기입니다. 이 기기의 핵심은 '텍스트 임시변통성 textual tinkerablity'이라는 설계 원리입니다. 이것은 아이가, 음⋯⋯ 그러니까 텍스트를 갖고 놀게 해주는 것입니다. 예를 들어, 아이가 스크린 위의 단어를 터치함으로써 음성(실토하자면, 제 목소리를 녹음한 것이랍니다)을 듣거나 시각적 이미지(가령 오리)를 보고서 그 이미지의 행동(가령 알을 깨고 부화하는 것)이나 속성(가령 깃털 색의 변화)에 영향을 줄 수 있습니다. 텍스트와 상호작용하는 과정에서 아이는 이야기의 전체 서사를 바꿀 수도 있지요. 연구진은 부모가 ThinkRBook의 인터랙티브적인 특성을 활용해 아이의 개념을 정교화하고 이휘를 발달시킬 수도 있다는 사실을 발견했습니다. 이 부분이야말로 그동안 많은 어린이용 전자책이 비판받아온 가장 치명적인 약점인데도 말이지요.

그동안 전자책을 비판해온 이유를 찬찬히 살펴보면, 부모가 아이와 함께 전자책을 읽을 때는 잘 일어나지 않는 문제를 지적했거나, 부모가 전자책을 핑계 삼아 아이에게 종이책을 읽어주지 않으면서 생기는 문제에 근거를 두고 있습니다. 가령, 현재 시중에 나와 있는 많은 인터랙티브 이야기책의 매력적인 사양은 '내게 읽어줘' 기능입니다. 여기에는 아주 긍정적인 면이 많지요. 하지만 이것 때문에 어떤 부모는 아이의 발달 과정에서 가장 필요한 바로 그 순간에 읽어주기를 그만둡니다. 부모는 굳이 자신이 읽어줘야 할 필요성을 느끼지 못하거나 이 기능이야말로 아이에게 최고의 보모라고 느끼는 거지요. 그로 인해 읽기에 관한 어린아이의 인지적, 능동적 이해가 저해될 수 있습니다. 아이에게 읽기가 단지 또 다른 유형의 오락으로만 보일 때는 그에 따르는 수동성 때문에 주의집중적이고 반성적인 과정이 무력해질 수 있지요. 그런 것이야말로 아이가 읽기를 통해 키워나가야 하는 것인데 말이지요. '사용하지 않으면 잃는다'는 원리가 여기에도 적용되는 셈이지요. 그런 식으로 일어나게 되는 뜻하지 않은 결과는 창의적인 전자책이나 앱을 설계한 사람이 기대하거나 부모가 바라는 것과는 정반대의 일입니다.

이렇게 보면, 실내에서나 실외에서나 종이책과 태블릿 두 가지 다 편하게 활용하는 아이들을 눈여겨보는 것이 중요합니다. 이런 아이들에게는 앞에서 제기된 우려의 여지가 적습니다. 이 아이들은 균형을 찾은 거지요. 사실, 미취학 아동의 부모는 물론, 대다수 디지털 설계자와 연구자들은 아이에게 능동성과 호기심을 길러주는 것을 핵심으로 삼아야 합니다. 우리 모두는 많은 것이 미지에 속하는 만개한 디지털 문화 속으로 옮겨가고 있습니다. 이것은 전환기의 특성이지요. 우리는 이미 아는 것을 참고하지도 않은 채 급하게 전진해서도 안 되지만 그렇다고 뒤로 물러나서도 안 됩니다. 신시아 브리질과 저는 이런 점을 염두에 두고 서로 다른 관점에서 여러 가지 협력 프로젝트를 진행하고 있습니다. 예를 들어, ThinkRBook과 소셜 로봇 등을 활용해 대화형 읽기와 그 밖의 다른 읽기의 선행 학습을 증진해줄 디지털 활동을 설계해보는 거지요. 이것은 우리와는 아주 다른 환경에서 책이나 교사, 학교에 대한 기대 없이 자라나는 아이들을 위한 것입니다.

모든 아이들을 미래에 대비시키려면

아이를 기르는 방이라고 해서 모든 아이에게 똑같이 '중대한 일이 일어나는 방'은 아닙니다. 언어 습득에 유리한 가정에서 태어난 것도 아닌 데다 디지털 기기를 접할 수도 없는 아이들이 많습니다. 그래서 브리질과 저는 글로벌 문해 운동을 시작했습니다. 처음에는 MIT 미디어 연구소의 니컬러스 네그로폰테 소장이 연구비를 지원받아주었지요. 그 운동은 급기야 저의 동료인 틴스릴리 게일리언 Tinsley Galyean 과 스테파니 갓월드 Stephanie Gottwald, 로빈 모리스 Robin Morris 도 함께하는 '큐리어스 러닝 Curious Learning'으로 커졌지요. 우리는 다 함께 특별히 개발된 앱을 가지고 디지털 태블릿 기기의 효능을 연구하고 있습니다. 이 앱은 구어 학습은 물론, 학교가 없거나 교사를 대면하기 어려운 아이들을 위한 읽기 선행 학습 수단으로 신중히 설계된 것입니다. 예전에 제가 근무했던 남아프리카의 교육 현장처럼 교사가 한 명인 교실에서 60~100명이 공부해야 하는 아이들을 위한 것입니다. 우리는 에티오피아의 마을에서 시작해 아프리카, 인도, 호주, 남아메리카로 시험 사업의 범위를 넓혀가고 있습니다. 최근에는 남아메리카 농촌 지역의 미취학 자녀가 있는 가정에 다가가기 시작했습니다.

세계적인 동시에 지역적인 이 읽기 선행 시험 사업을 벌이는 내내 저희는 앞에서 언급한, 디지털 기기를 통한 학습에 관한 경고를 되새기고 있습니다. 반대로 사업을 진행하는 과정에서 새로운 교훈을 얻기도 합니다. 아이들을 읽기에 참여시키고 사실상 혼자 읽는 법을 배우도록 도와주다 보면 문해력의 초기 발달을 이해하는 데도 도움이 되지요. 앞으로는 디지털 매체의 인지적 영향력에 관한 연구를, 버클리 대학교의 마티 허스트Marti Hearst 같은 학자들의 연구와도 연결하려고 합니다. 허스트 교수는 인간-기술 인터페이스가 아이들, 특히 다문화 가정이나 어려운 환경의 아이들의 읽기 학습에 어떤 도움을 줄 수 있을지를 연구하고 있지요. 캘리포니아 대학교 로스앤젤레스 캠퍼스UCLA의 카롤라 수아레즈-오로즈코 Carola Suárez - Orozco와 마르셀로 수아레즈-오로즈코 Carola and Marcelo Suárez - Orozco가 진행 중인 연구를 보면, 미국의 이민자 자녀 중에 멀티미디어로 중요한 미국 문화를 전수받고, 새로운 언어를 배우는 경우가 점점 늘고 있습니다. 우리는 이런 관련 연구들을 이제야 서로 연결하기 시작했습니다. 하지만 함께 추구하는 최종 목표는 유엔의 지속가능 발전 프로그램이 세계 모든 어린이의 기본 인권이라 부른 것에 기여하는 것입니다. 그러니까 모든 어린이가 문해文解 시민이 되어 스스로 집단적 잠재력을 발휘해 빈곤을 타파하는 한편 수백만 미래 어린이의 잠재력까지 증진하도록 돕는 것입니다.

이상적인 읽기의 삶은 한 가지뿐일까

지금껏 제가 말씀드린 다섯 살까지의 아이를 위한 원칙과 주의 사항이 세상의 많은 아이들에게 도움이 되었으면 하지만 아이들의 삶에는 양육 환경과 개인 특성에 따라 심대한 차이가 있습니다. 가령, 우리가 알고 있는 것을 전 세계 문맹 아동들에게 어떻게 적용할지를 파악하는 일만 해도 금세기 최대의 도전에 비견할 만하겠지요. 뿐만 아니라 디지털 기기의 참여적 측면을 활용해 다양한 학습자를 돕는 법을 이해하는 것도 못지않게 어려운 일입니다. 실제로 교육 방면에서는 이런 방향의 연구가 점점 중요해지고 있지요. 하지만 우리 눈앞에는 그보다 덜 극적인 과제들도 있습니다.

저는 이번 편지를 실로 자신을 겸허하게 만드는 이야기로 마칠까 합니다. 한편으로는 우스우면서도 다른 한편으로는 서글픈 사연입니다. 얼마 전에 어떤 부모가 저의 연구 센터에 큰아이를 데리고 와서 검사를 받게 했습니다. 자애롭고 근심 많은, 고학력의 부모였지요. 엄마는 생후 5~6개월인 둘째 아이와 함께 대기실에서 검사가 끝나기를 기다리는 동안, 저와 대화를 나눴습니다. 저는 자녀에게 책을 읽어주는 것이 중요하다는 글들을 써왔는데, 그 엄마는 그 글들을 다 읽었다더군요. 저는 그녀 옆쪽 바닥에 놓여 있던 아주 커다란 책가방을 유심히 보았습니다. 순간 엄마는 저를 힐끗 보더니 곧바로 아기를 무릎에 앉히고는 책을 읽기 시작했습니다. 가방에 들어 있던 수스 박사 시리즈의 많은 책 중에서 하나를 펴들고는 고음의 목소리로 위태

롭도록 빠르게 읽어가더군요. 30쪽짜리 책을 전부 읽어줄 기세였지요. 그 아기는 물론 누가 보더라도 확연했습니다. 2분이 지나지 않아 아기가 꿈틀대기 시작했습니다. 이어 3분이 지나지 않아 아기는 찡찡거리며 손을 뻗어댔습니다. 그래도 별수 없자 4분이 지나지 않아 아기의 상태는 더 나빠졌습니다. 아이에게 가능하면 자주 많이 읽어줘야 한다는 의무감에 사로잡힌 밀레니얼 세대의 엄마를 막을 방법은 없어 보였습니다. 저는 읽기의 맹수를 만들었던 겁니다.

저는 최대한 점잖게 아기 엄마에게 이야기했습니다. 아이에게 책이나 이야기를 전부 읽어줄 필요가 없고, 아이마다 각자 소화할 수 있을 정도의 분량과 속도로만 읽어주는 것이 좋으며, 유아에게는 몇 단어만 들어가 있는 그림책도 효과가 좋다고 말이죠. 그렇게만 해도 나이가 좀 더 위인 아이에게 수스 박사의 책이 도움이 되는 것만큼의 효과가 난다고 덧붙여 설명해주었지요.

그때 제가 말하고 싶었던 것을 지금 여러분에게도 들려드리고 싶습니다. 여러분 내면의 엄마, 아빠, 할머니, 할아버지를 믿으세요. 인생을 시작한 지 얼마 되지 않은 작은 아이에게 무엇을 어떻게 읽어줘야 할까요? 세대를 이어주는 위대한 언어의 춤은, 찰스 테일러가 썼듯이 '공동의 주의'(서로 관심의 초점을 맞추는 것)에서 시작됩니다. 강제에 의한 주의가 아닙니다. 문해력의 발달에 관한 연구 내용을 알아도 정말 좋겠지요. 하지만 자신의 자녀를 보면서 어디에 관심을 가져야 할지만 안다면, 어떤 매체나 접근법을 사용하든 제가 이야기하거나 쓴 내용은 무시해도 좋습니다.

우리 모두가 배워야 할 것이 너무나 많습니다. 이 말은 특히 유치원 문을 막 통과하려는 아이들에게 맞는 말입니다.

주의: 아이는 여러분이 기대하는 대로 되지 않을 것입니다.

충심을 담아

여러분의 저자

일곱 번째 편지

어떻게 읽기를 가르쳐야 할까

아주 약간의 과학이라도 도움이 되지 않는 것은 없다. 부모와 교육자들은 읽기가 아이의 뇌에 어떤 변화를 가져오는지 더 잘 이해해야 한다. ……나는 이런 신경회로에 대한 지식이 늘어나면 교사의 임무도 크게 간소해지리라 확신한다.

- 스타니슬라스 드앤

수스 박사의 작품에서 우리는 무엇을 배우는가? 뛰이ㄴ는 단어와 그림이 주는 즐거움은 물론이다. 그밖에 우리 모두가 갖고 싶어 하는 가장 인간적인 가치도 있다. 담력과 결단력, 인내심, 지구를 존중하는 마음, 호전적 정신에 대한 의심, 상상력의 근본적 가치 같은 것들이다.
그래서 어릴 적 독서가 중요하다.

- 마이클 더다

친애하는 독자께,

아이들은 다섯 살에서 열 살 사이에 읽는 법을 배우기 시작합니다. 이때 어린 시절에서 가장 흥미진진한 학습 단계로 진입하지요. 윌리엄 제임스가 적절히 묘사한 것처럼 "읽기를 배우는 아이들은…… 어린 새처럼 완전히 새로운 세계 속으로 비행을 시작합니다". 첫 기착지는 공룡의 제국Dinotopia●과 나니아 그리고 호그와트로 가는 길입니다. 그 길을 따라가는 동안 용에서부터 악당에 이르기까지 각양각색의 괴물과 싸우고, 온갖 종류의 '타자'를 발견할 겁니다. 또 영웅들의 모습에 정신을 빼앗기거나, 혹은 절대 그러지 않겠노라고 맹세할 겁니다. 하지만 무엇보다 아이들은 책상이나 의자, 혹은 침대에서 뛰쳐나와 자신이 어떤 사람이 될 수 있는지를 발견할 겁니다. 빌리 콜린스가 아름다운 시 〈열 살이 되던 때〉에 썼듯이, 네 살 때 그는 아랍의 마법사였고, 일곱 살 때엔 용감한 군인이었으며, 아홉 살 때엔 왕자가 되었지요.

그렇지만 이 모든 것은 너무나 많은 아이들에게는 해당되지 않는 사실입니다. 그 아이들로서는 유치원 문을 통과하는 것이 대부분의 사람들 눈에는 보이지 않는 반복되는 악몽의 시작이지요. 이 아이들이 어떤 시나리오를 겪느냐에 따라, 이루기 어려운 아메리칸 드림에 도전할 수 있을지 말지가 결정됩니다. 그 결과는 사회 구성원 모두에게 지대한 영향을 미치게 되지요.

미국 어린이들의 읽기 성적을 보여주는 미국이나 세계 지표에 따르면, 국가의 재력에도 불구하고 무더기로 낙제점인 데다, 동서양을 막론하고 다른 나라 아이들보다 크게 뒤집니다. 이것이 미국 아이들과 미국에 무엇을 예고하는지 간과해서는 안 됩니다. 부모가 아니더

● 미국 ABC 방송의 드라마. 지성을 가진 공룡과 인류가 공존하는 이상 세계를 그렸다.

라도 우리 모두가 알아야 할 사실이 있고, 무엇보다 아이들의 잠재력을 되찾기 위해 할 수 있는 것들이 있습니다.

최근에 발표된 국가 보고서 카드(전국 교육 성취도 평가)에 따르면, 미국의 초등학교 4학년생 가운데 3분의 2가 읽기 능력이 '능숙한' 수준에 못 미칩니다. 여기서 '능숙한'이란 말은 막힘없이 글을 읽고 적절히 이해한다는 뜻이지요. 좀 더 정신이 번쩍 들게 말하자면, 21세기 미국 아동의 불과 3분의 1만이 충분한 이해력과 속도로 글을 읽을 줄 안다는 이야기입니다. 4학년 시기는 읽는 법을 배우는 단계에서 읽기를 사고와 학습에 활용하는 법을 배우는 단계로 넘어가는 마지노선입니다. 미래의 학습력이 이 시기에 달려 있지요.

더욱 충격적인 점은 아프리카계나 라틴계 미국인 아이들의 전반 가까이가 4학년 시기에 읽기 능력이 능숙하기는커녕 '기본적인' 수준도 못 된다는 사실입니다. 다시 말해 아이들이 읽은 내용을 충분히 이해할 정도로 글을 해독하지 못한다는 뜻이지요. 이것은 그 후에 배울 수학 등의 다른 과목을 비롯한 거의 모든 것에 영향을 줍니다. 저는 이 기간을 '미국 교육이 사라지는 구멍'이라고 부릅니다. 아이들이 이 기간에 원활하게 읽는 법을 배우지 못하면 모든 교육적인 목표가 이 아이들에게는 무의미해지기 때문이지요. 실제로 이때 많은 아이들이 꿈을 이룰 희망도 거의 품지 못한 채 낙제생이 되고 맙니다.

미국의 모든 주에 있는 교정국들이 이 사실을 잘 압니다. 많은 교정국이 3~4학년생의 읽기 능력 통계를 토대로 장래에 필요한 교도소의 침상 수를 예측하지요. 전 CEO이자 자선사업가인 신시아 콜레티 Cinthia Coletti가 썼듯이, 4학년생의 읽기 수준과 학교 중퇴자 사이에 상관성이 있다는 사실은 가슴 아프지만 너무나 중요한 발견입니다. 그녀는 많은 아이들이 학교에서 심각할 정도의 학습 부진 상태를 보인다면 미국은 더 이상 세계 경제를 선도하지 못할 것이라고 주장합니다. 미 외교협회CFR*는 콜레티의 결론을 뒷받침하는 보고서를 내며 단호하게 말했지요. "국민의 많은 수가 교육받지 못하는 것은 미국의 물리적 방위력은 물론, 정보 보안과 외교 수행, 경제성장을 저해한다."

국민 개개인이 능숙한 수준의 읽기 능력을 갖춰야만 비로소 각자가 계속 정교한 읽기 기술을 발전시키고 나아가 나라의 지적, 사회적, 육체적, 경제적 건강을 유지할 수 있을 것입니다. 하지만 미래 미국 시민의 3분의 2 이상이 그 근처에도 이르지 못한 상태입니다.

어디에서 시작할 것인가

이런 상태에 있는 아이들은 학교에 가기 전 5년 동안 제가 주장했던 이상적 읽기의 삶을 누리지 못했을 것입니다. 저는 불우한 가정의 아이들이 성장기에 들어보지 못하는 단어가 3000만 개 이상이라거나, 4~5세 이전에 구경도 하지 못하는 책과 글자가 얼마나 되는지를

• 미국의 초당적 외교 정책 · 국제 정치 문제 연구 싱크탱크.

보여주는 연구 결과를 인용할 때마다 넌더리가 납니다. 시카고 대학교의 경제학자 제임스 헤크먼James Heckman과 동료들이 폭넓게 분석한 것처럼, 아이들의 언어적, 인지적 발달 초창기에는 경제력이 정말 중요합니다. 간단히 말해, 생애 첫 몇 년간 투자되는 돈이 인생의 어떤 시기에 투자되는 돈보다 큰 수익을 낳는다는 거지요. 아동 발달에 관한 다양한 연구 결과가 담고 있는 의미는 더없이 명확합니다. 언어와 학습 능력에서 처음으로 나타나는 엄청난 격차가 수백만 아이들의 삶에 영구히 고착되기 전에 우리 사회가 제대로 훈련된 전문가들을 갖춘, 보다 종합적인 유년기 프로그램에 투자해야 한다는 것입니다.

주의할 점이 있습니다. 하버드대 교육대학원의 언어학자인 노니 레소Nonie Lesaux는 격차라는 용어를 배격합니다. 격차를 메우기만 하면 우리가 할 일은 다 끝난다는 뜻으로 해석될 수 있다는 우려에서죠. 맞는 말입니다. 인생의 첫 5년간 제대로 지원받지 못한 대다수 아이들은 다음 5년간도 뒤처지고 그다음도 마찬가지입니다. 그리고 남은 삶도 불우하게 보내게 될 테지요. 그런 결과를 피하려면 교육의 전체 방정식을 다음과 같이 바꿔야 합니다. 우리는 0세에서 5세까지 인생의 첫 2000일에 대한 개념 설계를 다시 해야 합니다. 이때는 읽기 회로의 구성요소들이 앞에서 이야기한 대로 자리를 잡아가는 시기입니다. 그런 다음 우리는 유치원부터 5학년까지, 생애 두 번째 2000일의 시간을 다시 생각할 필요가 있습니다. 이 시기는 편지에서 초점을 맞추고 있는 기간으로 아이들이 평생의 기초가 되어줄, 읽고 생각하는 법을 배우는 시기입니다. 이 기간 동안 공식적으로는 학교가 아이들의 교육을 넘겨받고 책임지게 되지요. 학교에서는 모든 아이가 우리 사회에 구성원으로 기여하도록 세 가지에 인력과 자원을 쏟아야 합니다. 지속적인 종합 평가는 물론, 관련 지식에 해박한 뛰어난 교수법, 그리고 여러 학년과 모든 교사를 아우르고 조율하여 읽기와 언어 기술의 발달에 힘을 쏟게 하는 것이지요. 이 세 가지에는 각기 다른 형태의 투자가 필요합니다.

초기의 지속적인 학생 평가에 투자하기

아이들이 유치원 문을 통과할 때만 해도 저마다 체구며 능력이며 언어며 사투리며 문화가 다릅니다. 학교의 첫 번째 임무는 누가 학습할 준비가 되어 있는지, 혹은 그렇지 않은지를 파악하고, 어떻게 대처할지를 고민하는 것이지요. 입학 첫날부터 학교는 경험의 질이 낮아 언어 발달과 읽기 선행 과정에서 뒤처져 있는 아이들에게 무엇이 필요한지 가늠할 수 있어야 합니다. 둘째 날부터 교사들은 경험의 질이 높은 아이들이 보다 공식적인 읽기 교육을 받기 전에 특히 유의해야 할 개별적인 강점과 약점이 있는지 파악해야 합니다. 그리고 다음 단계에 관계하는 사람은 누구나 잘 확립된 과거의 일부 연구 결과와 함께 일부 중요한 최신 연구 결과도 잘 알고 있어야 합니다. 하지만 많은 학교의 경우 두 가지 다 충분히 알지 못하거나 실행에 옮기지 않고 있는 실정이지요.

새로운 연구 결과 중에는 입학 후 아이들의 첫 이틀에 관한 교사들의 일상적 업무를 바꿔놓을 만한 흥미진진한 것도 있습니다. 저의 박사 과정 학생들인 올라 오제르노프-팔치크와 엘리자베스 노턴Elizabeth Norton은 최근 읽기와 관련된 대규모 연구를 마쳤습니다. 여기에는 MIT 맥거번 뇌연구소의 존 가브리엘리John Gabrieli와 그의 동료들, 그리고 보스턴 아동병원의 나딘 가브Nadine Gaab도 참여했지요. 이 연구는 장차 읽기와 수학 같은 중요 과목에서 어떤 아이가 계속 잘 해나갈지, 왜 그런지, 그리고 누구를 유심히 추적 관찰해야 할지를 예측하는 데 도움을 줍니다.

연구 대상자는 뉴잉글랜드 전역의 다양한 가정 환경에서 자란 1000명 이상의 유치원생들이었습니다. 아이들은 수많은 교육 평가 지표에 따라 개별 검사를 받았지요. 결과를 보면 두 가지 사실이 두드러집니다. 하나는 그리 놀랍지 않은 것이고, 다른 하나는 엄청난 변화를 가져올 만한 것입니다. 첫째, 미국 아동은 공식적인 학교교육이 시작된 첫날 이미 인지적, 언어적 차이가 심대한 상태에 있습니다. 별로 놀라운 일도 아니지요. 둘째로는 이런 차이에 따라 완전히 별개의 집단이 형성되고, 그중 어떤 집단에 속하느냐가 고학년이 되었을 때의 읽기 성적을 예측해줍니다. 이것은 많은 아이들의 학습 궤적마저 바꿀 수 있지요.

각 집단에는 구체적으로 무엇이 필요한지, 이들이 처음부터 읽는 법을 최대한 잘 배우게 하려면 어떻게 해야 할지를 교사와 부모들에게 알려줄 여섯 가지 인물 유형이 도출되었습니다. 그중 두 유형은 평균이거나 평균보다 아주 상위에 있는 아이들로, 지도만 제대로 받으면 탁월해질 수 있습니다. 또 다른 집단은 철자와 발음에 어려움이 있는 아이들로, 알파벳이나 영어에 거의 노출되지 않는 환경에서 자랐을 확률이 높습니다. 이런 문제는 아주 간단히 바로잡을 수 있지요. 하지만 이 집단에 속한 일부 아이들에게는 보다 드문 시각적인 문제가 있을 수도 있습니다. 이 경우에는 추가 검사를 받아봐야만 합니다.

나머지 세 유형은 읽기 장애나 난독증 진단을 받게 될 아이들입니다. 난독증 아이의 경우 인생 후반에는 예술, 건축, 방사선학에서부터 패턴 인식, 금융, 사업 등에 이르기까지 중요한 이점을 제공하는 뇌 조직이 처음 학습을 시작하는 몇 년간은 불리하게 작용합니다. 난독증을 연구하는 저 같은 학자에게는 아이가 또래와 부모 그리고 교사 앞에서 일상적인 읽기 장애로 수모를 겪기 전에 그것을 예측해낼 방법을 알아내는 것이 중요합니다. 여섯 살배기 아이에게 갑자기 자신이 벙어리가 되었다는 생각이 드는 것만큼 상처를 주는 일도 별로 없습니다. 자신을 제외한 다른 사람은 모두 글을 읽는 상황에서는 그런 생각이 들 수밖에 없지요. 장애의 원인이 생물학적인 것이든 환경적인 것이든 양쪽 모두든 마찬가지입니다.

난독증으로 고군분투하는 어린 독자에게는 일찍부터 검사를 이어감으로써 읽기 경험에서 흔히 나타나는 감정의 앙금을 어느 정도 예방할 수 있습니다. 그 과정에서 교도소의 침상 수를 줄이고 난독증 아동의 사기를 지켜줌으로써 사회적 비용도 줄일 수 있습니다. 그래야 그 아이도 우리 사회의 가장 창의적인 구성원이자 성공적인 사업가가 될 수 있겠지요.

여기서 결정적인 것은 이제 어린아이가 읽기를 시작하기도 전에 그 아이의 대단히 구체적인 읽기 궤적을 예측할 방법이 조만간 나올 거라는 사실입니다. 푸미코 회프트Fumiko Hoeft와 마리아 루이사 고르노-템피니Maria Luisa Gorno - Tempini가 이끄는 UCSF 의과대학의 연구진은 저희가 개발한 검사 도구와 인물 유형을 더 정교화하고 있습니다. 하지만 이미 훈련된 교사들은 기존 정보만으로도 어떤 읽기 문제들은 예방하고, 어떤 문제들은 개선하면서 난독증 위험이 큰 아이에게 조기에 집중 교육을 해줄 수 있을 것입니다. 읽기 능력 습득에서 가장 중요한 것은 최대한 조기에 체계적으로 목표를 정해서 교육하는 것입니다.

이런 연구는 보다 뚜렷한 학습 장애가 있는 아이뿐 아니라 모든 아이들에게 도움이 되지요. 지금까지 검사를 통해 확인된 것은 보다 전형적인 발달 과정을 보이는 아이들(최대 집단을 이룹니다) 간에도 이 나이에는 개인차가 엄청나게 크다는 사실입니다. 어떤 아이들, 특히 남자아이들의 경우 유형 검사에서 뚜렷하게 취약한 영역은 없는 것으로 나오지만 사실은 단지 발달상의 검사 시기에 아직 이르지 않은 것일 뿐입니다. (그 기저에 약점이 없음을 분명히 하기 위해 그리고) 이 집단을 제대로 이해하기 위해서는 보다 심층적인 평가가 필요하지만, 더불어 아이들에 대한 기대치도 보다 합리적이어야 합니다. 하지만 종종 그렇지 않은 경우가 있지요. 공인된 시험에서 고학년생들이 좋은 성적을 받아야 한다는 부담감 때문에 많은 학교가 교사들을 압박하여 일찍부터 읽기 교육에 매달리게 합니다. 존스 홉킨스의 소아신경학자인 마사 덴클라Martha Denckla는 모든 아이가 유치원을 떠나기 전에 글자를 배우도록 압박하는 것이 오히려 읽기를 막을 수도 있다고 열변을 토합니다.

영국의 읽기 연구자인 어샤 고스와미 Usha Goswami는 이런 결론을 한층 굳히는 연구 결과를 내놓았지요. 그녀는 언제 읽기 교육을 시작하면 좋을지 알아보기 위해 유럽의 여러 나라들을 대상으로 연구를 시작했습니다. 그 결과, 조금 늦게 읽기를 가르치는 나라에서 읽기로 문제를 겪는 아이가 오히려 적었습니다. 다시 말해, 초등학교 1학년에 읽기 교육을 시작한 아이들이 그보다 1년 일찍 읽기 교육을 시작한 아이들보다 쉽게 읽기를 배웠다는 거지요.

이런 결과들은 확실히 혼란스럽습니다. 미국보다 1년 늦게 읽기 교육을 시작하는 나라들의 맞춤법이 미국보다 규칙적이기 때문이지요. 그럼에도 어떤 유치원생들은 단지 생리학적, 행동학적 이유 때문에 읽을 준비가 되어 있지 않은 것일 뿐입니다. 그러니 미국에서 3학년을 대상으로 실시되는 평가 시험 때문에 모든 유치원에서 읽기 교육이 시작되어서는 안 됩니다. 어떤 아이들은 아동 발달 측면에서 아직 준비가 되기도 전에 너무 빠르고 너무 고난도로 읽기 교육을 받는가 하면, 어떤 아이들은 유치원 과정을 마치거나 심지어 유치원에 들어가기 전부터도 잘 읽습니다. 또 다른 아이들은 초등학교에 입학해서 그 시기에 유행하는 방식으로 지도를 받지만 아이의 개별적인 특성에 따른 학습 유형에는 맞지 않을 수 있지요. 이처럼 아이들의 발달을 저해하는 너무나 흔한 잘못을 막기 위해서는 이성적이고 제대로 훈련된 교사와 우수한 예측 도구 그리고 목표에 맞고 증거에 기초한 지도법이 필요합니다.

교사들에 대한 투자

지난 반세기 동안 우리 사회는 스스로 '고칠' 수 없는 병들, 특히 빈곤과 스트레스가 심한 환경이 유아 발달에 미치는 해로운 영향을 점점 교사들의 책임으로 떠넘겨왔습니다. 교사야말로 사회의 가장 이상적인 구성원이라고 치켜올리면서 말이지요. 그런 해악이 어떻게 평생 지속되는지를 정직하고 신랄하게 보여주는 다큐멘터리가 있습니다. 영화제작자 크리스틴 허비스-소미스Christine Herbes Sommers가 제작한 〈미국의 양육The Raising of America〉입니다. 모든 학교 공동체들이 봐야 하는 영화이지요. 하지만 요즘 대부분의 교사들은 대학원에서 충분한 준비 과정을 거치지 않을 뿐만 아니라, 오늘날 교실에서 직면하는 힘든 문제에 대응하기 위한 전문적인 자기 계발 과정도 거치지 않습니다. 교사들이 직면하는 문제란 점점 범위가 커져가는 주의집중과 학습의 문제에서부터 이중언어와 다중언어 학습자의 증가에 따른 각종 문제와 교실 안으로 들어오는 첨단 기술 문제에 이르기까지 다양합니다.

이제 천차만별인 아이들 모두를 읽는 삶으로 끌어들이려면 엔지니어나 로켓 과학자, 또는 성인군자에게 필요한 만큼이나 복잡한 일련의 지식 기반을 필요로 합니다. 오늘날 교사들은 새로운 지식, 특히 읽는 뇌가 교사를 훈련시키고 아이를 교육하는 일에 어떤 의미를 지니는지를 알아야 합니다. 스타니슬라스 드앤이 강조했듯이, 읽는 뇌 회로에 관한 지식은 교사의 이해, 특히 다양한 형태의 읽기 지도에 관한 이해도를 높일 수 있습니다. 그것은 결국 교수법에 관한 비타협적인 논쟁인, 이른바 읽기 전쟁에 다리를 놓아줄지도 모릅니다.

결코 일어나지 말았어야 할 논쟁 대체로 21세기 교육자들은 읽기 교수법을 현저하게 다른 두 가지 접근법으로 훈련받았습니다. 이른바 **발음 중심 접근법** phonics의 경우, 읽기 지도는 아이가 알파벳 원리의 기반이 되는 기본 요소를 이해하는 데서 시작하지요. 즉 단어는 소리 혹은 음소들로 구성돼 있고, 각각의 소리는 일정한 규칙에 따라 알파벳의 글자에 대응하며, 읽기에 입문하기 위해서는 이 규칙을 배워야 한다고 가르칩니다. 이에 따른 교수법은 명쾌합니다. 음소와 글자의 기초를 가르친 다음 글자와 음소를 연결하고 다양한 단어를 해독하는 체계적 규칙으로 옮겨가지요.

반면, **총체적 언어 접근법** whole Language approach에서 언어는 암시적입니다. 아이가 문자를 해독하는 과정에서 명시적인 지도를 하거나 영어 음소를 강조하지 않고 스스로 해독의 규칙을 추론하거나 파악하게 합니다. 발음의 원칙은 배제한 채, 이야기에 대한 몰입, 작품의 진정성, 단어의 의미, 아이의 상상 등에 주안점을 두지요. 실제로 예전에 일부 교육학 교수들은 발음 중심 접근법을 '호기심을 죽이는 교육'이라고 낙인찍고 그런 방식으로 가르치는 교사들을 덜 진보적이고 아동 중심적이라고 불렀습니다. 잘못된 낙인이었지요.

어쨌든 두 접근법 모두 대단히 우수한 교사들의 사랑을 받게 되었고, 그중 다수는 자신들이 처음 훈련받았던 방법을 지금까지도 충성스럽게, 때로는 열정적으로 신봉하고 있습니다. 두 접근법이 서로를 배척하게 된 것은 엄청난 실수입니다. 불행히도 그런 상태는 지금도 계속되고 있지요. 비록 '균형 잡힌 접근법'을 지향하는 운동도 있긴 합니다만 이마저도 실제로는 발음 중심 접근법을 체계도 없이 피상적으로 가미한 총체적 언어 접근법인 경우가 많습니다. 충분히 이해할 만하지만 개탄스러운 일이지요.

미국 연방정부의 지원을 받은 폭넓은 연구 결과들에 따르면 아이가 읽는 법을 배울 때는 문자 해독의 기본 원리를 명시적으로 가르쳐주는 것이 중요합니다. 이런 연구 결과들은 분명히 발음 중심의 원리를 지지하지만, 그렇다고 해서 작품에 대한 몰입을 무시하는 것은 결코 아닙니다. 다행히 최근에는 아동 교육의 **공통 핵심 원리**common core principles가 강조되고 있어서 희망적입니다. 비록 실행하기는 쉽지 않겠지만, 개정된 공통 핵심 표준은 학년과 상관없이 교사와 학생들에게 과학과 상상력이 모두 중요하다는 점을 강조합니다.

문제는 지금 방식으로는 많은 아이들에게 일정한 문해 수준에 이르도록 할 수 없다는 사실을 경험적으로 알거나 과학적인 증거가 제시됐음에도 여전히 미국과 호주의 다수 교사들은 총체적 언어 접근법을 고수하고 있다는 사실입니다. 읽기 관련 연구들을 개관한 뛰어난 최신 논문에서 마크 사이덴버그Mark Seidenberg는 이런 접근법이 횡

행하는 상황을 두고 "경험적 불일치 같은 재래식 무기로는 막을 수 없는 좀비 이론이 교육계를 자유롭게 배회하고 있다"고 인상 깊게 묘사한 바 있지요. 이런 상황은 이중으로 낭비입니다. 우선 총체적 언어 접근법을 따르는 교사가 품고 있을 이상주의적인 의도를 헛되게 합니다. 또한 많은 아이의 읽기 학습마저 좌절시킵니다. 특히 읽기와 학습에서 남과 다른 아이들과 이중언어가 필요한 아이들이 피해를 입습니다. 그렇다고 해서 사이덴버그나 저는 총체적 언어 접근법을 따르는 교사가 아이에게 선사하는 단어와 이야기 그리고 읽기의 즐거움을 뺏을 생각은 추호도 없습니다. 다만 언어의 음소와 알파벳의 원리, 해독의 규칙을 가르치는 과정에서 정보에 입각한 체계적 접근법이 배제되지 않았으면 합니다.

반복을 통해 아이들은 글자와 그에 맞는 발음 규칙을 배우고 다지는 한편, 단어와 이야기, 문학에 관한 지식을 접하면서 늘려가게 됩니다. 그럼으로써 음소와 문자소(글자들)에서부터 단어의 뜻과 문법 형식에 이르기까지 수준 높은 묘사 능력을 기를 수 있지요. 언젠가 아주 나이 많은 교사가 이런 말을 하더군요. "대개 학습의 사다리에서 가장 오르기 좋은 곳은 낮은 층의 발판들이지요. 아이에게 그런 것 없이 곧바로 꼭대기 층까지 뛰어오르라고 하고 싶지는 않습니다." 아이가 장차 상상력과 분석력을 모두 발휘하는 뛰어난 독자로 자라게 하려면 사다리의 발판 하나하나가 다 중요합니다.

더욱이 읽는 뇌에 관한 지식은, 교사가 어떤 접근법을 따르든, 자신이 놓치고 있을지도 모를 사다리의 발판을 보도록 도와줍니다. 읽기 회로는 자신이 아는 모든 것을 활성화시키지요. 따라서 다섯 살부터 열 살까지의 아이들에 대한 우리의 가르침도 그래야만 합니다. 그런 관점에서 5~10세의 아동을 가르치는 교사라면 읽기 회로를 구성하는 모든 요소에 풍부하고 명시적인 관심을 기울일 것입니다. 여기서 구성요소란 음소를 비롯해 음소와 글자의 연결, 문장 속에서의 단어와 형태소의 의미와 기능은 물론 더없이 정교한 깊이 읽기 과정이 요구되는 이야기로의 몰입과, 아이가 일상적인 말과 글에서 자신의 생각과 상상을 끌어내는 것에 이르기까지 다양합니다.

그런 방식으로 인지, 지각, 언어, 정동, 운동 영역 가운데 어느 한 가지도 배제되어서는 안 됩니다. 초등학생 때는 하나의 구성요소도 소홀히 다뤄지거나 제자리를 찾지 못하는 일이 없어야 합니다. 점점 복잡해지는 문장 속에서 단어의 뜻과 문법적 활용을 배우는 것은 1학년과 3학년 때 중요합니다. 반복해서 재등장해 단어들의 의미 파악을 돕는 새로운 철자 유형*은 1학년은 물론 4학년 때도 배워서 익혀야 합니다. 시간이 지나 3~4학년이 되면 아이들은 이런 낮은 수준의 기본적인 읽기 회로 요소들에 충분히 숙달되고 자동화되어 그보다 훨씬 정교한 독해 과정에 주의를 기울일 수 있어야 합니다. 이때는 배경 지식을 넓히는 것에서 시작해서 자신의 통찰과 반성을 끌어내는 것으로 끝이 나지요.

이것은 유창한 읽기의 기초이자 그것을 습득하기 위한 최선의 방

---

* ~tion, ~ing와 같이 자주 사용되는 철자 그룹

법이기도 합니다. 읽기의 유창함은 해독의 속도만을 의미하는 것이 아닙니다. 그런 오해 때문에 흔히 아이에게 한 구절을 반복해서 읽는 훈련을 시켜왔지만 이것만으로는 불충분합니다. 태양의 서커스 이미지를 다시 떠올려볼까요? 각각의 원형무대는 독립적으로 빠르게 진행되어 다른 원형무대에 정보를 넘겨줄 수 있어야 합니다. 각 무대가 다른 무대와 나란히 빠르게 움직여야 비로소 읽는 것을 이해하고 그것에 관한 느낌을 갖는 시간도 생기지요.

이제는 이러한 읽기 회로의 모든 부분을 강조하는 읽기 교육법이 많은 아이들에게 도움이 된다는 광범위한 증거가 있습니다. 로빈 모리스와 모린 러빗 Maureen Lovett, 그리고 저의 연구팀은 국립 아동건강 및 인간발달 연구소의 지원을 받아 10년 동안 이 문제를 연구했습니다. (의료 및 교육 연구의 황금 표준에 해당하는) 무작위 치료 통제 방식*으로 진행된 이 연구 결과들은 읽기 회로의 주요 구성요소들이 명시적으로 강조되어야(이를수록 좋습니다) 아이들이 보다 유창한 독자가 될 수 있음을 입증합니다. 심지어 아이가 난독증과 같은 중요한 장애를 안고 있을 때도 마찬가지입니다.

더욱이 멜리사 오킨 Melissa Orkin이 영어로, 이스라엘 학자인 타미 캇지르 Tami Katzir가 히브리어로, 다니엘라 트라피칸테 Daniela Traficante가 이탈리아어로 수행한 새로운 연구에서도 밝혔듯이, 유창한 읽기에는 단어가 어떻게 작동하는지뿐만 아니라 그것을 통해 우리가 어떻게

• 실험군과 대조군을 상대로 동일한 실험의 효과를 비교하는 연구 방법.

느끼는지에 관한 지식까지 포함됩니다. 공감과 타인의 관점 취하기는 느낌과 생각의 복합적인 직조물의 일부로서, 이 둘이 합쳐져야 더 큰 이해로 나아가게 되지요. 모든 어린 독자들이 "호튼이 자기가 깔고 앉아 있는 알을 직접 낳은 거야?"와 같은 질문을 보고는 무슨 말인지 알아차리고 다정히 미소 지을 수 있어야 합니다.

지금 미국 아이들의 3분의 2에 이르는 낙오자들이 유창하고 능숙한 읽기에 이르기 위해서는 단어의 다중적인 측면을 알아야 합니다. 그래야만 아이들은 단어 해독에서 깊이 읽기 과정으로 건너갈 수 있지요. 똑같은 이야기와 문장을 반복해서 다시 읽는 것은 특정 텍스트에 관한 속도를 높이는 연습으로는 도움이 되겠지만 아이가 개념과 느낌, 자기만의 반성적 사고를 연결하는 데는 결코 기여하지 못합니다. 깊이 읽기는 언제나 연결과 관련되어 있습니다. 즉 우리가 아는 것을 읽는 것에, 읽는 것을 느끼는 것에, 느끼는 것을 생각하는 것에, 생각하는 것을 삶의 방식에 연결짓는 것 말입니다.

여러 해 전에 마사 누스바움의 《인간성 수업》을 읽으며 이런 연결을 형성하는 것이 중요하다는 사실을 절감했습니다. "세계 시민을 위한 교육은 일찍 시작해야 합니다. 아이들이 스토리텔링에 참여할 수 있으면 곧바로 다른 땅과 다른 사람에 관한 이야기를 들려주어야 합니다. ……아이들은 유대교와 기독교 이외에 다른 종교들도 존재하며, 사람들의 전통과 사고방식은 다양하다는 사실을 배웁니다. ……아이들은 특히 자신들이 사랑하는 성인 무리 속에서 이야기와 동요와 노래를 폭넓게 접하며 살아 있는 다른 생명들의 고통을 새로운 예민함으로 알아차리게 됩니다."

이야기는 우리가 결코 만나보지 못할 사람과 우리를 지속적으로 연결해주는 강력한 수단입니다. 《샬롯의 거미줄》에서 윌버가 겪는 곤경을 샬롯처럼 느끼고 《마틴 루서 킹》의 킹 목사나 《내 눈을 통해Through My Eyes》의 루비 브리지와 자신을 동일시하면서 아이는 자신의 이웃은 물론, 세계 곳곳에 흩어져 사는 사람들이나 자신과 다른 생각을 지닌 사람들에게까지 공감할 수 있는 능력을 갖게 됩니다. 제임스 캐럴이 《안네의 일기》를 읽고 어떻게 변했는지 떠올려보세요. 여러분 자신이 《컬러 퍼플》의 씰리나 햄릿 같은 가공의 인물들, 엘리너 루스벨트의 자서전과 제임스 볼드윈의 《아임 엠 낫 유어 니그로》 같은 책에 나오는 실제 인물들의 삶을 통해 어떤 변화를 겪었는지 한번 생각해보세요. 나이와는 상관없이, 읽기 회로 전체를 도덕적 상상력으로 연결하는 법을 배우기만 하면 우리는 다른 사람들의 삶에 의해 바뀔 수 있습니다.

전 학년에 걸쳐 읽기를 가르치는 데 투자하기

앞에서 말한 어떤 것도 초등학교에서 끝나지 않습니다. 미국 NAEP(전국교육성취도평가)의 종잡을 수 없는 결과를 개선하고 싶다면, 그리고 더욱 중요하게는 4학년 이후 낙오한 아이들의 삶을 바꾸고 싶다면, 고학년 교사들은 읽기의 기초가 없는 아이들을 가르치는 법을 훈련받아야 합니다. 앞에서 4학년 시기가 양날의 마지노선이라고 언급했었지요. 이 시기에 읽기의 양상은 바뀌고 읽어야 할 내용은 부담스러울 만큼 복잡해집니다. 또한 이 시기의 상급생을 가르치는 교사들은 아이들이 이미 읽는 법은 배웠으니 더 이상의 도움은 필요 없을 거라고 생각합니다. 이것은 잘못되고 해로운 가정이며, 마땅히 바뀌어야 합니다. 우선 교사 자격을 따는 프로그램부터 바꿔야 합니다.

제 아들 벤의 교육과정이 이런 점을 너무나 가슴 아프게 보여줍니다. 벤은 전형적인 난독증 증세를 보였고 지금도 그렇습니다. 그러니까 창의적이고 지능은 놀랍도록 높지만, 다른 아이들에게는 쉬운 읽기를 제대로 하지 못합니다. 그 때문에 매일같이 느껴야 하는 모욕감에 민감하지요. 4학년은 최악의 시기였습니다. 벤과 형 데이비드가 다닌 학교는 우수 학교인 프렌즈 스쿨이었는데도 말이지요. 그 학교는 평등과 공정의 기초가 잘 닦인 보기 드문 학교였습니다. 벤은 자기 반에서 다른 급우들에 비해 읽기 수준이 떨어지는 다섯 명 중 한 명이었습니다. 이 다섯은 골칫거리였지요. 적어도 담임교사는 그렇게 생각했습니다. 그분은 아주 선의에 찬 열렬한 페미니스트 교사였지만, 소녀들의 교육에 대한 열정과 소년들의 짓궂은 장난에 대한 반감이 지나치게 컸습니다. 적어도 저의 아들과 친구들은 그렇게 생각했지요.

평소 그 학교가 길러준, 대의를 향한 정의감에 불탄 벤과 친구들은 담임교사가 보여준 소년들에 대한 '성차별적 불공정'과 부당한 과제물 부과에 반대하는 청원운동을 조직했습니다. 아이들은 청원서를 학교 교장에게 전달하고(서명자 수는 꽤 많았습니다) 교실로 돌아올 때만 해도 의기양양했지요. 하지만 그것은 순간의 느낌이었을 뿐, 곧바로 격분한 담임교사와 마주해야 했습니다.

그 교사는 뒤통수를 맞았다고 느꼈지요. 하지만 그녀가 보지 못한 것이 있었습니다. 그 소년들이 그렇게 행동한 것은 자신들이 그녀의 기대를 충족시킬 수 없었기 때문이었습니다. 그녀는 4학년생이라면 당연히 습득했어야 하는 유창한 독해력을 그 아이들에게도 기대했던 거지요. 물론 그런 기대는 교사로서는 당연한 것이었습니다. 하지만 그녀는 그 소년들에게 읽기 기술을 더 가르쳐야 한다고는 느끼지 않았습니다. 그것은 저학년 과정의 일이라고 생각했으니까요. 그녀는 자신이 교육받은 것 외에 다른 것에는 인내심이 별로 없었던 겁니다. 그 일이 해피 엔딩으로 끝났다면 얼마나 좋을까요. 다섯 명의 소년 중에 벤을 포함한 네 명의 부모는 결국 아이들의 다양한 학습 장애에 대처할 준비가 잘되어 있는 학교가 필요하다는 결정을 내렸습니다.

그 4학년 담임교사에게 동정심이 없었던 것은 아닙니다. 그녀에게 결여된 것은 따로 있었지요. 바로 4학년생 모두가 유창하게 읽을 수 있는 것은 아니라는 사실을 이해하는 데 필요한 기초 지식, 고학년 학생에게도 유창한 읽기를 가르칠 수 있기 위한 훈련, 자기 학급에서 읽기 낙오자가 없을 때까지 노력하게 하는 동기부여입니다. 읽기를 가르치는 것은 함정이 가득하며, 장애물이 계속되는 어려운 일입니다. 그것들을 넘어 능숙하게 읽는 수준에 이르게 되면 아이들은 개별적인 학습의 궤적과는 상관없이 텍스트에서 자기만의 생각으로 넘어갔다가 더욱 사고가 풍부해져서 돌아오게 되지요. 제가 생각하는 이상적인 읽기의 세계에서는 그런 일이 3~4학년 때 일어납니다. 미국의 학교 현실 속 읽기의 세계에서는 그렇지 않지요.

하지만 이상은 실현될 수 있습니다. 물론 간단한 해결책은 없습니다. 특히 오늘날 교실에서 요구되는 사항이 점점 복잡해지고 있음을 감안하면 더욱 그렇습니다. 하지만 늘어난 지식과 개선된 훈련에 초등학교 교사들과 행정관들의 전폭적인 지원이 더해진다면 우리는 더 많은 아동들에게 이상적인 읽기의 삶을 줄 수 있습니다. 다만 그러기 위해서는 고정관념에서 벗어나야 합니다. 이와 관련해 주목할 만한 것은 전략적 교육 연구 파트너십 SERP이 벌이고 있는 대규모 프로젝트입니다. 〈사이언스〉 편집장을 지낸 브루스 앨버츠Bruce Alberts와 신시아 콜레티 같은 자선사업가들, 그리고 캐서린 스노Catherine Snow 같은 학자들이 주도하는 이 학제적 프로젝트는 미국 전역의 중간 학년(4~6학년) 학과 담당 교사들에게 도움을 줍니다. 특히 주목되는 점은 과목을 막론하고 학생들이 읽기 능력과 비판적 사고를 기르는 데 필요한 공통의 단어와 개념들을 학교에서 가르칠 수 있게 도와준다는 것입니다. 이런 단어들은 모든 학년의 모든 교사들에 의해 한층 강화되고 정교해지지요. 가령 언어 과목에서는 이야기, 사회 과목에서는 역사적 사실, 수학이나 과학 과목에서는 새로운 의미를 통해 그렇게 됩니다. 그 결과 학생들은 졸업할 무렵이면 핵심적인 개념과 단어의 목록을 습득한 상태가 되고, 그것은 그 후의 학습 기반으로 활용될 것입니다.

우리는 초등학교의 전 학년에 걸쳐 모든 교사들이 새로운 지식을 갖추도록 투자해야 합니다. 가령 읽는 뇌 연구가 학생의 조기 평가와 예측 과정에서 갖는 의미에서부터 보다 개별적이고 다차원적인 읽기 교수법, 읽기와 언어에 관한 학교 차원의 강조, 디지털 기반 학습 도구를 제공하는 것 등이 여기 포함되겠지요. 21세기의 아이들은 다양한 도구와 매체를 넘나들 줄 아는 정신의 습관을 길러야 합니다. 따라서 교사들 역시 디지털 학습이 주의력과 배경 지식 그리고 기억의 문제를 악화시키지 않도록 하면서 동시에 학생들이 당면 위기를 해결하도록 도움을 주기 위해 더욱 많은 지식을 쌓아야 합니다. 이 부분에 관해서는 다음 편지에서 이야기하려고 합니다. 여러분 중에 마음속으로 제가 정체를 감춘 러다이트*라고 생각했던 분들은 깜짝 놀라실 것입니다. 이제 안전벨트를 매시기 바랍니다. 이제부터 우리는 거친 주행에 나설 테니까요.

진심을 담아
여러분의 저자

* 신기술에 반대하는 사람.

여덟 번째 편지

양손잡이 읽기 뇌 만들기

장기적으로 닥칠 문제를 정의해두는 것은 위대한 공공 봉사다. 해결책을 미리 지나치게 정의해두는 것은 그렇지 않다.

- 스튜어트 브랜드

당면 과제의 깊이. 인쇄된 글을 읽고 듣고 완전한 문장으로 말하는 법을 배우고 있는 청소년에게 온라인 정보를 사용하거나 시각 정보를 비판적으로 받아들이는 법을 가르쳐주기 위한, 제대로 검증된 교육과정은 없다. 이것은 미지의 영역이다.

- 리사 건지, 마이클 러빈

친애하는 독자께,

저는 다음 세대가 우리로서는 상상도 할 수 없는 방법으로 우리를 넘어설 거라고 생각합니다. 《미래의 산업들The Industries of the Future》의 저자 앨릭 로스Alec Ross가 썼듯이, 지금의 유치원생들이 미래에 갖게 될 직업의 65퍼센트는 아직 발명조차 되지 않았습니다. 그들의 인생은 우리보다 훨씬 더 확장될 테지요. 그들은 우리와는 아주 다르게 사고할 가능성이 큽니다. 그들은 지금까지 인류가 습득한 능력들을 최대한 정교하게 갖추어야 합니다. 엄청나게 공을 들인 깊이 읽기 과정은 코딩과 설계, 프로그래밍 기술을 통해 공유되고 확장될 것입니다. 또한 그 모든 것은 지금으로서는 그 누구도, 가령 스튜어트 브랜드나 선다 피차이, 수전 워치스키, 후안 엔리케스, 스티브 걸런스, 크레이그 벤터, 제프 베저스조차 예측할 수 없는 미래에 의해 변형될 것입니다.*

　우리 종의 가장 어린 구성원들에게 다능多能한 뇌 회로를 구축해주는 것이 그들의 후견자인 우리가 그들과 지구에 함께 머무는 짧은 기간에 집중해야 할 임무입니다. 그들은 그런 뇌 회로를 토대로 장차 그들에게 필요한 지식과 인지적 유연성을 가지고 사고할 수 있게 되겠지요. 그들의 다음 반복회로가 무엇이든, 미래의 읽기 회로를 설계하기 위해서는 문해 기반 회로와 디지털 기반 회로의 가능성과 한계를 모두 이해해야만 합니다. 이러한 지식에는 종종 충돌하는 각각의 장단점은 물론, 때로는 완전히 상반된 가치들에 대한 검토까지 포함됩니다. 상반된 가치는 상이한 수단과 매체에 의해 강조되는 과정에서 특징적으로 나타나지요. 우리는 현재 사용되는 매체들이 어떤 인지적, 사회-감성적 그리고 도덕적 영향을 미치는지 연구하는 한편, 각각의 특징들을 미래의 읽기 회로를 위해 최대한 통합해야 합니다. 만약 여기에 성공한다면 우리는 셰익스피어가 말한, 사랑에 관한 위

---

* 스튜어트 브랜드는 실리콘밸리 히피 문화의 대부, 선다 피차이는 구글 CEO, 수전 워치스키는 유튜브 CEO, 후안 엔리케스는 미래학자이자 기업가, 스티브 걸런스는 생명공학자 겸 기업가, 크레이그 벤터는 생물학자, 제프 베저스는 아마존 CEO다.

대한 교훈인 "내 것이면서 내 것이 아닌"의 경지를 다음 세대의 발달 단계에서도 생리학적으로 되풀이할 수 있을 것입니다.

이 점에 관한 한 우리는 철학자 니콜라우스 쿠사누스•로부터 도움을 받을 수 있습니다. 그는 보기에는 동등하지만 사실은 상충된 두 가지 관점 사이에서 선택하는 최선의 방법(그는 '상반된 것들의 일치'라고 불렀습니다)은 **학습된 무지**learned ignorance의 입장을 취하는 것이라고 했지요. 이것은 양쪽 입장을 철저히 이해한 다음 객관적으로 평가하고 진로를 결정하는 것을 의미합니다. 읽는 뇌와 그것의 신경회로가 미래에 어떻게 바뀔지 알려면 인지신경과학과 기술에서부터 인문학과 사회과학에 이르는 여러 학과의 연구들을 연결해야만 합니다. 하나의 분과학문만으로는 우리가 결정을 내리기에 충분하지 않기 때문입니다. 학습된 무지의 태도를 기르기 위해서는 여러 학문들의 지식을 결합해야 하기 때문이지요. 이런 맥락에서 저는 양손잡이 읽기(두 가지 읽기 능력을 모두 갖춘) 뇌를 개발할 것을 제안합니다.

개발을 위한 제안

먼저 우리가 설계하는 유년기는 두 가지 소통 수단에 따라 쪼개진 것이 아닙니다. 월터 옹의 말을 빌리자면, 두 가지 수단 중에 가장 좋

• 르네상스 시대 독일 철학자.

은 쪽으로 '빠져들되', 앞으로 나타날 것에 더 많은 선택지가 열려 있지요. 생후 5년간 뇌 발달에서 인쇄 매체가 어떤 역할을 맡는지와 아이가 디지털 매체로 안내되는 과정에 관해 제가 어떤 생각을 갖고 있는지는 여러분도 이미 아실 겁니다. 정말 어려운 시기는 아이가 생후 두 번째로 맞는 5년 동안의 기간이지요.

그래서 저는 다섯 살부터 열 살까지의 아이를 상대로 인쇄 기반은 물론 디지털 기반 읽기와 학습의 다양한 형식을 함께 알려줄 수 있는 비교적 단순한 설계를 제안합니다. 아마도 이전에는 없던 것일 겁니다. 전체적인 구상은 이중언어 학습자에 관한 지식에 토대를 두고 있습니다. 이중언어 학습자들의 경우 부모는 각자 다른 언어로 말하고, 아이와 함께하는 시간에는 주로 집 밖에서는 별로 쓰지 않는 언어로 말하지요. 그런 식으로 이중언어 아동은 두 가지 언어를 유창하게 배웁니다. 이 아이들은 한 가지 언어에서 다른 언어로 옮겨갈 때마다 저지르는 불가피한 실수를 점차 극복하고 결국에는 어떤 언어로든 최대한 깊이 사고할 수 있는 수준에 이르게 되지요. 아주 중요한 사실은 아이들이 이런 과정에서 코드 변환의 전문가가 되는 법을 배운다는 것입니다. 성인이 되었을 때 이 아이들의 뇌는 인지적, 언어적 유연성의 대가가 되어 있겠지요. 이것이 우리로서는 참 매력적인 방식으로 보입니다.

몇 년 전에 저는 스위스인 친구들인 토마스 발리 Thomas Bally와 하이디 발리 Heidi Bally의 통찰에 힘입어 '급속 교차 자극 RAS 검사'라는 것을 만들었습니다. 현재 신경심리학자와 교육자들이 난독증을 예측하고 진단하기 위해 이 검사를 사용하고 있습니다. 이것은 기본적으로 어떤 사람에게 글자와 숫자, 색상 같은 다양한 범주에 속하는 50가지 항목을 연속적으로 말하게 합니다. 답변자는 하나의 범주에서 다음 범주로 최대한 빨리 전환해야 하는데, 여기에는 상당 수준의 자동화된 지식과 유연성이 요구됩니다. 다양한 비교연구에서 발견된 뜻밖의 사실은 이중언어를 사용하는 성인이 단일언어를 사용하는 사람보다 더 빠른 속도로 이 과제를 수행했다는 것입니다. 이중언어 학습자는 단일언어 학습자보다 언어적 유연성이 훨씬 높았지요.

세이브 더 칠드런의 클로드 골든버그Claude Goldenberg와 엘리엇 프리들랜더Elliott Friedlander가 스탠퍼드 대학교와 함께 수행한 획기적인 연구에서 볼 수 있듯이, 이중언어와 다중언어 사용자는 여러 언어를 넘나들며 여러 해를 살아왔습니다. 덕분에 그들은 이미 아는 단어와 개념을 불러오는 데 남들보다 유연한 것은 물론, 어떤 연구 결과에 따르면 자신의 관점을 떠나 다른 사람의 관점을 받아들이는 능력도 뛰어났지요.

우리의 어린 독자들도 그렇게 되기를 바랍니다. 지금은 인쇄 매체와 디지털 매체 사이를 넘나드는, 그리고 나중에는 여러 가지 미래의 매체들 사이를 오가는 전문가이자 유연한 코드 전환자 말이지요. 이런 저의 생각은 어린아이의 사고와 언어 발달에 관한 러시아 심리학자 레프 비고츠키의 글에서 영감을 받았습니다. 그에 따르면 사고와 언어는 처음에는 분리되어 있다가 점차 조금씩 연결됩니다. 그래서 저는 아이의 초기 발달 과정을 이렇게 개념화했습니다. 입학 후의 처음 몇 년간 각각의 매체로 생각하는 법을 배우는 동안에는 대체로 별개 영역으로 구분하는 것입니다. 두 가지 매체의 특징들이 제대로 개발되어 내면화하는 시점까지는 말이지요.

바로 이 점이 핵심입니다. 말하자면, 저는 각 매체를 사용한 아이의 읽기 수준이 나란히 발달했으면 좋겠습니다. 마치 아이가 스페인어와 영어를 비슷한 수준으로 유창하게 말하는 것처럼 말입니다. 이런 방식이라면 처음부터 각 매체로 연마되는 인지 과정의 고유함이 그대로 유지되겠지요. 그런 동반 발달 방식이 현재 성인에게 나타나는 읽기의 위축 증세를 막을 수 있을지 모릅니다(물론 이런 저의 가설은 아직 입증되지 않았습니다). 여기서 위축 증세란 스크린 읽기 과정이 인쇄물 읽기 과정으로 흘러들어가 상대적으로 속도가 느린 인쇄물 읽기 과정을 잠식할 때 나타나는 현상입니다. 동반 발달 방식을 적용한다면 아이들은 처음부터 매체마다 나름의 규칙은 물론, 최선의 목적과 속도, 리듬 같은 특징들이 있다는 사실을 배우게 되겠지요.

인쇄물의 역할

제 생각에 입학 후 첫 몇 년 동안은 종이책과 인쇄물을 주로 사용해 읽기를 가르치고 이야기를 들려주는 것이 좋습니다. 이미 여섯 번째 편지에서 말씀드렸었지요. 부모와 아이가 인쇄물로 읽는 것은 읽기에서 핵심적인 시간적, 공간적 차원을 강화하고, 어린 읽기 회로에 중요한 촉각적인 연상을 더하며, 최고의 사회적, 정서적 상호작용을 제공합니다. 교사와 부모는 가능할 때마다 질문을 던지고 그것을 통해 아이는 자기 자신의 배경 지식을 책에서 읽은 것과 연결시키는가 하면, 다른 사람의 관점에 대한 공감을 끌어내고, 스스로의 추론을 통해 자신의 분석과 반성과 통찰을 표현하기 시작합니다.

주의분산으로 가득한 문화 속에서 자라는 아이들로서는 이제 간신히 움트기 시작한 자신들의 반성적 사고 과정에 시간을 들이는 것이 중요하다는 사실을 배우기란 결코 쉽지 않습니다. 하워드 가드너와 마거릿 와이걸 Margaret Weigel이 썼듯이, "이렇게 돌아다니는 정신을 인도하는 것이 디지털 시대 교육자들의 주요 난제"인지 모릅니다. 어린 독자들은 재빨리 훑어보고 다음 내용으로 옮겨가게 하고, 수동적으로 변하게 하며, 읽기를 잠깐 동안의 게임으로 개념화하게 하고, 자신의 생각을 도출하려는 노력은 생략하게 하는 디지털 문화의 끊임없는 유혹에 노출되어 있습니다. 따라서 아이들이 처음으로 깊이 읽기 기술을 선보였을 때 표 나게 격려해주는 것이 디지털 유혹에 대한 해독제가 될 수 있을 것입니다. 한 학생이 말했듯이, "책은 나를 느려지게 하고 생각하게 만들지만 인터넷은 나의 속도를 높입니다". 그런 식으로 각각의 매체는 제자리를 잡아나가겠지요. 게다가 아이들은 다양한 학습 과제에 따라 무엇이 가장 잘 맞는 것인지 배울 수 있을 것입니다.

예를 들어, 우리는 아이가 인쇄물로 읽는 법을 처음 배우는 입문 과정을 통해 읽기에는 시간이 걸리고, 이야기가 끝난 후에도 오랫동안 남는 생각거리를 돌려준다는 사실을 배웠으면 합니다. 하나의 생각에서 다음 생각으로 달음박질치려는 아이들의 본능적 경향이 디지털과의 잦은 접촉 때문에 더 부풀려졌을 수도 있는 것처럼, 깊이 읽기의 경험은 아이들에게 스스로 생각하게 하는 대안적 태도를 제공해줄 수 있습니다. 우리 사회의 과제는 디지털에 경도된 아이들에게 이 두 가지 경험을 모두 제공하는 것입니다. 아이들이 깊이 읽기 기술에 주의를 할당할 정도로 빠르게 읽는 동시에 그런 기술을 체득하고 활용할 수 있을 만큼 느리게 읽도록 교사와 부모들이 함께 지도해야 합니다.

다섯 살부터 열 살까지의 아이들에게는 시간을 들이면 자신의 생각을 가질 수 있다는 기대감을 계속 불어넣어주어야 합니다. 모든 아이들, 특히 읽기를 배워야 한다는 사실에 불안을 느끼는 아이들은 이런 기대감 속에서 남은 인생에서도 기초가 될 뭔가를 얻지요. 아이들은 읽은 것에 대해 반성적으로 생각함으로써 자기 자신에게 중요한 뭔가를 기대하는 법을 배웁니다.

아이들이 읽기를 배우는 동안 생각하는 것을 도와줄 또 다른 전략이 있습니다. 여러분이 놀랄지도 모르겠습니다. 아이에게 손으로 글씨 쓰는 법을 가르쳐주면 토끼보다는 달팽이에 가까운 속도로 자신의 생각을 탐구하도록 이끌 수 있습니다. 특히 아이의 철자법이 아직 'gnys at wrk●' 수준으로 제멋대로인 때가 그렇습니다. 아이가 저학년일 때 손 글씨로 자기 생각을 적는 법을 배우면 나중에 글쓰기와 사고

● 미국 작가 글렌다 비섹스의 책 제목으로 'Genius at work'라는 뜻이다. 저자의 다섯 살짜리 아들이 손글씨로 썼던 'DO NAT DSTRB GNYS AT WRK', 즉 '작업 중인 천재를 방해하지 마시오'에서 따왔다.

에 좀 더 능숙해진다는 사실을 보여주는 연구 결과가 점점 늘고 있습니다. 인지신경과학의 관점에서 보면, 중국의 필경사와 교사들은 이미 수백 년 전에 언어와 운동 신경망이 서로 연결돼 있다는 사실을 알고 있었던 거지요.

디지털 지혜 가르치기

저의 구상에 따르면, 아이들은 보다 느린 인쇄물로 생각하고 읽는 법을 배우는 동시에 고속으로 작동하는 스크린에서 다른 방식으로 생각하는 법을 배우고 있을 겁니다. 디지털 기기는 코딩과 프로그래밍을 위한 매체로 소개될 것입니다. 이것은 놀랍도록 다양하고 창의적인 디지털 기반 기술을 배우기 위한 '운동장'(터프츠 대학교에서 기술을 연구하는 마리나 버스의 표현입니다)이지요. 이곳에서 그래픽 아트 제작부터 레고 로봇 프로그래밍, 개러지밴드* 프로그램을 이용한 작곡에 이르기까지 많은 것을 배울 수 있습니다. 교실에서는 하나의 매체에 우선권이 부여되지 않을 것입니다. 코딩을 배우는 동안 아이들은 STEM(과학, 기술, 공학, 수학) 학습에 사용되는 것인 동시에 읽기 회로에서도 '과학적 방법'의 핵심인 연역, 귀납, 분석의 기술을 터득합니다. 예를 들면, 아이들은 순서 sequence가 중요하다는 점을 이해하기 시작합니다. 이 부분은 안네 망겐의 연구를 통해 디지털 읽기의 주요 약점으로 드러났었죠. MIT 미디어 연구소 '평생 유치원 Lifelong

---

• 애플의 무료 음악 작곡 소프트웨어.

Kindergarten' 팀의 팀장이자 기술 전문가인 미첼 레스닉 Mitchel Resnick과 마리나 버스가 어린아이들을 위해 설계한 코딩 프로그램 스크래치 Scratch에서도 순서 배열과 또 다른 STEM 과정들의 중요성이 강조됩니다. 그들은 코딩을 다음과 같이 묘사했습니다.

모든 어린이에게 코딩을 배울 기회가 주어져야 한다. 코딩은 흔히 어렵거나 배타적인 것으로 간주되지만 우리는 새로운 형태의 읽고 쓰는 능력, 따라서 모두가 접근할 수 있어야 하는 기술로 본다. 글쓰기와 마찬가지로 코딩도 학습자가 사고를 조직하고 생각을 표현하도록 돕는다.

어린아이들이 코딩을 하게 되면…… 다른 사람이 만든 소프트웨어로 상호작용하는 대신 스스로 컴퓨터로 뭔가를 만들고 자신을 표현하는 법을 배운다. 아이들은 순서에 따라 사고하고 원인과 효과를 탐구하고 설계와 문제 해결 기술을 개발하는 법을 배운다. 동시에…… 아이들은 코딩을 배울 뿐만 아니라 배우는 법을 코딩할 것이다.

MIT 미디어 연구소의 또 다른 연구원인 신시아 브리질은 어떤 아이라도 좋아할 만한 로봇과 아이의 개인적인 상호작용을 통해 다양한 코딩 기술을 익히게 하는 방법을 연구하고 있습니다. 그녀의 연구 팀은 사회적 상호작용과 프로그래밍 기술을 결합해, 어떻게 하면 아이가 로봇을 조립, 분해, 프로그래밍해 움직이게 하고 빙글빙글 돌게 하거나 소리 내게 하는 법을 배우는 것을 도울 수 있는지를 보여줍니다. 그 과정에서 아이는 디지털 세계의 사물들이 왜, 그리고 어떻게 작동하는지 이해하게 되지요. 이처럼 능동적인 유형의 디지털 기반 지식을 통해 아이는 학습의 모든 영역에 걸쳐 통찰을 얻게 됩니다. 보다 구체적으로는 아이가 코딩과 제작을 통해 배우는 병렬적인 상호 지지 과정이 인쇄물로 읽기를 배울 때의 과정을 보완해줄 수 있습니다.

아이에게 전환의 순간이 언제 닥칠지는 예측할 수 없습니다. 다만 그때쯤이면 아이는 이미 두 가지 매체 안에서 그리고 여러 매체를 오가며 아주 많은 것을 배운 상태이고, 스크린으로 더 많은 내용을 읽을 준비도 되어 있겠지요. 그리고 십중팔구 아이도 그러고 싶어 할 것입니다. 정확히 언제 이런 일이 일어나는지는 아이의 특성과 읽기 능력 그리고 환경에 좌우되겠지요. 아이들의 개인 차이를 이해하는 것이 중요합니다. 어떤 아이에게는 온라인 읽기 지도가 빠를수록 좋습니다. 또 어떤 아이에게는 훨씬 천천히 시간을 두고 단계적으로 온라인 읽기를 지도해야 합니다.

미릿 바질레이 Mirit Barzillai는 유럽 E-READ 네트워크 소속인 제니 톰슨 Jenny Thomson, 안네 망겐과 함께 요즘 아이들의 스크린 읽기에 내재된 인지적 과제를 해결하기 위해 노력하고 있습니다. 그들과 저는 아이들의 정신이 마구잡이로 디지털에 빠져 역효과를 낳도록 방치하기보다는 보다 일찍부터 디지털 학습과 스크린 읽기를 가르쳐야 한다고 확신합니다. 그러지 않으면 다음 세대의 깊이 읽기 과정은 디지털 매체로 인해 심각한 위험에 처할 것입니다.

그런 일을 막기 위해서는 아이가 스크린으로 읽기를 시작하자마자 '반대기술conterskills'을 가르쳐야 합니다. 이때는 다음과 같은 점을 강조해야 합니다. 읽기는 속도가 아니라 의미가 중요합니다. 많은 성인 독자들처럼 훑어보거나 단어 찍기word - spotting 또는 지그재그식으로 읽는 것을 피해야 합니다. 읽는 동안 자신이 이해한 것을 규칙적으로 점검(플롯의 흐름과 '단서들'을 확인하고 세부 내용을 반복적으로 기억)해야 합니다. 인쇄물 읽기에서 배운 유추와 추론의 기술을 온라인 콘텐츠에도 반드시 적용하게 해줄 학습 전략이 필요합니다.

기존 도구 중에 아이가 자신의 온라인 읽기를 점검하도록 도와줄 수 있는 것으로는 싱킹 리더Thinking Reader 프로그램이 있습니다. 제작자는 데이비드 로즈David Rose와 앤 마이어Anne Meyer 그리고 응용특별기술센터CAST의 연구진입니다. 보편적 학습 설계UDL 원리를 기반으로, 다양한 유형의 아이들에게 가장 유연하면서도 매력적인 학습법을 고안해주려는 접근법이지요. 이 프로그램은 다양한 수준의 전략적 지원을 제공함으로써 UDL의 원리를 텍스트 안에 구현했습니다. 예를 들어, 프로그램 안에는 미지의 개념을 이해하기 위한 배경 지식을 제공하거나 특정한 읽기 전략(시각화, 요약, 예측, 질문의 시점 등)을 제시하는 하이퍼링크가 포함돼 있습니다. 단 필요한 만큼만요.

하지만 막상 실행 과정에서 '필요한 만큼만' 제공하기는 대단히 어렵습니다. 디지털 기술의 사용과 관련해서, 특히 학습 장애 아동에 대한 사용과 관련해서 계속 주의해야 하는 점은 외부 지원에 너무 심하게 의존하는 경향입니다. 특히 텍스트를 자신이 직접 읽지 않고,

대신 읽어줄 선택지가 있을 경우에 그렇습니다. CAST의 연구 결과는 물론, 맥아더 재단의 디지털 미디어 및 학습 프로그램의 후원을 받은 대규모 연구 결과를 보더라도 디지털 도구는 적정 순간에 교사의 올바른 지도와 이론적인 지침 하에 사용되어야 비로소 학습을 저해하지 않고 증진해준다는 것을 알 수 있습니다. 이것은 특히 운동이나 감각 장애부터 이중언어 학습, 난독증에 이르는 갖가지 어려움을 겪는 아이들에게 도움이 됩니다.

온라인 읽기를 위한 다른 도구들은 검색 엔진을 효과적으로 사용하는 것과 같은 보다 실용적인 문제 해결을 목표로 삼을 수도 있습니다. 가령, 필요한 정보를 찾기 위한 적절한 검색어를 택하는 법이라든가, 아주 중요하게는 김색으로 얻은 정보를 평가하는 법을 배움으로써 온갖 편향성은 물론, 자신의 의견과 (혹은) 소비에 영향을 주려는 시도들을 알아차리고, 근거 없는 거짓 정보를 식별해내는 것이지요. 이처럼 바람직한 온라인 읽기와 인터넷 습관에 필요한 의사결정과 주의 관찰, 실행 기술의 질을 직접 겨냥해서 높이는 것은 다른 학습에도 도움이 됩니다. 아이의 학습 유형이 어떻든, 사용하는 매체가 무엇이든 마찬가지입니다.

이런 맥락에서 인터넷 사용의 장단점을 포함해 매력과 잠재적인 해악에 대한 논의가 자리 잡아야 합니다. 성교육 과정이 지금은 일반화된 것처럼 말이죠. 또한 모든 초등학교 교사들의 연장통에 따라붙는 기본 훈련 내용에도 포함돼야 합니다. 줄리 코이로Julie Coiro는 아이들에게 '디지털 지혜'를 가르쳐야 한다고 강조합니다. 그 이유는 첫째, 콘텐츠에 관한 현명한 결정을 내리는 법과 둘째, 학교 안팎에서 온라인 읽기를 하는 동안 자신의 주의력과 읽은 내용을 기억하는 능력을 점검하고 자율적으로 규제하는 법을 배우기 위해서입니다.

이 계획의 최종 목표는 매체에 상관없이 깊이 읽기 기술에 시간과 주의를 할당하는 능력을 갖춘 진정한 양손잡이 읽기 뇌를 발달시키는 것입니다. 깊이 읽기 기술은 주의분산이나 공감력 약화 같은 디지털 문화의 부정적인 영향에 대한 결정적인 해독제를 제공할 뿐만 아니라 디지털의 긍정적인 영향까지 강화합니다. 난민 아동들의 이야기를 읽는 것으로 그치는 아이보다는 그리스나 터키 또는 뉴욕주 북부의 이주 난민 아이들이 삶을 유예당하고 하염없이 기다리는 모습을 온라인을 통해 동영상으로까지 본 아이가 더 큰 공감을 키워갈 수 있습니다. 피상적으로만 보면 21세기 아이들은 자신과 온라인으로 연결된 세계를 과거의 어느 때보다 잘 아는 것처럼 보입니다. 하지만 그렇다고 해서 반드시 다른 사람들에 관한 더욱 깊은 지식을 쌓고 그들의 입장이 되어 그들의 감정을 이해하는 것은 아니지요. 셰리 터클이 《외로워지는 사람들》에 썼듯이, 우리 아이들은 얼굴을 마주 보고 생각과 느낌을 이야기하기보다는 뒷좌석에 나란히 앉아 서로 문자 메시지를 주고받는 것에 능숙합니다. 다양한 매체를 활용한 깊이 읽기 기술은 이런 아이들이 보다 발달된 공감의 상상력을 키우도록 도와줍니다.

지금 제안한 계획대로 모든 것이 순조롭게 진행된다면 열 살에서 열두 살쯤 되었을 때 대다수 아이들은 두 가지 매체는 물론 다중 매체로 읽는 데도 모두 능숙할 것입니다. 또한 다양한 목적에 맞게 매체들 사이를 수월하게 옮겨 다닐 수도 있겠지요. 아이들은 학습 과제에 맞춰 스스로 어떤 매체가 더 좋은지를 알아갈 것이고, 매체에 상관없이 깊이 읽고 깊이 사고하는 법도 배울 것입니다. 더 많은 아이들이 그런 목표에 이르게 할 수 있다면, 프란치스코 교황이 썼듯이, 사회는 더 건강해지고 세계는 보다 인간적이 될 것입니다.

한계와 장애물, 그럼에도 낙관하는 이유

우리 사회가 양손잡이 읽기 뇌를 증진하는 학습 환경을 구축하려면 세 가지 큰 이슈를 반드시 해결해야 합니다. 첫째, 과학자의 관점에서 볼 때, 인쇄물과 디지털 매체가 우리의 모든 아이들, 특히 환경적으로든 생물학적으로든 읽기 장애가 있는 아이들에게 어떤 인지적 영향을 미치는지 알아내기 위한 연구에 훨씬 많은 투자가 있어야 합니다. 둘째, 교육자의 관점에서 볼 때, 보다 종합적인 전문 직업 훈련에 투자가 이뤄져야 합니다. 대다수 교사들(82퍼센트)은 지금껏 유치원생부터 4학년까지의 학생들을 위한 기술 사용법에 관한 훈련을 받아본 적이 없습니다. 다양한 유형의 학습자들에게 맞는 온라인 읽기 기술을 가르치는 법은 말할 것도 없지요. 셋째, 시민의 관점에서 볼 때, 우리 사회와 세계에 존재하는 디지털 격차를 직시하고 이를 해소하기 위해 노력해야 합니다.

첫 번째 장애물: 매체 영향에 관한 연구

개인별로 다양한 읽기 낙제생 수천 명을 대상으로 상이한 매체들이 읽기 학습에는 어떤 영향을 미치는지 비교한 연구는 극히 드뭅니다. 지금과 같은 심각한 추세라면 8학년 아동의 대다수가 몇 년 후에는 기능적 문맹으로 분류될지 모릅니다. 읽기는 하겠지만 능숙하게 읽지 못하거나 내용에 관해 충분히 생각하고 느끼지 못할 거란 뜻이지요.

우리는 이런 미숙련 아동들에게 초점을 맞춰 유치원부터 고등학교까지 양손잡이 읽기 뇌의 구축을 목표로 하는 혼성적hybrid 접근법을 훨씬 더 세심하게 개발해야 합니다. 여기에는 장기간에 걸친 엄밀한 연구가 필요합니다. 우선 각 매체들이 아이의 주의와 기억에 미치는 구체적인 영향을 직접 조사해야 합니다. 또한 디지털 기기 사용 시간의 기하급수적 증가와 그에 수반된 주의분산 증가의 영향, 청소년층의 중독 위험성 고조, 이미 보고된 젊은 층의 공감력 쇠퇴에 대한 연구도 필요하지요. 다양한 학습자들이 각각의 발달 단계를 거칠 때마다 무엇이 최적인지에 관한 철저한 이해도 필요합니다. 우리에게는 그런 연구를 요구하는 부모와 교육자, 정치 지도자가 필요합니다. 또한 흥미를 유발하는 만큼이나 인지적 기능 면에서도 성공적인 디지털 혁신을 창조해낼 출판인과 기기 설계자도 필요합니다. 그리고 무엇보다 이런 필요성을 뒷받침할 경험적 증거가 필요합니다.

두 번째 장애물: 교사의 훈련과 개발

미국 아동의 3분의 2가 한 가지 매체에서 능숙한 독자가 되기 힘들다면 다른 매체에서도 그럴 확률은 얼마나 될까요? 양손잡이 읽기 능력이란 것도 결국에는 인생의 성공에서 또 하나의 계급 기반 장애물로 판명되는 것은 아닐까요? 교사들은 이와 같은 또 하나의 해결 불가능한 과제를 어떻게 떠맡을 수 있을까요?

과거 어느 때보다 지금이 낙관적인 시기라고 볼 만한 이유는 많습니다. 첫째, 우리는 새로운 연구를 통해 초기 독자에는 예닐곱 가지의 유형이 있음을 알고, 문제가 있는 독자를 훨씬 조기에 훨씬 쉽게 파악할 수 있게 되었지요. 덕분에 교사들은 다양한 아이들의 필요에 맞게 가르칠 수 있게 되었습니다. 가까운 미래에는 디지털 매체가 모든 학습과 교수의 궤적을 바꿀 것입니다. 예를 들어, 지금은 난독증이 있는 아이들 대다수가 글자와 발음 간의 규칙과 영어의 공통된 철자 패턴을 많게는 열 번씩 반복 훈련해야 합니다. 하지만 앞으로는 학년과 상관없이 한 교실에 모인 25명의 난독증 학생을 교사 한 명이 손쉽게 지도할 수 있겠지요. 그런 아이들에게 디지털 매체를 사용하는 것은 획기적인 일이 될 것입니다. 읽기 장애가 있는 학생들이 학급의 다른 아이들보다 먼저 글자의 형태와 규칙을 연습할 수 있다면 어떻게 될까요? 읽기 장애가 있는 아이들은 자신에게 어떤 '잘못'이 있다고 생각하기 쉽다는 점을 고려하면, 이런 방식으로 디지털 매체를 사용했을 경우 아이들에게 필요한 다중적인 반복 훈련이 가능해지고 잠재적으로는 종종 사장되어버리는 그들의 창의력이 발휘될 수도 있을 것입니다. 그럴 경우 난독증 아이들이 종종 부당하게 감내해야 하는 부정적인 경험을 해결할 수도 있겠지요.

게다가 스크린 읽기에는 도무지 서툴러서 인쇄물을 선호하는 아이들도 있습니다. 그 반대의 경우도 있을 테고요. 흥미롭게도 줄리 코이로가 7학년생의 읽기 선호도를 연구한 적이 있습니다. 그 결과 가장 우수한 인쇄물 독자들이 온라인 읽기에서는 가장 형편없는 경우가 많았습니다. 그 역도 마찬가지였지요. 이런 연구 결과는 이미 고학년 아동들에게 두 가지 상이한 읽기 회로가 출현했음을 반영한 것이든, 아니면 그 기저를 이루는 학습의 차이를 반영한 것이든, 일부 난독증 아이들은 일찍부터 지속적인 디지털 읽기를 통해 도움을 받았을 가능성이 아주 크다는 사실을 보여줍니다. 디지털 기술을 활용해 아이들이 다양한 문맥 속에서 단어의 발음과 문법적 기능, 의미(모두 각각의 '최적기'에 학습되어야 합니다)에 최대한 많이 접하게 한다면, 틀림없이 교사와 학생 모두에게 굉장한 이점이 될 것입니다.

읽기 학습을 계속 힘들어하고 책을 두려워하는, 좀 더 나이 든 아이들에게는 디지털 인터랙티브 북과 오디오북이 신중하게 선별한 비디오 게임과 마찬가지로 효과적인 보완 매체가 됩니다. 실제로 점점 늘고 있는 비디오 게임에 관한 연구 결과를 보면, 어떤 아이들은 이런 게임을 통해 시각적인 주의력과 눈-손을 연결하는 운동 능력이 향상될 뿐만 아니라 게임에서 이기려는 노력이 은연중에 읽기 학습으로 이어지기도 합니다.

신경과학자이자 뉴그레인지 학교 교장인 고든 셔먼Gordon Sherman만

해도 교직원들과 함께, 다양한 학습 장애가 있는 고학년생들의 주의를 끌고 유지하기 위해 모든 종류의 디지털 도구를 다 사용합니다. 제가 그 학교를 방문했을 때의 일입니다. 고든 교장이 저를 음악실로 안내하더군요. 그곳에서 한 청년이 작곡한 곡을 듣게 되었지요. 너무나 아름다웠습니다. 개러지밴드로 만든 곡이라더군요! 이처럼 다양한 학생들의 타고난 창의력을 마음껏 발휘하게 하는 것이야말로 오늘날 교육용 기술의 최대 공헌일지 모릅니다.

그 어느 것도 쉽지는 않습니다. 미국 학교에 교육용 기술을 도입한 결과만 봐도 알 수 있지요. 다양한 디지털 도구를 갖춘 교실에 대한 연구들을 메타 분석해본 결과, 초중고 학생들의 읽기, 수학, 과학 성적이 전통적인 교실에 비해 오르긴 했지만 그 정도는 미미했습니다. 교사들의 관심이 부족해서가 아닙니다. 출판인 로즈 엘스-미첼Rose Else-Mitchell이 소개한 2017년 설문조사를 보면, 미국 교사의 3분의 2가 교실에서 어떤 유형의 기술이든 적극적으로 사용하고는 있지만, 더 많은 지원과 훈련이 필요하다고 느끼는 것으로 나타났습니다.

마찬가지로, 교실에서 디지털 매체를 사용했음에도 지금까지 인상적인 결과가 없는 것은 여러 가지 요인을 반영합니다. 우선, 디지털 매체의 인지적 영향을 우리는 이제야 겨우 이해하기 시작했습니다. 그리고 교사들을 위한 전문적 훈련과 지원도 없습니다. 마지막으로, 기술과 관련한 모든 교육적 연구를 방해하는 거대한 느림보 코끼리가 있습니다. 바로 디지털에 대한 접근에도 격차가 있다는 사실 말입니다.

세 번째 장애물: 동등한 접근

미국의 학습자들을 위한 운동장을 평평하게 만들고 싶다면, 디지털 접근과 불평등 간의 복합적인 관계를 해결해야 합니다. 미국 아동의 상당수는 가정에 책이 극히 드물고, 휴대전화 외에는 다른 디지털 기기에 접속할 수도 없습니다. 게다가 휴대전화는 과다하게 사용하고 있지요. 로버트 퍼트넘 Robert Putnam과 제임스 헤크먼에 따르면, 불우한 환경에 사는 가족의 수는 빠르게 늘고 있습니다. 그들은 자녀가 디지털 기기에 너무 많이 노출되는 것은 아닌지, 혹은 고기능의 전자책이 너무 많은 것은 아닌지 걱정할 사치조차 누리지 못합니다. 그들에겐 책도 컴퓨터도 없지요.

의심의 여지없이, 이런 가정은 미국 교육부의 조사 보고서에 등장하는 1만 명의 4학년생 중 상당수를 대표합니다. 컴퓨터로 진행된 이 조사에서 25퍼센트 미만의 아이들이 제대로 글을 쓰지 못했습니다. 이 보고서는 이런 말로 끝을 맺습니다. "컴퓨터 사용이 글쓰기 수행력의 격차를 키웠을 수 있다." 책을 적게 접한 아이일수록 다른 아이들에게는 오래전부터 친숙한 이야기나 줄거리에 나오는 것과는 상이한 단어와 경험들을 갖고 있지요. 디지털 기기와 컴퓨터를 적게 접한 아이일수록 자판 치는 것을 어려워하고, 컴퓨터 기반 검사(저를 비롯해 많은 부모와 교사들이 이런 검사를 복잡한 감정으로 바라볼 것입니다)에서도 디지털 매체로 자기 생각을 기록하는 것을 낯설어합니다. 모든 아이에게 코드 전환이 가능한* 읽는 뇌를 구현해주고 싶다면, 종종 언급되는 학업 성적의 격차는 물론, 별로 언급되지 않는 디지털 문화

격차까지 모두 해결하는 방안을 찾아내야 합니다.

〈모두를 위한 기회?: 저소득 가정의 기술과 학습〉이라는 뛰어난 보고서에서 빅토리아 라이드아웃Victoria Rideout과 비치 카츠Vikki Katz는 저소득층부터 중간소득층까지 1000세대 이상을 설문조사했습니다. 그 결과를 보면, 이들 가정에는 두 가지 상이한 종류의 디지털 격차가 존재했습니다. 하나는 디지털 도구에 대한 **접근**과 관계가 있습니다. 다른 하나는, 헨리 젠킨스 연구원이 기술한 것처럼, **참여**와 관계가 있습니다. 이 경우에는 부모가 직접 지도하거나 고품질의 앱을 제공할 능력이 거의 없기 때문에 아이들은 교육적인 삶에 필요한 도움을 받기보다는 오락만 즐기도록 방치되지요.

이 보고서는 조사 대상 가정의 대부분이 어떤 식으로든 디지털로 연결되어 있음에도 다수는 휴대전화만 사용했고, 그중 대다수는 데이터 사용 한도를 넘겨가며 과용하고 있다는 사실을 보여주었습니다. (원칙적으로) 저소득층 가정에 주어지는 할인 서비스에는 불과 6퍼센트만 가입한 상태였지요. 연구자들은 연구 결과를 이렇게 요약했습니다. "디지털 접근은 이제 단순한 가부간의 문제가 아니다. 가정의 인터넷 연결의 품질과 기기의 종류 및 성능이 부모와 아이 모두에게 중대한 영향을 미친다."

저는 특히 이 점을 강조하고 싶습니다. 디지털 접근만으로는 아이가 디지털 기기를 긍정적인 방식으로 활용할 능력을 갖게 된다는 보

• 양손잡이.

장이 없습니다. 수전 뉴먼Susan Neuman과 도나 셀라노Donna Celano는 필라델피아 도서관의 내부 사업에 관한 보고서에서 디지털 접근에 관한, 맥 빠지는 연구를 소개했습니다. 그 연구는 원래 취약 계층 아동과 가족에게 도서관 내의 책과 디지털 기기를 제공하고 그 효과를 조사하는 것이었습니다. 하지만 그 결과는 모두의 희망에 반하는 것이었지요. 그저 취약 계층 아동에게 디지털 도구를 사용하게만 하고 부모의 참여가 없을 경우에는 오히려 유해한 효과가 나타났던 겁니다. 연구 대상이었던 아이들은 문해력 검사에서 다른 아이들보다 성적이 훨씬 저조했습니다. 특히 디지털 기기를 사용한 후에, 그것도 오락적인 목적으로 사용한 후에 집단 간 격차가 더 커졌습니다.

이 연구는 디지털 기술을 교육용으로 사용할 때 벌어지는 중추적이고 지속적인 실수를 극명하게 보여줍니다. 디지털 학습의 긍정적 효과는 접근이나 노출만의 문제로 축소될 수 없습니다. 아직도 많은 선의의 기술 전문가들은 아이들이 디지털에 노출만 되면 문해를 포함한 학습에서부터 거대한 신경회로상의 도약이 이어질 거라고 믿고 있습니다. 이는 아이들의 타고난 호기심만으로도 충분히 학습과 문해를 이끌어갈 수 있다는 선의의, 하지만 궁극적으로는 지나치게 낭만적인 가정에서 비롯한 것입니다. 뉴먼과 셀라노의 연구가 강조하듯이, 호기심과 발견은 놀랍고도 유익하며 반드시 필요한 것이지만 그것만으로는 불충분합니다. 아이들은 읽고 쓰는 법에 관해서는 별로 배우는 것도 없으면서 디지털 기기를 다루는 법에 관해서는 아주 많은 것을 배울 수 있습니다.

제가 동료들과 함께 진행하는 글로벌 문해 사업인 '큐리어스 러닝'의 목표 중에는 아이들, 특히 전 세계 오지의 문맹 아동들의 호기심을 활용하는 것도 있습니다. 이 과정에서 이론적 기반을 갖춘 앱도 사용하지요. 이 앱과 활동들은 읽기 회로를 시뮬레이션해서 디지털 플랫폼으로 아이들의 상상력을 불러일으키는 동시에 읽기 학습도 육성하도록 조직되거나 설계된 것들입니다. 우리는 두 가지 목표 모두에 다가가는 진전을 이뤘습니다만, 아직도 할 일은 훨씬 많이 남아 있습니다. 우리는 앞으로 결과가 검증된 효과적인 앱을 설계하는 한편, 디지털 격차, 특히 부모의 참여와 관련된 격차에 대처할 해법을 찾으려 합니다. 여기에는 미국은 물론 전 세계의 일치된 노력이 필요하겠지요.

우리 모두는 인류의 진보가 결코 단순하지 않았음을 압니다. 심지어 지금보다 훨씬 단순한 시대에도 그러했지요. 저는 현실주의자인 동시에 낙관론자입니다. 두 입장에는 모두 타당한 이유가 있다고 봅니다. 전 세계적인 차원에서 보면 고무적인 움직임이 나타나고 있습니다. 그중 하나는 사업가 피터 디어만디스Peter Diamandis가 제정한 X 프라이즈XPRIZE*입니다. 그들은 탄자니아에서 영어와 스와힐리어로 아이들의 읽기와 학습 기술을 향상시켜줄 디지털 태블릿을 설계하는 팀에게 거액의 지원금을 수여할 예정입니다. 이 시도가 성공을 거둔다면, 다른 노력들에도 본보기가 되겠지요. 우리가 학문 분과와 지

• 1995년 디어만디스 이사장과 미래학자이자 구글 이사인 레이 커즈와일이 설립한 상으로 인류가 직면한 어려운 과제를 제시하고, 이를 푸는 팀에게 시상한다.

리적 경계를 넘어 다함께 노력한다면 글로벌 문해 사업의 수가 점점 늘어나면서 세상은 앞으로 나아갈 것이라는 결의가 X프라이즈 밑에 깔려 있습니다.

애슐리 반스가 쓴 일론 머스크의 전기가 있습니다. 여기서 반스는 머스크가 새로운 문해 사업인 '애덜트 리터러시 X프라이즈'에 상당액을 지원하고 있다는 사실은 빠뜨렸습니다만, 머스크의 사전에는 **불가능**이란 단어가 첫 단계로 번역된다는 것만은 생생하게 보여 주었지요.* 제가 이 편지에서 제안한 양손잡이 읽기 역시 첫 단계에 해당합니다. 우리는 신경과학과 교육, 기술, 특히 다양한 매체와 그 효과에 관한 지식을 활용하되, 우리 사회의 디지털 격차에 유의하면서 2단계에 이를 것입니다. 2단계는 인쇄물 읽기와 디지털 읽기 양쪽의 장점들만 내면화한 코드 전환 양손잡이 읽기 뇌를 구성하는 것입니다.

정말 중요한 점은, 저나 여러분의 읽는 뇌는 모든 것을 디지털로 읽는 모드로 이제 막 들어선 반면, 다음 세대는 처음부터 확연히 다른 읽기 모드를 발달시켜 갈 거라는 사실입니다. 그다음에 그들은 자신들의 새로운 읽기 모드를 자동적으로 다양한 읽기 목적에 맞게 구사하겠지요. 예를 들면, 이메일을 읽을 때는 속도가 보다 빠른 '가볍게 읽기' 모드를 사용하고, 보다 진지한 내용을 읽을 때는 깊이 읽기 모드를 사용할 것입니다. 아마 이때는 텍스트를 출력해서 보기도 하

• 머스크에게 불가능이란 그 일을 가능하게 만들기 위한 시작 단계라는 뜻.

겠지요! 만약 이런 가설이 옳다면, 읽기의 지배적인 모드가 무엇이든 거기서 생겨나는 블리딩 오버* 효과는 줄어들 것입니다. 그리고 더욱 중요하게는 아이들의 읽는 뇌가 발달하는 과정에서 단축되어 배선될 가능성도 낮아지겠지요. 게다가 완전한 양손잡이 읽기 뇌를 지니고 유연하게 매체 사이를 옮겨 다니는 아이들은 우리 종의 지적 발달을 더욱 폭 넓게 확장해줄 것입니다. 또한 마르셀로 수아레즈-오로즈코와 카롤라 수아레즈-오로즈코의 말이 옳다면, 그 아이들은 우리의 공감 능력과 관점 취하기 능력도 확장해줄 것입니다. 그러면 '우리의 하나뿐인 세계'는 두 배의 축복을 누리겠지요.

arcia/tl

여기서 제시한 양손잡이 문해력의 청사진은 아이들이 문화적 이분법을 넘어서도록 도울 방법을 구상하는 데 중요합니다. 그 방법이란 어떤 매체에서든 시작부터 끝까지 깊이 읽기의 각 단계를 아이들에게 체득시키는 것에 달렸습니다. 각 단계의 머리글자를 따면 arcia/tl**이 되지요. 오늘날 너무나 많은 아이들의 읽기를 특징짓는 tl;dr 현상에 대한 해독제로 제가 만든 것입니다. 주의부터 통찰에 이르는 아

• 출혈이 다른 곳까지 번진다는 뜻으로, 여기서는 특정 매체를 사용하는 과정에서 형성된 읽기 회로가 다른 매체로 읽을 때도 영향을 주는 것을 뜻한다.

•• 주의, 기억, 연결, 추론, 분석/그리고 도약(attend, remember, connect, infer, analyze/ then LEAP)을 뜻한다.

이들의 능력을 되찾아 다시 잇고 싶은 마음에서입니다.

단편소설 작가 퍼트리샤 맥킬립Patricia McKillip이 썼듯이, "어떤 미래든 미래는 그저 한 번에 한 걸음씩 마음으로부터 내딛는 것이었습니다". 지금까지 이어지는 세 편의 편지에서 보여드린 우리 아이들의 미래에 관한 저의 생각도 마찬가지였습니다. 그래서 저는 우리가 대체 불가능한 것을 잃어버리지 않도록 지금의 읽는 뇌에서 보존해야만 하는 것을 분명히 표시했고, 나이를 불문하고 디지털 매체에 따라오는 위험한 덫을 지적했으며, 어떤 사회적 격차들, 특히 디지털과 인쇄물에 대한 접근이라든가 부모의 역할 같은 것들을 열거했지요. 이런 생각들이 합쳐져 우리 모두가 직면한 디지털 딜레마에 대한 미완의 초상을 제공하고, 우리 아이와 우리 자신의 흥미진진하고 복합적인 미래를 암시합니다. 플래너리 오코너가 말한 것처럼 "한 눈을 가늘게 뜨고 보면, 모든 것이 축복으로 여겨질 수 있습니다".

하지만 미래가 어떤 약속을 하든, 이 순간 전문가 수준의 독자가 무엇을 지니고 있는지를 이해하지 못한다면 우리는 가장 무지한 인간일 것입니다. 어떤 미래든 미래는 우리 삶에서 깊이 읽기의 역할과 좋은 독자의 진정한 가치를 이해하느냐에 달렸습니다.

더할 수 없이 다정한 생각을 담아

매리언 울프

아홉 번째 편지

독자들이여, 집으로 오세요

읽기 위해서는 모종의 침묵이 필요하다. ……하지만 과잉 연결된 우리 사회에서 그것은 점점 멀어져가는 것처럼 보인다. ……이것은 우리가 바라는 관조가 아니라 이상한 종류의 주의분산, 그러니까 무엇이든 알고 있는 듯한 위장된 산만함이다. 그런 풍경 속에서 지식은 환영의 포로가 될 수밖에 없다. 속도가 우리를 계몽으로 이끌고, 깊이 생각하는 것보다 바로 반응하는 것이 더욱 중요하다고 속삭이는 심히 유혹적인 환영 말이다. ……읽기는 관조의 행동이다. ……그것은 주의를 분산시키는 지형 속에서는 저항의 행동이다. ……그것은 우리를 시간과 더불어 생각하도록 되돌려놓는다.

– 데이비드 울린

어떤 규모를 넘어가면 기술적 선택에 반대할 여지가 없어진다. ……〔그러므로〕 어떻게 하면 우리의 존재 권역으로 되돌아가…… 우리 집과, 서로서로와, 다른 생명체들과 함께할 수 있을까? 나는 그것이 사랑이라고 생각한다. ……구체적인 사랑…… 그것은 입장과 행동을 요구한다. ……그리고 그것은 책임을 함축하는데…… 관대함에서 나온다. ……나는 이러한 종류의 사랑이 인간 지능의 힘이 발휘되는 범위를 결정한다고 생각한다.

– 웬델 베리

친애하는 독자께,

　아주 어린 시절 저는 '좋은 독자'란 우리 학교에 있는 책을 전부 읽을 수 있는 사람이라고 생각했습니다. 그래 봐야 교실 두 개짜리 학교 건물 뒤쪽에 서 있던 책꽂이 두 개를 채우고 있던 게 다였지요. 나중에 책이 가득 채워진 지하 몇 층 깊이의 복합 도서관에서 공부를 시작했을 때도 마찬가지였습니다. '좋은 독자'란 거기 있는 책을 최대한 많이 읽고 그것을 자기 지식으로 만드는 사람이라고 생각했지요. 다시 시간이 흘러, 오래전에 교사들이 떠나버린 곳에서 젊은 교사로 일하게 됐을 때는 그곳 아이들이 '좋은 독자'가 되도록 돕지 못한다면 아이들이 자기 가족과 같은 계약 노동자의 삶을 결코 벗어나지 못할 거라는 걱정이 들었습니다. 처음 연구자가 되었을 때는 '좋은 독자'와 난독증 아이들을 비교한 연구들을 보며 안달이 났습니다. 사실 난독증 아이들은 텍스트를 이해하기 위해 누구 못지않게 노력했기 때문이지요. 마침내, 뇌가 단어의 의미를 저장할 때 무슨 일을 하는지를 연구하게 되면서, 저는 제가 '좋은 독자'를 생각할 때마다 그 단어에 대해 갖고 있던 모든 의미가 활성화된다는 사실을 알게 되었습니다.

　여기에 저는 한 가지 새로운 의미를 추가했습니다. 앞에서 이야기한 대로, 아리스토텔레스는 《니코마코스 윤리학》에서 좋은 사회에는 세 가지 삶이 있다고 했지요. 하나는 지식과 생산의 삶, 다른 하나는 여가에 관한 그리스인 특유의 이해 속에서 나오는 즐기는 삶, 마지막은 관조의 삶입니다. '좋은 독자'도 마찬가지입니다.

좋은 독자의 첫 번째 삶으로 정보를 모으고 지식을 얻는 것이 있습니다. 우리는 이런 삶에 묻혀 살지요.

두 번째 삶인 즐거움을 위한 독서는 곳곳에서 다양한 형태로 넘쳐나는 것을 볼 수 있습니다. 가령, 우리는 심심풀이를 위해서든 몰입에서 오는 강렬한 즐거움을 위해서든, 다른 삶에 관한 이야기와 새로 발견된 신비한 외계 행성에 관한 글, 숨 막힐 듯이 아름다운 시를 읽지요. 육감적인 로맨스 소설 속으로 도피하든, 가즈오 이시구로나 에이브러햄 버기즈 또는 엘레나 페란테 같은 작가들의 소설 속에 공들여 재창조된 세계로 들어가든, 존 어빙의 미스터리물이나 G. K. 체스터튼의 성인들 전기, 혹은 도리스 컨스 굿윈의 대통령들 전기 속에서 우리의 기지를 훈련해보든, 싯다르타 무케르지나 유발 노아 하라리와 더불어 우리 종의 유전학적 서사를 따라가든, 우리는 정신없던 일상에서 벗어나기 위한 가장 경제적인 방편으로 책을 읽습니다.

좋은 독자의 세 번째 삶은 읽기의 절정이자 앞서 말한 두 삶의 종착지입니다. 바로 관조적 독서의 삶이지요. 그런 삶 속에서 우리는 읽고 있는 장르가 무엇이든 완전히 보이지 않는 개인적인 영역, 즉 우리의 사적인 '해저'로 진입합니다. 거기서 우리는 모든 종류의 인간 존재를 관조하고 우주를 숙고합니다. 우주의 진정한 신비는 우리의 어떤 상상도 압도하지요.

존 던에 따르면 우리 문화는 아리스토텔레스가 말한 좋은 사회의 첫 번째 삶과 두 번째 삶은 충분히 구현하고 있지만 세 번째인 관조적 삶으로부터는 매일 뒷걸음질치고 있습니다. 좋은 독자의 세 번째 삶 또한 그렇다고 저는 생각합니다.

여러 해 전 마르틴 하이데거는 우리 시대와 같은 고도의 기술 시대가 초래할 수 있는 거대한 위험을 이렇게 피력했지요. 그것은 "명상적 사유에 대한 무관심을 낳을 수 있으며, 그럴 경우 인간은 자신의 특별한 본질(명상적 존재라는 본질)을 부정하고 떠나보낼 수 있다. 그러므로 중요한 것은 인간의 핵심적 본질을 구하는 것, 즉 명상적 사유를 살아 있게 하는 것이다." 하이데거처럼 인간 존재의 명상적 차원이 물질주의와 소비주의의 지나친 강조와 분절화된 시간 관계에 의해 위협받고 있다고 우려하는 목소리는 현재 디지털 문화를 관찰하는 전문가들 사이에서도 허다합니다. 테디 웨인은 〈뉴욕타임스〉에 이렇게 썼지요. "디지털 미디어는 우리를 깊이 생각하는 사람이기보다 광대역의 소비자가 되도록 길들인다. 우리는 노래와 기사, 책, 영화를 그 자리에서 내려받거나 스트리밍하고는 (동시에 제공되는 무한 저장 목록이 멈춰 세우지만 않는다면) 그다음의 비물질적인 것으로 나아간다." 그런가 하면, 스티브 워서먼Steve Wasserman은 독립 언론인 〈트루스디그Truthdig〉에서 이런 질문을 던졌지요. "인터넷이 치켜세우는 가속의 에토스가 우리의 사색 능력은 약화시키고 진정한 반성 능력은 쇠약하게 만드는 걸까? 매일 눈사태처럼 쏟아지는 정보가 진짜 지혜에 필요한 공간을 추방하는 걸까? ……독자들은 안다. ……우리가 무언가를 잊는 위험을 무릅쓰고 있다는 사실을. 책이 없다면, 실로 문해력이 없다면 좋은 사회는 사라지고 야만주의가 승리한다."

디지털 문화에 대한 이 같은 묘사들 속에서 진실을 평가하려고 한다면, 우리는 인지적으로 위축되는 일 없이 우리 자신을 점검해 보는 한편, 읽는 사람이자 공유하는 행성의 동거인으로서 우리가 지금 어떤 존재인지를 직시해야만 합니다. 우리의 사고에서 일어나는 많은 변화는 생존을 위해 새로운 자극에 유의해야 하는 생물학적 반사작용 못지않게, 우리가 스스로 공모하여 우리를 지속적인 자극에 휩쓸리게 하는 문화의 영향도 받습니다. 중요한 것은 이런 변화에 대한 우리의 자각이 점점 커짐에 따라 무엇을 할 것이냐입니다. 부정적인 변화를 무시함으로써 그것을 더욱 악화시킬 것인지, 아니면 늘어난 지식으로 그것을 바로잡을 것인지는 부분적으로는 우리 모두가 무엇을 할 것인가에 달렸습니다.

우리 안에 있는 관조적 차원은 타고난 것이 아니기 때문에 주의와 시간을 들여 유지해야 합니다. 하지만 우리는 그런 사실을 쉽게 잊지요. 우리에게 밀리세컨드, 시간, 요일 단위로 주어진 시간을 어떻게 처리하면 좋을까요. 이것이야말로 끊임없이 변하는 흐름flux의 시대에 우리 모두가 선택해야만 하는 가장 중요한 일일 것입니다. 에바 호프먼은 아름다운 에세이 〈시간〉에서 어떻게 해서 "우리의 덧없는 삶의 조건을 이해하기 위해서는 반성이 필요하다는 사실이, 시간이 우리에게 떠넘긴 역설적 선물이자 최선의 위안이 될 수 있는지"를 생각해보라고 호소합니다.

호프먼의 호소가 제게 절실히 와 닿은 것은 뜻밖의 순간이었습니다. 찰리 로즈가 워런 버핏과 빌 게이츠를 인터뷰한 기사를 읽던 중이었지요. 로즈는 버핏이 뭘 가르쳐줬느냐고 게이츠에게 물었습니다. 그러자 게이츠가 점잖게 답하더군요. 버핏이 '달력을 빈칸으로 채우라'는 가르침을 주었다고요. 놀랍게도 버핏은 자신의 손바닥보다 작은 종이 달력을 꺼내고는 모두 빈칸임을 보여주었습니다. 그리고 조용히 말했지요. "시간은 누구도 살 수 없는 것입니다." 잠시 동안 모두가 침묵했고 카메라는 인자해 보이는 그의 얼굴에서 미동도 하지 않았습니다. 마치 가장 단순하지만 가장 지키기 어려운 통찰을 영상에 담아두려는 것 같았지요.

이 시대에 우리가 우리의 반성적 능력을 돌볼지 말지는 개인적 선택의 문제입니다. 하지만 그것은 개인으로나 시민으로나 우리에게 대단히 중요한 의미를 함축하고 있습니다. 존 던은 이런 차원을 잃어가는 것과, 폭력과 분쟁이 늘어나는 것 사이에 관련이 있다고 했습니다. 그보다 저는 우리가 반성적 능력을 점점 잃어가는 것은 끊임없이 효율성을 요구하는 환경에서 나오는 예상치 못한 후유증이라고 생각합니다. 그래서 목적이 뭔지도 모른 채 그저 '시간을 벌려고' 하고, 결코 지식은 되지 못할 정보와 오락물의 잡동사니들로 인지적 한계 너머까지 내몰리는 바람에 주의집중의 시간은 줄어드는가 하면, 지식은 점점 조작적이고 피상적으로 사용하게 되면서 결코 지혜에는 이르지 못하지요.

T. S. 엘리엇의 〈네 개의 사중주〉에는 이런 구절이 나옵니다. "지식 안의 어디에 우리가 잃어버린 지혜가 있는가? 정보 안의 어디에 우리가 잃어버린 지식이 있는가?" 금세기의 첫 사반세기에 우리는 매

일 정보와 지식을, 또한 지식과 지혜를 뒤섞고 있습니다. 그 결과 셋 다 힘을 잃어가고 있지요. 깊이 읽기 과정을 관장하는 상호적인 동학에서 살펴보았듯이, 우리는 추론적, 비판적 분석에 시간을 할애해야만 우리가 읽은 정보를 지식으로 바꾸어 기억 속에 다질 수 있습니다. 또한 역으로, 이런 내면화된 지식을 통해야만 우리는 새로운 정보에서 유사점을 끌어내고 추론도 할 수 있습니다. 새로운 정보의 진위와 가치를 식별하는 것도 이런 시간을 얼마나 할애하느냐에 달렸지요. 하지만 그에 따른 보상도 많습니다. 그중에는 역설적이게도 시간 자체도 들어갑니다. 그렇지 않았으면 부지불식간에 우리 삶에서 방치되고 말았을 시간을 활용한 셈이니까요. 이제 세 번째 관조적 삶에서 얻을 수 있는 보이지 않는 수확을 한번 살펴보겠습니다.

관조적 삶

기쁨의 시간

우리가 읽기를 할 때 마지막 나노 초 동안에 일어나는 모든 것을 시각적으로 추적할 수 있는 사람은 아무도 없습니다. 현재 뇌영상 기술의 한계를 넘어서는 일이니까요. 저는 덜 시각적인 경로를 따라 읽는 사람의 세 번째 삶으로 여러분을 안내하려고 합니다. 이렇게 하면 다른 방식으로 시간을 의식적으로 지각하게 되지요. 그것은 기쁨과 함께 시작됩니다.

그래서 저는 이 마지막 순간 여러분께 부탁드립니다. 칼비노가 묘사한 "느낌과 생각을 가라앉혀 무르익게 하고 모든 조바심이나 순간의 우연을 버리는 것 외에 다른 목표는 없는 상태에서 지나가는 시간의 리듬"을 한번 느껴보시기 바랍니다. 칼비노는 이런 상태를 라틴어 페스티나 렌테festina lente로 표현했지요. '천천히 서두르기' 혹은 '천천히 재촉하기'로 번역되는 이 말은 시간을 늦추려는 칼비노의 욕구를 강조한 것입니다. 여기서 제가 이 표현을 사용하는 것은 읽기의 세 번째 삶을 여러분이 보다 의식적으로 경험하도록 돕기 위해서입니다. 즉, 눈을 고요히 하고 생각을 가라앉힘으로써 다음에 따라올 것에 대비하는 법을 깨닫는 것 말이지요.

저는 아이들이 그런 인지적 인내를 위한 능력을 배웠으면 합니다. 그리고 여러분도 지금은 잃어버렸을지 모르는 그것을 이제는 되찾기를 바랍니다. 페스티나 렌테는 지금 우리 대부분이 길들여진 축소된 읽기 방식에서 풀려나도록 합니다. 즉 '가능하면 빠르게, 필요하면 느리게' 읽는 거지요. 인지적 인내력을 갖는다는 것은 의식적으로 의도한 대로 주의를 집중할 수 있는 시간의 리듬을 회복하는 것을 뜻합니다. 그러니까 여러분은 빠르게(페스티나) 읽어 가다가도, 이해해야 할 생각이나 음미해야 할 아름다움, 기억해야 할 질문, 그리고 가끔은 운이 좋게도 통찰까지 떠오를 때는 그것을 의식하는(렌테) 거지요.

이런 관점에서, 페스티나 렌테는 이 책에 담긴 읽기의 변화에 관한 모든 생각을 함축한 두 가지 은유를 제공합니다. 거시적인 수준에서는 우리가 디지털 문화로 바뀌는 전환기를 건너는 법을 알려줍니다. 미래를 만나기 위해 서두르되, 우리 편에서 최선을 다한 생각으로 천천히 검토해보는 거지요. 미시적으로 페스티나 렌테는 좋은 독자의 읽기 회로가 보여주는 전체 궤적을 상징합니다. 즉, 먼저 지각한 것은 자동적으로 해독을 거쳐 개념으로 변형됩니다. 이때 시간은 의식적으로 느려지고, 우리의 자아 전체는 생각과 느낌이 합쳐지는 정신적 폭포수로 젖어들지요. 우리는 서둘러 그 안의 집으로 들어갈 수 있습니다. 아니면 우리 삶을 잠시 진정시키는 법을 다시 배우고, 그 집은 혼자만의 시간 속 자아를 위해 남겨둘 수도 있습니다.

저는 그동안 자아라는 단어를 좀처럼 사용하지 않았습니다. 하지만 이제 우리는 세 번째 읽는 삶의 핵심인, 자아와 어쩌면 영혼이 나란히 함께 머무는 집에 이르렀습니다. 이곳에서는 타자의 생각이라는 렌즈를 통해 우리 자신을 보다 의식적으로 바라볼 수 있습니다. 독자의 내적 자아가 거주하는 이 보이지 않는 집을 잘 묘사한 것으로는, 버지니아 울프의 《등대로》에 나오는 램지 부인에 대한 묘사만한 것도 드물지요. 램지 부인은 셰익스피어의 시를 읽다가 그 소네트에 대한 자신의 통찰을 자신의 모든 삶과 가족의 삶에 연결시키기 시작합니다. 그녀는 자신의 존재가 온통 새로운 이해와 신선한 기쁨의 파도로 차오르는 느낌에 젖어들지만, 그녀의 남편은 특유의 내려다보는 듯한 태도로 그녀를 지켜보지요. 그런 태도는 우리가 사랑하는 주인공에 대한 오래된 속박의 결과로서, 관찰자로 하여금 상대가 눈에 띄지 않게 빠져들어간 생각과 느낌의 소용돌이에 둔감하게 만

듭니다.

여러분은 램지 부인처럼 자신의 겉면을 뒤로하고 시간에서 풀려나는 순간 우리가 어디로 들어서는지를 이미 알고 있습니다. 그곳에는 무엇과도 비교할 수 없는 정지된 기쁨이 있지요. 그런 기쁨은 우연히 마주치게 되는 무작위의 사건도 아니고 기질에 따라 오는 행복감도 아닙니다. 오히려 그것을 위해 공간과 시간을 마련하는 사람에게만 어렵게 주어지는 생각과 느낌의 특전이라 하겠습니다.

읽기의 기쁨이 삶을 바꿀 만큼 중요하다는 사실을, 절박한 환경 속에서 누구보다 분명히 보여준 역사적 인물로는 디트리히 본회퍼가 있습니다. 앞서 세 번째 편지에서 썼듯이, 본회퍼는 제가 읽어본 가장 감동적인 책을 썼습니다. 바로 나치 수용소에서 쓴 《옥중 서신Letters and Papers from Prison》입니다. 이 책에는 곤경에 처해서도 꺾이지 않는 정신이 그려져 있습니다. 그런 정신이 살아 있었던 것은 상당 부분 그가 읽을 수 있었던 책(걸출했던 그의 가족이 손을 써서 보내줄 수 있었던 한 가지 사치) 덕분이었지요. 그는 이 책을 자신은 물론 동료 수감자들에게도 읽어주었고, 그의 글만큼이나 드러나는 품성처럼, 교도관들에게도 읽어주었습니다.

본회퍼의 편지 속에서 가장 놀라운 것은 그가 읽은 모든 것에서 얻은 순수한 행복입니다. 그리고 그는 그 행복을 자신의 아주 깊은 좌절 속에서도 다른 사람들에게 전해주지요. 그는 약혼녀에게 보낸 편지에 이렇게 썼습니다. "당신의 기도와 다정한 생각, 성경 구절……악보, 책, 이 모두가 전에 없이 생명과 현실성으로 가득합니다. 나는 내가 조금도 의심치 않는 진정한 존재의 보이지 않는 거대한 영역 안에 살고 있습니다." 저는 그가 마지막 순간까지 모든 결핍을 견딜 수 있었던 것도 읽기라는 행위 속에 깃든 보이지 않는 성소聖所 덕분이었다고 믿습니다.

그는 부헨발트를 떠나 플로센뷔르크에서 처형되었습니다. 그로부터 불과 며칠 후에 미군이 승리하고 아돌프 히틀러가 자살했습니다. 본회퍼는 성경과 괴테의 책,《플루타르코스 영웅전》을 플로센뷔르크로 가져갔습니다. 신에 대한 믿음을 상징하는 책을 포함해 인생과 자연의 가장 깊은 선함에 대한 그의 불굴의 희망을 상징했던 책들은 마지막 순간까지 그를 지켜주었지요. 동료 수감자였던 영국 정보 장교는 이렇게 썼습니다. "그는 삶의 모든 사소한 일에서도 언제나 행복과 기쁨의 분위기를 발산하는 것처럼 보였다. ……내가 만나본 사람 중에 그는 신이 실재하고 늘 곁에 있다고 믿는 아주 드문 사람 중 한 명이었다. ……단연코 그는 내가 만나본 가장 선량하고 매력적인 사람이었다." 저는 저의 아이들과 그 아이들의 아이들, 그리고 여러분의 아이들이 본회퍼처럼 수많은 형식의 기쁨을 어디에서 찾을지 알기를 바랍니다. 그 기쁨은 읽는 삶 속에서 비밀을 간직한 장소와 그것을 찾는 우리 각자에게 주어지는 성소에 주재하지요.

얼마 전에 저는 읽기에 내재된 이런 차원의 강력한 본성을 예기치 않은 장소에서 접하게 되었습니다. 바로 파리 퐁피두박물관의 혁신 연구소 소장인 철학자 베르나르 스티글레르가 저의 연구를 발표하도록 초대해준 컨퍼런스에서였지요. 저로서는 무척 긴장되는 행사였고, 컨퍼런스가 끝난 후에는 만찬이 있었습니다. 여기에는 저를 포함해 15명이 참석했는데, 저만 프랑스어를 모르는 데다 유일한 여성이었습니다. 스티글레르 교수 옆에 앉은 저는 수줍음을 드러내지 않고 대화를 이어가야겠다는 생각에 지푸라기라도 잡는 심정으로 그에게 어떻게 철학자가 되었는지 물었습니다. 아주 잠깐이지만 눈에 띌 만큼의 침묵이 이어진 후 그가 입을 열었지요. "감옥 안에서요." 조금 전과 같은 정도의 침묵이 이어졌습니다. 저의 정중함이 전달되기를 바라는 마음에서였지요. 그런 다음 억누를 수 없는 질문을 했습니다. "그런데, 왜지요?" 그가 답했습니다. "무장 강도였습니다. 저는 꽤 여러 해 동안 감옥에 있었지요."

저는 맨 먼저 떠오른 추측을 불쑥 내뱉었습니다. "정치 사범이었나 보죠. ……그러니까 프랑스 붉은 여단*의 일원?" 그때부터 스티글레르 교수와 저 사이에 한 수감자의 인생사에 관한 대화가 이어졌습니다. 스티글레르 교수의 경우엔 양심수인 동시에 일반 범죄자에 해당했지요. 넬슨 만델라가 《만델라 자서전》에서, 말콤 X가 자서전에서 그랬던 것과 마찬가지로, 스티글레르 역시 처음엔 감옥의 현실에서 도피하기 위해 책을 읽기 시작했습니다. 그다음엔 충족되지 않는 배움의 욕망 때문에 읽었지요. 그러다 한 자원봉사 단체가 매주 그에게 보내준 책에서 철학을 발견했습니다(영국의 비영리 단체인 '리더 오거나이제이션Reader Organization'도 비슷한 활동을 하지요). 복역 기간이 끝나던

• 1970~80년대 이탈리아의 극좌 군사조직으로 납치, 암살, 은행 강도를 서슴지 않았고 일부 구성원이 프랑스로 도주했다.

해에는 하루 10~12시간씩 읽어댔습니다. 그의 말로는 평생 어느 때와도 '비교할 수 없는 만족과 기쁨'을 누렸다고 합니다.

그 후의 이야기는 파리 사람들 사이에서 전설이 됐습니다. 스티글레르가 출소했을 때 저명한 프랑스 철학자 자크 데리다가 그에게 만나자고 했던 거지요. 그와의 만남 후에 스티글레르는 대학에 다시 입학했고 데리다와 함께 학위 논문을 마쳤습니다. 그러고는 프랑스에서 가장 생각을 자극하는, 논쟁적인 철학자 가운데 한 명이 되었지요. 그는 어떻게 해야 인간이 기술 문화 속에서 의미 있는 삶을 살 수 있을지를 새로운 관점으로 제시하기 위해 노력해왔습니다. 다른 곳에서 고안되었지만 그가 다시 환기시킨 것으로 파르마콘pharmakon이라는 개념이 있습니다. '치유력과 함께 독을 포함하고 있는 치료'라는 뜻이지요. 이 개념은 사회에 대한 기술의 복합적인 기여에 관한 저 자신의 관점을 정교하게 다듬는 데 도움이 되었습니다. 하지만 제가 파리에서 가져온 것은 현대 사상에 기여한 그의 난해한 변증법적 사상만이 아니었습니다. 그 자신이야말로 읽기가 무엇에 공헌할 수 있는지를 보여주는 생생한 사례입니다. 그것은 역경 속에서도 자신을 지탱하는 데 도움을 줄 뿐 아니라 자신을 넘어 타인의 선 쪽으로 생각의 방향을 돌려놓는 데에도 공헌합니다.

사회적 선을 위한 시간

우리는 우리가 만든 기술과 우리에게 쏟아지는 이른바 정보의 끊임없는 십

자포화에 의해 너무나 산만해지고 압도된 나머지, 그 어느 때보다 우리를 사로잡는 책에 몰입하는 것이 사회적으로 유용해 보인다. ……글을 쓰기 위해서뿐만 아니라 진지하게 읽기 위해서라면 반드시 가야 하는 정적의 장소야말로 당신이 실제로 책임 있는 결정을 내리고, 세상에 실제로 생산적으로 개입할 수 있는 곳이다. 그렇게 하지 않으면 두렵고 통제 불가능한 세상 말이다.

- 조너선 프랜즌

본회퍼와 스티글레르의 사례는 세 번째 읽는 삶이 자아를 떠받쳐 역경을 헤쳐 나갈 수 있게 하고, 나아가 타인에 대한 모범적인 봉사의 토대가 된다는 사실을 보여주었습니다. 조너선 프랜즌이 말하는 '정적의 장소'란 성찰의 영역을 뜻합니다. 거기서 우리는 읽는 행위를 통해 스스로 비판적으로 생각해볼 수 있고 책임 있는 결정을 내릴 수 있습니다. 그런 과정에서 그것은 사회적으로도 유용한 행위가 되지요.

메릴린 로빈슨은 미국 국민의 가치를 다룬 최근 에세이에 이렇게 썼지요. "과거 본회퍼가 그랬듯이 우리도 문턱에 서 있다. 어떤 사회도 도덕적 재앙에서 면제되지 않았다는 사실을 알기에 그의 삶의 본보기를 생각하면 지금 내가 목도하고 있는 역사적 순간의 위중함에 관해 이야기하지 않을 수 없다. ……그가 우리보다 먼저 깨우친 아픈 교훈을 인정하는 것이 그에 대한 우리의 의무다. 그 교훈이란 이런 도전들이 너무 늦게 이해될 수 있다는 것이다."

우리는 로버트 단턴이 말한 역사적인 '전환의 순간'에 살고 있습니다. 완전히 새로운 형식의 소통과 인지, 그리고 결국에는 도덕적으로 막중한 선택으로 가는 길목에 서 있는 셈이지요. 다른 거대한 전환 과정과는 달리, 우리는 과학과 기술, 그리고 윤리적 상상력을 통해 우리가 직면한 도전들을 너무 늦기 전에 이해할 수 있습니다. 우리가 그렇게 하기로 선택만 하면 됩니다. 앞서 말씀드린 대로, 우리는 현실을 마주해야 합니다. 너무나 많은 선택지를 쏟아붓는다면 우리에게 거의 생각을 요구하지 않는 정보에 의존하는 것이 우리 의식의 기본 설정이 되어버릴 수도 있습니다. 그러면 점점 더 많은 사람들이 우리가 이전에 생각했던 방식과 내용에 부합한다는 이유로 선택한 정보를 토대로 자신이 무언가를 안다고 생각하겠지요. 그 결과 좀 더 깊이 생각할 동기는 점점 줄어듭니다. 자신과 다른 관점들을 취해보려는 동기는 말할 것도 없지요. 우리는 충분히 안다고 생각한 나머지 수동적, 인지적 안일함에 빠지게 됩니다. 그 이상의 깊은 성찰은 배제한 채 스스로 생각하지 않고 다른 사람의 생각을 받아들이는 거지요.

이것이 지적, 사회적, 도덕적 방만과 사회 질서의 부실화에 이르는 길임은 이미 오래전에 알려졌습니다. 여기에 바로 이 책의 궁극적인 메시지가 있습니다. 즉 주장의 강약을 불문하고 어떤 식의 디지털 연쇄 가설에 입각하더라도, 우리가 디지털 연쇄 작용의 잠재적 위험을 모르고 있다가는 우리의 가장 반성적인 능력이 위협받을 수 있으며, 결국 민주 사회의 미래에도 심대한 결과를 초래할 수 있다는 사실입니다. 개개인의 분석적, 반성적 능력이 마비되거나 점점 사용되지 않는 것은 민주 사회에는 최악의 적입니다. 그것은 어떤 이유에서든, 어느 매체에 의해서든, 어느 시대에든 마찬가지입니다.

20년 전에 마사 누스바움은 시민이 남에게 생각을 떠넘기면 어떤 문제가 발생하는지 썼습니다.

기술적으로는 유능한 국민이 비판적으로 사고하고, 자신을 성찰하며, 인간성과 타인의 다양성을 존중하지 않는다면 그 나라에는 재앙이 닥칠 수도 있다. 그런데도 그런 노력들을 지원하지 않는다면 우리가 그런 나라에 살 수도 있다. 따라서 자주적으로 사고하면서, 자기와 다르거나 낯선 것을 물리쳐야 할 위협이 아니라 시민으로서의 정신과 능력을 확장하기 위해 탐구하고 이해해야 할 초대라고 생각하는 국민을 양성하는 것이 시급하다. 이 목표를 위한 교과과정의 개선 노력을 당장이라도 지원해야 한다.

누스바움이 보다 사려 깊고 공감 어린, 다양한 시민성을 기르자고 호소한 것은 더없이 시급한 혹은 시의적절한 일입니다. 만약 우리 자신이 생각하는 법을 돌아보는 능력을 점점 잃어간다면, 우리를 지배하려는 자들이 어떻게 사고하는지 냉정하게 살펴보는 능력 또한 잃게 될 것입니다. 20세기 최악의 참극은 사회가 자신의 행동을 살펴보지 못한 채 스스로 분석하는 힘을, 어떻게 생각하고 무엇을 두려워할지 지시하는 자들에게 넘겨줄 때 어떤 비극이 일어나는지 증언합니다. 본회퍼는 이 오랜 시나리오를 감옥에서 기술했지요.

좀 더 면밀히 들여다보면 권력의 폭력적인 표현은, 그것이 정치적인 것이든 종교적인 것이든, 대다수 인류에게 어리석음을 분출시켰음을 알 수 있다. 이것은 실로 심리학적, 사회학적 법칙처럼 보인다. 일부 사람들의 권력은 다른 사람들의 어리석음을 필요로 한다. 어떤 인간의 능력, 이를테면 지적 능력의 마비나 파괴가 아니라 권력의 분출이 너무나도 압도적인 인상을 주기 때문에 사람들은 독립적인 판단력을 뺏기게 되고…… 새로운 상황을 스스로 가늠하려는 시도조차 포기하게 된다.

21세기의 가장 큰 실수를 꼽는다면, 첫 번째는 20세기의 최대 실수를 무시한 것이고, 두 번째는 점점 파편화하는 사회에서 우리의 비판적인 분석력과 독립적인 판단력을 이미 다른 사람들에게 넘겨준 것은 아닌지 가늠조차 하지 못한다는 것입니다. 굳이 답을 해야 한다면, 우리의 핵심적인 능력이 이미 감퇴하기 시작했다는 점에 의문을 제기할 사람은 거의 없을 것입니다. 다만 그런 능력의 감퇴가 구체적으로 누구에게 왜 일어나고 있는지가 문제겠지요.

저는 읽는 뇌의 변화에 관한 저의 연구가 민주 사회에 대한 함의를 담고 있을 거라고는 전혀 상상하지 못했습니다. 제 연구는 주로 디지털 문화에 대한 적응을 반영하는 것이었지요. 하지만 민주 사회에 대한 함의가 있다는 것이 저의 결론입니다. 카를로 마리아 마티니 추기경도 움베르토 에코와의 대화 중에 비슷한 말을 했었죠. 그는 민주적 과정에 대한 오랜 불변의 견해를 되풀이했습니다. "민주주의라는 섬세한 게임은 의견과 믿음의 변증법을 지원합니다. 그런 의견과 믿음의 교환이 질서 있는 공존의 토대인 집단적인 도덕적 양심을 키워갈 거라는 희망 속에서 말이지요."

문자의 발명이 인류에게 끼친 가장 중요한 공헌은 비판적, 추론적 사고와 성찰 능력을 위한 민주적 기반을 마련한 것입니다. 이것은 집단적 양심의 기초입니다. 21세기에 우리가 결정적으로 중요한 집단적 양심을 보존하려고 한다면 우리 사회의 모든 구성원이 깊이 읽고 생각할 수 있어야 합니다. 우리가 아이들을 교육하고 모든 시민을 재교육해서 개개인이 매체를 불문하고 비판적이고 현명하게 정보를 처리하게 하지 않는다면 우리는 실패한 사회가 될 것입니다. 그리고 우리와 의견이 다른 사람들에게도 반성적 사유의 능력을 인정하지 않는다면 우리 사회는 20세기 사회만큼이나 실패한 사회가 될 것이 확실합니다.

나딘 스트로센Nadine Strossen이 신간《증오: 왜 우리는 검열이 아닌 언론 자유로 저항해야 하는가Hate: Why We Should Resist It with Free Speech, Not Censorship》에서 설득력 있게 썼듯이, 민주주의 하에서는 모든 시민의 권리와 생각과 열망이 존중받고, 모든 시민에게 발언 기회가 주어져야 합니다. 또한 시민들이 자신들의 관점과는 상관없이 이런 원칙을 믿어야만 비로소 민주주의가 성공합니다. 그동안 충분히 논의되지 못했지만 민주주의를 위협하는 것은 다양한 견해들의 표출이 아닙니다. 모든 시민이 지적 능력을 발휘해 자신의 견해를 형성하도록 교육하지 못하는 것이 진짜 위협입니다. 교육의 부재로 인한 공백은 불가피하게 선전선동에 대한 취약성으로 이어집니다. 이럴 때는 거짓으로 부풀려진 희망과 거짓으로 제기된 공포가 이성을 누르고 반성적 사고력을 감퇴시키는 한편, 이성적 공감에 의한 의사결정에도 영향을 미치게 되지요.

대다수 사람들은 이 중 어떤 것도 자각하지 못하게 됩니다. 헤세의 《유리알 유희》를 읽어보는 모의실험을 통해 우리의 반성 능력을 점점 사용하지 않는 것에 대해 사회적 자각까지는 아니어도 개인적 자각에 이른 것은 취약하고 틈이 많은 것입니다. 따라서 그대로 믿을 것이 아니라 검증되어야 합니다. 청소년이 외부 정보원에 너무 의존하면서 자신이 무엇을 모르는지도 모를 것이라는 사실이 걱정스러운 것과 마찬가지로, 아이들의 안내자인 우리 자신의 사고가 어느새 협소해지고 복잡한 이슈에 대한 관심이 부지불식간에 줄어드는가 하면, 140자 이상으로 글을 쓰고 읽고 생각하는 능력이 감퇴하고 있음을 깨닫지 못하는 것은 아닌지 걱정스럽습니다. 우리 모두가 읽는 사람으로서, 쓰는 사람으로서, 생각하는 사람으로서 자신의 상태를 점검해봐야 합니다.

한 사회의 좋은 독자들은 구성원에게 위험을 알려주는 카나리아이자 인간성의 수호자입니다. 세 번째 읽는 삶의 마지막 이점은 정보를 지식으로, 지식을 지혜로 바꿔주는 것입니다. 마거릿 레비 Margaret Levi 가 박애주의의 기초로 제안했듯이, 우리가 지닌 최고의 지적 능력과 공감 능력을, 덕성을 위한 능력과 결합하는 것이야말로 우리 종이 지속되어온 비결임에 틀림없습니다. 이런 능력들이 위험에 처하면, 좋은 독자들이 위험에 빠지면 우리 모두가 위험해집니다. 좋은 독자들이 지원받을 때 우리는 디지털 문화의 약점에 대한 해독제뿐만 아니라 우리 문화가 가진 가장 위대한 잠재력을 가지고 미래로 나아가기 위한 열쇠도 갖게 될 것입니다. 그 열쇠란 현명한 행동입니다.

지혜를 위한 시간

지혜는 사색만도 아니고 행동만도 아니며, 행동하는 사색이라는 것이 나의 결론이다.

– 존 던

좋은 독자의 세 번째 삶이 선사하는 선물 가운데 가장 높은 형식의 인지인 지혜는 읽는 삶의 궁극적인 표현입니다. 철학자 찰스 테일러는 《언어 동물The Language Animal》에서 언어에 관한 빛나는 구절을 빌헬름 폰 훔볼트의 저술에서 따온 말로 시작했지요. 그 구절은 인간이 지혜를 추구하게 하는 '표명의 충동drive to articulate'을 일깨웁니다. "우리에게는 '언어가 직접 담을 수는 없지만 언어에 의해 자극을 받아 〔정신 또는 영혼이〕 공급해야만 하는, 그리고 〔그 충동은〕 반대로 영혼이 느끼는 모든 것을 소리와 짝 지워야 하는 무엇이 존재한다는 느낌'이 늘 있다." 테일러가 보기에 "언어를 갖는다는 것"은 바로 그 본성상 "표명의 힘을 확장하려는 노력에 계속 관여되는 것"입니다.

따라서 좋은 독자의 세 번째 삶은 우리가 최선의 생각에 이르고 그것을 표현하도록 계속해서 관여하는 것입니다. 그럼으로써 우주에 대한 더없이 진실되고 보다 아름다운 이해를 넓혀가고, 이러한 전망에 기초한 삶을 살게 되지요. 그런 탐구에 나서는 것은 깊이 읽기의 가장 심원한 목표이자 지혜의 시작이지만 그렇다고 해서 끝은 아닙니다. 프루스트가 여러 해 전에 명료하게 표현했듯이, "〔저자의〕 지혜의 끝은 우리의 시작일 뿐입니다." 이 말은 언젠가부터 지금껏 저의 기억을 돕는 비망록이 되었지요. 덕분에 저는 언제 저의 역할을 멈추고 좋은 독자(바로 저의 친애하는 독자인 여러분)로 하여금 우리 모두 앞에 놓인 일을 넘겨받도록 준비시킬지를 알 수 있습니다.

읽기의 미래와 좋은 독자

단어의 일은 숭고하다. ……그것은 발생적이기 때문이다. 그것은 의미를 만들고, 의미는 우리의 차이, 우리의 인간적인 차이(다른 누구와도 같지 않은 우리의 존재 방식)를 지켜준다. 우리는 죽는다. 그것이 삶의 의미일지도 모른다. 하지만 우리는 말을 한다. 그것이 우리 삶의 척도일지 모른다.

– 토니 모리슨

첫 번째 편지부터 마지막 편지에 이르기까지 모든 페이지에서 저는 인간이 끌어낸 성취인 읽는 뇌를 찬양했습니다. 그 행간에 숨어 있는 저의 바람은 이제 저의 염려에 관해 독자 여러분과 대화하는 것입니다. 첫째, 읽는 뇌의 높은 가소성이 디지털 매체의 특성을 반영하면서 우리의 가장 본질적인 사고 과정(비판적 분석과 공감, 반성)을 위축시키고 결국에는 민주 사회까지 해치게 될까요? 둘째, 우리 청소년들이 그와 같은 사고 과정을 형성하는 것마저 위협받게 될까요? 물론 앞서 말한 인간적인 사고 과정 하나하나가 지속적인 위협 상태에 놓인 것은 사실입니다. 하지만 각각의 과정은 수백 년에 걸쳐 촉진돼왔습니다. 그 사실에서 우리는 위안을 얻을 수도 있습니다.

하지만 저의 세 번째 우려를 생각하면 그렇게 안심이 되지 않습니다. 왜냐하면 그것은 동시에 우리의 발전에도 도움이 되기 때문이지요. 우리 인간은 능력을 더하고 한계를 넘어가려는 억누르기 힘든 충동을 타고나는 것처럼 보입니다. 우리가 할 수 없을 때는 대신 해줄 새로운 도구와 기술을 만들어내지요. 인간 두뇌의 높은 가소성이 이런 일을 자극하고 가능하게 합니다. 하지만 동시에 뇌가 지닌 가소성은 우리가 새로운 기술 도구를 이용해 지각적, 지적 한계를 넘어서려 할 때마다 우리의 어떤 능력(가령, 주의와 기억)에 변화가 일어나는 것에도 대처하는 나름의 지혜가 있습니다. 진화 과정에서는 어떤 종과 특성 그리고 능력에 적대적인 환경 때문에 해당 종과 특성 그리고 능력이 사라지면서 '공백misses'이 나타나게 되지요. 마찬가지로, 우리가 거의 상상할 수도 없는 미래에 대비하기 위해 새롭고 필수적인 기술을 열정적으로 습득하는 과정에서 인지 능력의 후성적 변화에도 그런 공백이 나타날 수 있습니다.

이것이 현재 우리의 읽기 회로에 형성된 인지적, 감정적, 윤리적 과정이 다시 위협받으면서 일어나고 있는 디지털 딜레마입니다. 지금까지 독자로서 우리의 정체성을 만들어온 이런 과정을 단축하기란 너무나 쉽습니다. 우리가 읽은 정보와 거기 적용하는 분석(그리고 반성) 사이에서 커져가는 간극을 무시하고 보다 많은 지식을 보다 빠르게 얻는 새로운 모드로 넘어가기는 너무나 간단합니다. 우리는 잠시 걸음을 멈추고 다음에 어떤 존재가 되고 싶은지, 어떤 능력들이 미래 세대의 읽는 뇌에서 최선의 조합이 될지 우리의 모든 지력을 동원해 검토해야 합니다. 그것이 바로 데이비드 울린이 말한 '저항의 행동'일 것입니다.

이제 여러분은 깊이 읽는 뇌가 두개골과 살로 이루어진 실체인 동시에 인간 지능과 덕성의 지속적인 확장을 뜻하는 은유라는 사실을 깨달았을 것입니다. 가끔 미래 세대의 회로 단축에 대한 저의 걱정이 지나칠지도 모르겠습니다. 하지만 저는 우리 종의 기하급수적으로 증가하는 지적, 감정적, 도덕적 능력을 구현하는 이 회로의 다재다능한 잠재력에 대한 기대와 신뢰가 있답니다.

지금은 우리 세대의 전환점입니다. 우리 삶의 진정한 척도를 취할 결정의 시간입니다. 우리가 현재의 문화적, 인지적 교차로에서 현명하게 행동한다면, 찰스 다윈이 우리 종의 미래에 대해 희망한 것처럼, 우리는 '끝없는 형태의, 최고의 아름다움'을 만들 수 있는 더없이 정교한 읽는 뇌 회로를 만들어낼 거라고 믿습니다.

*   *   *

친애하는 좋은 독자 여러분, 천천히 서둘러, 집으로 오세요.

성공을 빌며,

매리언

감사의 말

"모든 책은 자기만의 생명이 있답니다." 선견지명이 있는 저의 하퍼콜린스 편집자 게일 윈스턴이 말했습니다. 10년 전에 제가 첫 책을 끝냈을 때였지요. 지금 그 말이 생각납니다. 이번 책에 더없이 맞춤한 말이기 때문이지요. 이 책이 잉태되고 발육하기까지 기여한 모든 분들을 떠올리면 그렇습니다. 출발점은 저의 어머니 메리 엘리자베스 베크먼 울프였지요. 겉보기엔 평범한 여성이었습니다. 하지만 비범한, 어쩌면 탁월한 독학자였죠. 인생의 마지막 주까지 책을 읽고, 자녀와 손주와 증손주를 보살피셨습니다. 어머니가 세상과 작별하기 이틀 전에 저는 이 책을 저의 가장 친한 친구인 그녀에게 헌정할 거라고 말했습니다. 저는 어머니가 그 말을 들으셨을 거라고 확신합니다. 어머니는 언제나 제 말을 들으셨고, 제가 아주 운이 좋다면, 지금도 제 말을 들으실 겁니다.

저의 두 아들, 예술계에 있는 벤 울프 노엄과 구글에서 일하는 데이비드 울프 노엄은 간혹 문자를 보내거나 멀티태스킹을 하며 제 말은 듣지 않는 것처럼 보입니다. 하지만 저는 그들이 제 말을 듣고 있다는 것을 압니다. 한때 저의 통찰이 두 아들의 길을 인도해주길 바랐던 것처럼, 이제는 그들의 더없이 현명한 통찰이 저의 길잡이가 되어줍니다. 비록 두 아들이 추천한 제목들(예를 들면 tl;dr!)을 제목으로 선택하지는 않았지만, 이 책의 중심 주제들에 관한 둘의 생각들이 이 책을 쓰는 동안 제 머릿속을 관통했던 대화의 일부가 되어주었습니다. 저는 두 아들을 더없이 사랑합니다. 그리고 더없이 고맙게 생각합니다.

많은 분들이 이 책의 집필에 도움을 주셨습니다. 정말 감사드립니다. 저의 편집자인 게일 윈스턴과 저의 대리인인 앤 에델스타인은 이 책의 공동 부모나 다름없습니다. 원고를 고쳐 쓰는 과정에서 누구도 그보다 세심하고 유용한 도움을 줄 수는 없었을 것입니다. 저는 한때 그들을 단테의 베아트리체와 같은 존재로 생각했지만 이제는 필수불가결한 신경교질세포로 생각하고 있습니다. 신경교질세포란 뇌의 첫 뉴런들을 위해 지지체를 만들고 치유하고 접목하고 종착지까지 안내하는 특별한 세포이지요. 집필이 끝나가는 동안 앤과 게일의 지원도 그런 역할을 했습니다. 어떤 분들은 신경교질세포라는 용어를 어렵게 여기시겠죠. 하지만 이 말은 고맙게도 제 친구가 되어준, 두 명의 특별한 여성에게 바치는 최상의 찬사입니다. 다른 두 친구에게도 큰 감사를 표합니다. 이탈리아 출판사 비타 에 펜시에로의 디렉터인 아우렐리오 마리아 모톨라 박사는 첫 번째 편지부터 네 번째 편지까지 언어와 문학에 관한 대단한 통찰을 나눠주었고, 극작가 캐시 템플스먼은 제목을 짓는 데 특별한 도움을 주었습니다.

제가 집필한 책이나 논문이나 에세이는 모두 터프츠 대학교의 읽기와 언어 연구소CRLR의 동료들과 대학원생들 덕분에 세상에 나왔습니다. 여러 해에 걸친 그들의 연구가 없었다면 불가능했겠죠. 그들의 명단은 항상 연구소의 전 부소장인 아동언어학자 스테파니 갓월드와 함께 시작합니다. 아이들에 대한 그녀의 헌신은 정말 대단합니다. 오직 같은 시기에 CRLR에서 함께 일한 사람들만이 그런 헌신을 보여주었죠. 여기에는 캐서린 도넬리 애덤스, 마야 앨리비사토스, 미릿 바질레이, 수리나 바쇼, 테리 조프 베나리에, 캐슬린 비들, 엘렌 보이셀, 퍼트리샤 바우어스, 조애나 크리스토도울루, 콜린 커닝엄, 테리 디니, 패트릭 도넬리, 웬디 갤런트, 이보니 길, 에릭 글릭먼-톤드로, 애넬리 허시먼, 타미 캇지르, 신시아 크룩, 린 토머 밀러, 마야 미스라, 캐시 모리츠, 엘리자베스 노턴, 베스 오브라이언, 멜리사 오킨, 앨리사 오루크, 올라 오제르노프-팔치크, 캐서린 스투들리, 캐서린 울먼 셰이드, 로라 밴더버그가 포함됩니다. 그 외에도 많은 사람이 있지만 이만 줄일까 합니다. 하지만 이번 책에서 반드시 감사를 전하고 싶은 분들이 있습니다. 미릿 바질레이는 기술과 아동에 관한 탁월한 생각으로, 타미 캇지르와 멜리사 오킨은 유창함과 정동에 관한 중요하고 새로운 통찰로, 올라 오제르노프-팔치크는 읽기 예측과 음악에 관한 예외적인 연구로, 다니엘라 트라피칸테와 발렌티나 안돌피는 RAVE-O 학습 지도 프로그램에 관한 흥미진진한 연구로 도움을 주었습니다.

지난해 니어말라 싱-모한은 갓월드 박사, 오킨 박사와 함께 연구소 활동을 조정해주었을 뿐만 아니라 이 책의 원고를 준비하는 데도 도움을 주었습니다. 그녀는 이 책의 출간에 대해 치하받을 자격이 있습니다! 그에 못지않은 자격을 가진 사람으로 캐서린 스투들리가 있지요. 아메리칸 대학교의 왕성한 신경과학자인 그녀는 읽는 뇌에 대한 독특하고 기발한 관점으로 이 책에 멋진 그림을 더해주었습니다. 그녀는 두 배의 재능을 타고난 사람입니다.

또 다른 세 집단의 동료들이 지난 몇 년간 저의 연구 프로그램을 뒷받침하고 키워왔습니다. 국립 아동보건 인간발달 연구소의 협력자들이자 저의 소중한 친구들인 로빈 모리스와 모린 러빗 그리고 저는 20년 이상 난독증 등의 읽기 장애가 있는 아동을 돕기 위해 연구하고 있습니다. 우리는 이 연구에 막대한 지원을 해온 NICHD의 레이드 리온과 페기 맥카들에게 특별히 감사드립니다. 모린과 로빈은 저의 연구 활동에서 신경교질세포이자 최고의 동료입니다. 두 사람은 또한 글로벌 문해에 관한 우리의 최신 연구 협력 사업(큐리어스 러닝)에도 참여하고 있지요. 이 사업에는 스테파니 갓월드(맞습니다. 그녀는 여러 개의 모자를 쓰고 있지요!)와 틴슬리 갤리언 외에도 저의 MIT 미디어랩 동료인 신시아 브리질과 에릭 글럭먼-톤드로 그리고 테일러 톰슨도 함께하고 있습니다.

가장 최근에는 UCLA에 있는 저의 친구이자 동료들인 캐롤라와 마르셀로 수아레즈-오로즈코의 사회 정의와 아동에 관한 대단히 중요한 연구(이민 아동의 삶에 관한 지속적인 연구에서부터 복합 다문화 학습자에 관한 우리의 공동 연구)에 빚을 졌습니다. 그들과 신경학자 안토니오

배트로, 그리고 교황청 과학원의 몬시뇰 마르셀로 산체스 소론도 원장 덕분에 참정권을 박탈당한 가정의 아동들을 위한 바티칸 회의에 수차례 초대받아 문해에 관한 저의 연구 결과를 발표할 수 있었지요. 그와 관련된 연구에서도 저의 UCSF 의과대학 동료들인 난독증 센터의 후미코 회프트와 마리아 루이사 고르노-템피니에게 도움을 받았습니다. 그들은 첨단의 신경과학 연구를 난독증에 적용하고, 이를 우리 학교에 활용하기 위해 헌신적으로 일했습니다. 우리는 캘리포니아 전역의 공사립 대학과 병원 그리고 학교들의 노력을 조율하여 최대한 많은 아이들, 특히 읽기와 학습에 장애가 있는 아이들에게 읽기 능력을 제공할 수 있기를 바랍니다.

단 하루도 저와 함께 연구를 한 적은 없지만 케임브리지의 친구들은 모든 여성 작가에게 필요한 지원을 해주었습니다. 또 다른 여성 작가와 예술가들을 이어주었던 것입니다. 저는 대단한 소설가인 기시 젠과 앨레그라 굿맨, 보스턴의 건축가인 매리언 톰슨, 하버드의 나비 연구가인 나오미 피어스(그녀는 나비의 이주 형태에 관한 블라디미르 나보코프의 연구가 옳았음을 증명했습니다!) 등이 100번의 아침 식사를 함께해주며, 독특한 격려와 동료애를 보여준 것에 대해 늘 고맙게 여길 것입니다. 여러 차례 점심 식사를 함께한 최고의 친구 재클린 올즈, 더없이 멋진 저녁 시간들을 함께한 드보라 더메인과 르노어 디킨슨, 크리스틴 허비스-소머스에게도 마찬가지입니다.

터프츠 대학교의 행정 당국, 특히 제임스 글레이저 학장과 조 오너 학장, 앤서니 모나코 총장의 막대한 지원이 없었다면 저는 이 책을 위한 연구를 수행할 수 없었을 것입니다. 그들은 제게 2년의 집필 휴가를 주고 격려까지 해주었습니다. 덕분에 스탠퍼드 대학교 부설 행동과학 고등연구 센터CASBS에서 이 책을 쓸 수 있었지요. 저는 앞으로도 CASBS에 늘 감사한 마음을 품을 것입니다. 또한 엘리엇-피어슨 아동발달학과와 인지과학 프로그램에 소속된 동료들, 특히 칩 기드니, 레이 재켄도프, 프란 야콥스, 지나 쿠퍼버그, 그리고 저의 학과장인 데이비드 헨리 펠드먼도 많은 지원을 해주었습니다. 저는 소중한 친구이자 탁월한 동료였던 고故 제리 멜던 터프츠 대학교 교수가 항상 그리울 것입니다. 그를 아는 모든 사람이 그렇겠죠.

이 책은 물론 저의 다른 책들이 탄생하기까지 CASBS는 특별한 자리를 차지합니다. 마거릿 리비(아홉 번째 편지 '상호 이타주의'에 관한 그녀의 연구를 참조하시기 바랍니다)의 현명하고 통찰력 있는 지도 하에 CASBS는 저와 저의 동료 학자들에게 지적 성소를 제공했습니다. 그곳에서 우리는 학문의 경계를 넘나들며, 함께 글을 쓰고 토론할 수 있었고, 그 과정에서 새로운 사고의 방향을 찾을 수 있었지요. 마거릿과 부소장 샐리 슈뢰더부터 제가 가장 좋아하는 기술 전문가 래비 쉬바바에 이르기까지 CASBS의 모든 직원들은 우리가 반성적 사고를 하고 그 결과물을 낳도록 훌륭한 공간을 만들어주었습니다. 이 책의 생명은 거기에서 시작됐지요.

몇 년간 저는 집필을 위해 여름마다 세계적인 명소인 프랑스 탈루아를 찾았습니다. 그곳의 안시 호숫가에 터프츠 대학교의 국제 센터와 여름 학교가 있습니다. 탈루아 프로그램의 디렉터인 가브리엘라

골드슈타인의 아량과 호의 덕분에 그곳에서 여름을 보낼 수 있었지요. 그곳에 있는 프랑스 예술가 로르 테니에르의 작업실에서 이 책을 썼습니다. 이 놀라운 여성 두 분에게 깊은 감사를 드립니다.

제가 기회가 있을 때마다 감사를 표하는 또 다른 멋진 여성이 있습니다. 남편인 브래드와 함께 지난 10년간 저의 읽기 지도와 글로벌 문해 사업을 지원해준 바버라 에반스입니다. 그녀와 브래드는 저의 연구와 대학원생 훈련 프로그램에 비용을 지원해주었지요. 덕분에 많은 대학원생이 교사가 되거나 읽기와 난독증에 관한 연구를 이어 갈 수 있었습니다. 무엇보다 바버라는 제게 호의와 영감의 원천이었습니다. 언제나 저에 대한 지원을 아끼지 않을 뿐만 아니라 모든 사람에게 최선을 다해 아이들을 도우라고 부드럽게 권하지요. 바버라와 브래드는 제가 아는 가장 훌륭한 사람들입니다.

저는 이 감사의 글을 처음 시작했던 곳에서 마치고 싶습니다. 바로 제 어머니와 가족 그리고 친구들입니다. 어머니와 아버지는 최고의 부모였습니다. 조, 캐런, 그레그, 그리고 저. 이렇게 네 자녀를 정성껏 돌보시기 위해 당신께서 알고 계신 모든 방법을 동원하셨지요. 제 부모님을 만난 것만큼이나 운 좋은 일이 또 있습니다. 저의 형제자매와 그들의 배우자인 바버라, 배리, 잔과 함께하게 된 것입니다. 결코 우연은 아닙니다. 최고의 행운에 프랭크와 메리 울프의 육체적, 도덕적, 정신적 유산을 지켜가려는 우리 모두의 노력이 합쳐진 결과일 따름이지요.

저의 가장 소중한 친구들에게도 같은 마음입니다. 우선 캐런 수녀님, 헤아디 밸리와 토머스 밸리, 신시아 콜레티 스튜어드, 크리스틴 허비스-소머스, 시기 로트멘쉬, 아우렐리오 마리아 모톨라, 로테 노엄이 떠오릅니다. 지금은 세상을 떠난 분들도 계시지요. 울리 케스퍼 그로스먼, 켄 소콜로프, 데이비드 스위니, 나의 선생님이자 벗인 태미 웅거, 존 S. 던 신부님은 이 책의 시작부터 끝까지 저의 생각에 동행하셨습니다.

여러분 모두에게도 감사드립니다. 여러분 한 분 한 분이 없었다면 이 책도 결코 나오지 않았을 것입니다. 이것이 "모든 책은 자기만의 생명이 있다"는 말의 숨은 뜻이겠지요.

주

11 우리는 진화의 다른 단계에 이르렀으며: J. Enriquez and S. Gullans, *Evolving Ourselves: How Unnatural Selection and Nonrandom Mutation Are Changing Life on Earth* (New York: Current, 2017), 180, 259.

11 읽기는 관조의 행동이다: D. L. Ulin, *The Lost Art of Reading: Why Books Matter in a Distracted Time* (Seattle, WA: Sasquatch Books, 2010), 150.

첫 번째 편지: 읽기, 정신의 카나리아

21 필딩은 당신을 부릅니다: B. Collins, "Dear Reader," in *The Art of Drowning* (Pittsburgh: University of Pittsburgh Press, 1995), 3.

21 우주적 변화: 엔리케스와 걸런스 같은 미래학자들의 저서인 *Evolving Ourselves: How Unnatural Selection and Nonrandom Mutation Are Changing Life on Earth* 외에도, 우리 몸에는 우리은하는 물론 다른 은하의 물질(탄소, 질소, 산소 등의 원자들)까지 포함돼 있음을 시사하는 노스웨스턴 대학교 천체물리학자들의 새로운 연구를 말한다. 다음의 글도 보라. *Monthly Notices of the Royal Astronomical Society*, July 26, 2017.

22 인간은 읽는 능력을: 나의 첫 책 《책 읽는 뇌》를 그런 말로 시작했다.

25 《두이노의 비가》: R. M. Rilke, *Duineser Elegien*, trans. A. Poulin, Jr. (Boston: Houghton Mifflin, 1977).

25 하와이 시골에서 평화봉사단 비슷한 일: CILA 프로그램에 포함된 노터데임 대학 후원 사업이었다. 에릭 워드와 나와 헨리와 토니 르모인은 하와이 와이알루아의 한 학교에 교사로 자원했다. 그 학교에는 아이들을 가르칠 교사가 더 이상 충원되지 않고 있었고, 부모들 대다수는 필리핀에서 그곳 사탕수수 농장으로 일하러 온 사람들이었다.

28 《책 읽는 뇌》: 매리언 울프, 《책 읽는 뇌》 참조.

29 스티븐 허시: 터프츠 대학교의 고전학 교수. 나는 그가 소크라테스와 플라톤에 대해 1년 가까이 개인 지도를 해준 것을 고맙게 생각한다.

29 월터 옹: W. Ong, *Orality and Literacy* (London: Methuen, 1982).

31 깊이 읽기를 구성하는: 이 용어가 처음 사용된 곳은 Sven Birkerts in *Gutenberg Elegies*이며, 내 연구에서 보다 구체적으로 (인지적으로) 사용되었다. 다음을 보라. M. Wolf and M. Barzillai, "The Importance of Deep Reading," *Educational Leadership* 66, no. 6 (2009): 32-37. 니콜라스 카가 그의 저서 《생각하지 않는 사람들》에서 이 용어를 폭넓게 사용한 것도 내게 영향을 주었다.

32 우리의 진화 과정에서 선택을 앞두고 있습니다: Enriquez and Gullans, *Evolving Ourselves*.

32 소통의 비옥한 기적: M. Proust, *On Reading*, ed. J. Autret, trans. W. Burford (New York: Macmillan, 1971; originally published 1906), 31.

32 《젊은 시인에게 보내는 편지》: R. M. Rilke, *Letters to a Young Poet*, trans. M. D. H. Norton (New York: W. W. Norton, 1954). 또한 다음 책도 보라. Rilke, *Briefe an einen jungen Dichter* (Wiesbaden: Insel-Verlag, 1952). 이 편지들은 1902~1908년에 프란츠 크사버 카푸스와 주고받은 것이다.

33 《다음 새천년을 위한 여섯 편의 메모》: I. Calvino, *Six Memos for the Next Millennium* (Cambridge, MA: Harvard University Press, 1988).

35 칸트가 제기했던 세 가지 질문: J. S. Dunne, *Love's Mind: An Essay on Contemplative Life* (Notre Dame, IN: University of Notre Dame Press, 1993).

36 글로벌 문해력 향상을 위한 사업: 큐리어스 러닝의 내 동료들이 벌이는 활동은 다음과 같다. 글로벌 문해 사업은 나의 책 *Tales of Literacy for the 21st Century* (Oxford, UK: Oxford University Press, 2016) 마지막 장에 소개돼 있다. 이 사업은 바티칸시에서 교황청 과학원이 주최한 네 차례 모임에서 발표됐다. 다음의 내용들도 포함된다. M. Wolf et al., "The Reading Brain, Global Literacy, and the Eradication of Poverty," *Proceedings of Bread and Brain, Education and Poverty* (Vatican City: Pontifical Academy of Social Sciences, 2014); M. Wolf et al., "Global Literacy and Socially Excluded Peoples," *Proceedings of The Emergency of the Socially Excluded* (Vatican City: Pontifical Academy of Social Sciences, 2013).

36 아리스토텔레스는: Dunne, *Love's Mind*.

38 쇠가 쇠를 단련시키는: J. Pieper, *The Silence of St. Thomas*, trans. John Murray and Daniel O'Connor (South Bend, IN: St. Augus-tine's Press, 1957), 5.

38 내가 보기에: 프루스트의 이 글은 다음 책에 실린 번역문을 그대로 인용했다. M. Edmundson, *Why Reading?* (New York: Bloomsbury, 2004), 4.

두 번째 편지: 커다란 서커스 천막 아래

41 뇌는-하늘보다 넓습니다: E. Dickinson, *The Complete Poems of Emily Dickinson*, ed. T. J. Johnson (Boston: Little, Brown, 1961). Wikisource, 6320.

42 말하라, 모든 진실을. 하지만 비스듬히 말하라: 앞의 책. Wikisource, 1129.

42 서로 연결되어 있어: D. Eagleman, *Incognito: The Secret Lives of the Brain* (New York: Viking Press, 2011), 1.

42 읽기를 위한, 완전히 새로운 회로: 이 편지가 크게 의지하고 있는 연구는 다음에 요약돼 있다. "A Neuroscientist's Tale of Words," chap. 4 of M. Wolf, *Tales of Literacy for the 21st Century* (Oxford, UK: Oxford University Press, 2016). 회로의 개념에 관한 연구로는 다음을 보라. S. Petersen and W. Singer, "Macrocircuits," *Current Opinion in Neurobiology* 23, no. 2 (2013): 159 – 61. 읽기 회로에 관한 중요한 연구로는 다음을 보라. B. A. Wandell and J. D. Yeatman, "Biological Development of Reading Circuits," *Current Opinion in Neurobiology* 23, no. 2 (2013): 261 – 68; B. L. Schlaggar and B. D. McCandliss, "Development of Neural Systems for Reading," *Annual Review of Neuroscience* 30 (2007): 475 – 503; J. Grainger and P. J. Holcomb, "'Watching the Word Go By': On the Time-course of Component Processes in Visual Word Recognition," *Language and Linguistics Compass* 3, no. 1 (2009): 128 – 56.

44 재활용하고: 신경 재활용이라는 용어는 스타니슬라스 드앤이 사용했는데, "다른 기능에 전념하는 피질 영역을 문화적 발명이 부분적으로 혹은 전면적으로 공략"한 것을 가리킨다. "신경 재활용은 또한 일종의 재교육 혹은 재훈련이다. 즉 예전의 기능을 현재의 문화적 맥락에서 더 유용한 새로운 기능으로…… 변형시키는 것이다." S. Dehaene, *Reading in the Brain: The New Science of How We Read* (New York: Viking, 2009), 147.

45 중국어 기반의 읽기 회로: D. J. Bolger, C. A. Perfetti, and W. Schneider, "Cross-Cultural Effects on the Brain Revisited: Universal Structures plus Writing System Variation," *Human Brain Mapping* 25, no. 1 (May 2005): 92 – 104.

45 그렇지 않습니다.: 겨우 말을 할 수 있기도 전에 혼자서 이런 읽기 능력을 발달시킨 것처럼 보이는 소설가 퍼넬러피 피츠제럴드와 장 폴 사르트르 같은 예외적 사례에 대한 논의는 지금은 잠시 보류하겠다. 다음 책 속의 논의를 보라. 매리언 울프,《책 읽는 뇌》.

46 신경가소성: M. Wolf, *Tales of Literacy in the 21st Century*.

46 도널드 헵: 첫 출간은 1949년이었으며, 다음과 같이 재출간됐다. D. Hebb, *The Organization of Behavior: A Neuropsychological Theory* (Mahwah, NJ: Psychology Press, 2002).

50 중국어와 일본어 한자: Bolger, Perfetti, and Schneider, "Cross-Cultural Effects on the Brain Revisited."

51 생물학적인 조명등: 주의에 관한 연구로는 다음을 보라. Earl Miller and Timothy Buschman, e.g., E. K. Miller and T. J. Buschman, "Cortical Circuits for the Control of Attention," *Current Opinion in Neurobiology* 23, no. 2 (April 2013): 216 – 22.

52 주의의 방향을 결정: 읽기에서의 주의와 기억, 시각 체계에 관한 보다 완전한 설명은 다음을 보라. 울프,《책 읽는 뇌》와 Wolf, *Tales of Literacy for the 21st Century*.

55 망막위상적 구조: 읽기에서 시각 체계의 역할에 관한 포괄적인 설명은 다음을 보라. B. A. Wandell, "The Neurobiological Basis of Seeing Words," *Annals of the New York Academy of Sciences* 1224, no. 1 (April 2011): 63 – 80; Wandell and Yeatman, "Biological Development of Reading Circuits."

55 표상: B. A. Wandell, A. M. Rauschecker, and J. D. Yeatman, "Learning to See Words," *Annual Review of Psychology* 63 (2012): 31 – 53.

56 상상만 해도: 시각적 표상에 관한 연구는 스티븐 코슬린과 그의 획기적인 연구 프로그램이 큰 영향을 미쳤다. S. M. Kosslyn, N. M. Alpert, W. L. Thompson, et al., "Visual Mental Imagery Activates Topographically Organized Visual Cortex: PET Investigations," *Journal of Cognitive Neuroscience* 5, no. 3 (Summer

1993): 263 – 87.

57 후두엽과 측두엽이 만나는: 이 영역의 명칭에 대해 의견이 분분하다. 우선 드앤과 코언, 맥캔들리스 등은 시각적 단어 형성 영역(VWFA)이라고 부른다. 드앤은 우편함이라고 부르기도 한다. 다른 연구자들은 이 영역을 달리 부른다. 가령 예일 대학교의 켄 푸는 단순히 후두엽-측두엽 연접 부위라 부른다. 캐시 프라이스 같은 영국 연구자들은 보다 폭넓게 시각, 청각, 촉각 영역 사이의 다중 모드적인 상호작용은 물론 단어 인출과 같은 다양한 기능과도 관련된 수렴 지대로 개념화한다. C. J. Price and J. T. Devlin, "The Myth of the Visual Word Form Area," *Neuroimage* 19, no. 3 (July 2003): 473 – 81.

58 44개의 음소: 지난 40년 동안 읽기에 관한 연구에서 가장 큰 비중을 차지한 것은 알파벳 습득과 난독증 같은 읽기 장애에서 음소와 그것의 기반인 음운이 차지하는 핵심적 역할을 강조하는 것이었다. 그에 관한 최신 저서로는 다음을 보라. M. Seidenberg, *Language at the Speed of Sight: How We Read, Why So Many Can't, and What Can Be Done About It* (New York: Basic Books, 2017).

58 개연성과 예측에 좌우되는데: 예측이 어떻게 지각을 준비시키는지에 관해서는 앤디 클라크의 중요한 연구를 보라. A. Clark, "Whatever Next? Predictive Brains, Situated Agents, and the Future of Cognitive Science," *Behavioral and Brain Sciences* 36, no. 3 (June 2013): 181 – 204. 지나 쿠퍼버그는 다형상 영상 기법을 활용한 연구에서 그와 같은 예측이 글자 식별에서부터 단어의 가장 예측 가능한 의미 선별에 이르기까지 모든 것에 작용하고 있음을 보여준다. 그렇게 우리가 아는 것이 우리가 보는 것을 알아보는 속도를 높인다. 다음을 보라. G. R. Kuperberg and T. F. Jaeger, "What Do We Mean by Prediction in Language Comprehension?," *Language and Cognitive Neuroscience* 31, no. 1 (2016): 32 – 59.

59 온갖 흥미로운: 이 분야의 기폭제가 된 인지과학자 데이비드 스위니의 초기 연구를 보라. 우리가 제시된 단어를 볼 때마다 어떻게 무의식중에 단어의 다중 의미를 활성화하는지에 관한 연구는 다음을 보라. D. A. Swinney and D. T. Hakes, "Effects of Prior Context upon Lexical Access During Sentence Comprehension," *Journal of Verbal Learning and Verbal Behavior* 15, no. 6 (December 1976): 681 – 89.

59 몸으로 구현할 태세: 우리가 텍스트 속의 단어를 처음 접했을 때 운동 체계가

어떻게 활성화하는지를 보여주는 매력적인 연구가 있다. 동사를 읽을 때의 활성화에 관한 연구로는 특히 다음을 보라. F. Pulvermüller, "Brain Mechanisms Linking Language and Action," *Nature Reviews Neuroscience* 6, no. 7 (July 2005): 279-95. 또한 체화된 독해에 관한 레이먼드 마의 연구로는 다음과 같은 것이 있다. H. M. Chow, R. A. Mar, Y. Xu, et al., "Embodied Comprehension of Stories: Interactions Between Language Regions and Modality-Specific Mechanisms," *Journal of Cognitive Neuroscience* 26, no. 2 (February 2014): 279-95.

60 '의미론적 이웃사촌': 의미론적 과정에 관한 연구들을 요약한 뛰어난 저서는 다음을 보라. R. Jackendoff, *A User's Guide to Thought and Meaning* (New York: Oxford University Press, 2012).

62 안나 카레니나: L. Tolstoy, *Anna Karenina*, trans. Constance Garnett (New York: Barnes and Noble Classics, 1973; originally published 1877).

62 모이랑회: 이 영역은 읽기의 습득 과정에서 통합적 역할을 한다. 행동신경학자 노먼 게슈윈드는 그의 초기 읽기 모델에서 모이랑회에 보다 중심적인 역할을 부여했다. 현재 뇌영상 기법을 활용한 연구는 의미론적 처리 과정에서, 특히 의미론적, 음운론적 정보의 연결을 모니터할 때 모이랑회가 활성화하는 것을 보여준다. 가령 다음을 보라. Kuperberg and Jaeger, "What Do We Mean by Prediction in Language Comprehension?," 그리고 마크 사이덴버그와 그의 동료들의 연구는 다음을 보라. W. W. Graves, J. R. Binder, R. H. Desai, et al., "Anatomy Is Strategy: Skilled Reading Differences Associated with Structural Connectivity Differences in the Reading Network," *Brain and Language* 133 (June 2014): 1-13.

63 우리가 사용하는 단어는: Swinney and Hakes, "Effects of Prior Context upon Lexical Access During Sentence Comprehension."

63 가장 완벽하고 적합한: 작가가 생각과 단어의 완벽한 조응을 찾는 과정을 묘사한 것으로는 다음을 보라. I. Calvino, *Six Memos for the Next Millennium* (Cambridge, MA: Harvard University Press, 1988).

64 많은 연결이 있습니다: D. Eagleman, *Incognito: The Secret Lives of the Brain* (New York: Viking Press, 2011), 1.

64 많은 일이: 나는 이 과정들을 좀 더 순차적으로 기술했다. 하지만 이 과정들은

우리가 여전히 알아가고 있는 것들 사이에서 일어나는 일련의 역동적인 상호작용이다. 이에 관한 뛰어난 설명으로는 다음을 보라. Seidenberg, *Language at the Speed of Sight* and L. Waters, "Time for Reading," *The Chronicle of Higher Education* 53, no. 23 (February 9, 2007): B6.

세 번째 편지: 위기에 처한 깊이 읽기

69 나는 읽기의 고유한 본질이: M. Proust, *On Reading*, ed. J. Autret, trans. W. Burford (New York: Macmillan, 1971; originally published 1906), 48.

70 지나 쿠퍼버그 교수와 필립 홀콤 교수: 특히 우리가 단어를 읽을 때 언제 어떤 구조가 관여하는지에 관한 시간 순서와 공간 정보를 확증하기 위해 쿠퍼버그는 다중 영상(다중 모드) 기법을 사용했다. 가령, 의미론적 연구에서 그녀와 그녀의 연구진은 fMRI를 사용해 단어의 의미의 토대를 이루는 신경망의 신경해부학적 사진을 촬영하는가 하면, MEG와 ERPs(다음 주 참조)를 사용해 관련된 시간 순서를 촬영한다. E. F. Lau, A. Gramfort, M. S. Hämäläinen, and G. R. Kuperberg, "Automatic Semantic Facilitation in Anterior Temporal Cortex Revealed Through Multimodal Neuroimaging," *The Journal of Neuroscience* 33, no. 43 (October 23, 2013): 17174–81. 읽기에서 ERPs에 관한 연구는 다음을 보라. J. Grainger and P. J. Holcomb, "'Watching the Word Go By': On the Time-course of Component Processes in Visual Word Recognition," *Language and Linguistics Compass* 3, no. 1 (2009): 128–56.

70 N400의 반응: 신경과학자 마타 쿠터스는 사건 관련 전위(ERPs)라는 이름의 영상 기법을 사용해 수십 년간 밀리세컨드 단위의 시간에 일어나는 특정 영역의 전기적 활동을 측정해왔다. N400은 뇌의 어떤 영역에서 약 400밀리세컨드 사이에 일어나는 특정 형식의 전기적 활동을 말한다. 단어의 뜻을 추출할 때, 특히 그 뜻이 우리의 예측을 벗어날 때 일어나는 것으로 가장 잘 알려져 있다. 쿠터스는 N400을 "자극에서 촉발된 활동의 피드포워드(실행에 옮기기 전에 결함을 미리 예측해 행하는 피드백 제어—옮긴이) 흐름과 의미 기억의 역동적인 지평이 교차할 때의 전기적 스냅샷"으로 기술한다. M. Kutas and K. D. Federmeier, "Thirty Years and Counting: Finding Meaning in the N400 Component of the Event-Related Brain Potential (ERP)," *Annual Review of Psychology* 62 (2011): 621–47.

71 앤디 클라크가 설득력 있게 썼듯이: A. Clark, "Whatever Next? Predictive Brains, Situated Agents, and the Future of Cognitive Science," *Behavioral and Brain Sciences* 36, no. 3 (June 2013): 181 –214.

72 '전향적' 예측: G. R. Kuperberg, "The Proactive Comprehender: What Event-Related Potentials Tell Us About the Dynamics of Reading Comprehension," in *Unraveling Reading Comprehension: Behavioral, Neurobiological, and Genetic Components*, ed. B. Miller, L. E. Cutting, and P. McCardle (Baltimore: Paul Brookes, 2013), 176 –92.

73 지금 바로 성경을 찾아서: F. S. Collins, *The Language of God: A Scientist Presents Evidence for Belief* (New York: Free Press, 2006), 150.

73 2500년 동안 논쟁이 계속되어왔지만: 앞의 책, 153.

74 양질의 주의가: W. Stafford, "For People with Problems About How to Believe," *The Hudson Review* 35, no. 3 (September 1982): 395.

75 마지막에는 빛이 있습니다: J. Steinbeck, *East of Eden* (New York: Viking Books, 1952), 269.

76 '문장'이라는 단어가 말 그대로: W. Berry, *Standing by Words* (Berkeley, CA: Counterpoint, 1983), 53.

76 읽는 동안 '보는' 것이: P. Mendelsund, *What We See When We Read* (New York: Vintage, 2014).

76 책을 열면 어떤 목소리가 말을 한다: M. Robinson, "Humanism," in *The Givenness of Things* (New York: Farrar, Straus and Giroux, 2015), 15.

77 For Sale: baby shoes, never worn: 이 이야기에 대해서는 그동안 얼마간 논쟁이 있었다. 하지만 헤밍웨이는 이 이야기가 진실이라고 주장하면서 이 짧디짧은 이야기를 결과물로 제시했다.

79 오로지 연결하라: E. M. Forster, *Howard's End* (London: Edward Arnold, 1910), chap. 22.

79 '옮겨가기': J. S. Dunne, *Eternal Consciousness* (Notre Dame, IN: University of Notre Dame Press, 2012), 39.

80 저 '고독 속에서 일어나는 소통의 비옥한 기적': J. S. Dunne, *Love's Mind: An Essay on Contemplative Life* (Notre Dame, IN: University of Notre Dame Press,

1993).

80 기시 젠: 기시 젠은 소설과 논픽션 양쪽에서 자신의 원칙을 밝히려고 시도한다. *World and Town* 같은 소설에서는 그녀의 절대음감으로 '타자'의 음성에 생명을 불어넣는가 하면, 동서의 문화적 간극을 탐사한 최신 논픽션에서는 같은 문화 안에서도 '타자'가 아주 다른 의미를 가질 수 있음을 보여준다. 특히 다음 소설을 보라. *World and Town, Mona in the Promised Land, and Typical American*; 단편소설집도 보라. *Who's Irish?*; 논픽션도 있다. *Tiger Writing: Art, Culture, and the Interdependent Self and most recently The Girl at the Baggage Claim: Explaining the East-West Culture Gap*.

83 우리는 혼자가 아니라는: 인용 출처는 다음과 같다. J. Dunne, *A Vision Quest* (Notre Dame, IN: University of Notre Dame Press, 2006), 70.

83 나는 조금도 부끄러움 없이: Niccolò Machiavelli to Francesco Vettori, letter, December 10, 1513, in *Machiavelli and His Friends: Their Personal Correspondence*, ed. J. Atkinson and D. Sices (Dekalb: Northern Illinois University Press, 1996).

84 나는 50명의 친구를 보는 것 같았다: 인용 출처는 다음과 같다. S. Wasserman, "Steve Wasserman on the Fate of Books After the Age of Print," *Truthdig*, March 5, 2010, https://www.truthdig.com/articles/steve-wasser man-on-the-fate-of-books-after-the-age-of-print/.

85 '공감의 전문가': 메릴린 로빈슨과 버락 오바마 전 대통령의 인터뷰. In M. Robinson, *The Givenness of Things* (New York: Farrar, Straus and Giroux, 2015), 289.

85 더없이 위험한 사태: 앞의 글.

85 그것은 공감과 관계가 있습니다: 앞의 글. 인용 출처는 N. Dames, "The New Fiction of Solitude," *The Atlantic*, April 2016, 94.

86 나는 마침내 흐느낀다: L. Berlin, "A Manual for Cleaning Women," in *A Manual for Cleaning Women: Selected Stories* (New York: Picador, 2016), 38.

87 《실제의 그리스도》: J. Carroll, *Christ Actually: The Son of God for the Secular Age* (New York: Penguin, 2015).

87 디트리히 본회퍼: 본회퍼의 저작 영역본은 사이먼 앤 슈스터 출판사에서 출간되

었으며, 여기에는 옥중 서신과 산문, 윤리, 창조와 타락/유혹, 순교한 기독교인, 제자 훈련의 대가 등이 포함돼 있다. 가장 접근하기 쉬운 전기로는 다음을 보라. E. Metaxas, *Bonhoeffer: Pastor, Martyr, Prophet, Spy* (Nashville: Thomas Nelson, 2010). 가장 먼저 나온 가장 포괄적인 전기의 영어 번역본으로는 다음을 보라. *Eberhard Bethge's Dietrich Bonhoeffer: A Biography* (Minneapolis: Fortress Press, 2000).

[87] 유대인을 위해 목소리를 내는 사람: Metaxas, *Bonhoeffer*, 37.

[88] MIT의 셰리 터클 교수: S. H. Konrath, E. H. O'Brien, and C. Hsing, "Changes in Dispositional Empathy in American College Students over Time: A Meta-analysis," *Personality and Social Psychology Review* 15, no. 2 (May 2011): 180–98.

[88] 공감 능력을 급감: S. Turkle, *Reclaiming Conversation: The Power of Talk in a Digital Age* (New York: Penguin, 2015), 171–72.

[89] 뇌영상 연구: B. C. Bernhardt and T. Singer, "The Neural Basis of Empathy," *Annual Review of Neuroscience* 35 (2012): 1–23. 또한 UCSF의 브루스 밀러와 동료들의 연구도 참고하라.

[90] 일부 거울 뉴런이: 레오나르도 포가시와 그의 동료들의 연구를 보라. 가령, E. Kohler, C. Keysers, M. A. Umiltà, et al., "Hearing Sounds, Understanding Actions: Action Representation in Mirror Neurons," *Science* 297, no. 5582 (August 2002): 846–48; P. F. Ferrari, V. Gallese, G. Rizzolatti, and L. Fogassi, "Mirror Neurons Responding to the Observation of Ingestive and Communicative Mouth Actions in the Monkey Ventral Premotor Cortex," *European Journal of Neuroscience* 17, no. 8 (April 2003): 1703–14.

[90] 〈제인 오스틴을 읽을 때 당신의 뇌〉: N. Phillips, "Neuroscience and the Literary History of Mind: An Interdisciplinary Approach to Attention in Jane Austen," lecture, Carnegie Mellon University, March 4, 2013.

[91] 우리가 촉감에 관한/에마 보바리의 실크 스커트: S. Lacey, R. Stilla, and K. Sathian, "Metaphorically Feeling: Comprehending Textural Metaphors Activates Somatosensory Cortex," *Brain and Language* 120, no. 3 (March 2012): 416–21. 또한 다음 연구를 보라. F. Pulvermüller, "Brain Mechanisms Linking Language and Action," *Nature Reviews Neuroscience* 6, no. 7 (July 2005): 576–82; H.

M. Chow, R. A. Mar, Y. Xu, et al., "Embodied Comprehension of Stories: Interactions Between Language Regions and Modality-Specific Mechanisms," *Journal of Cognitive Neuroscience* 26, no. 2 (February 2014): 279 –95.

92 타인의 관점을 취해보는 과정: K. Oatley, "Fiction: Simulation of Social Worlds," *Trends in Cognitive Sciences* 20, no. 8 (August 2016): 618 –28.

92 '도덕 실험실': F. Hakemulder, *The Moral Laboratory: Experiments Examining the Effects of Reading Literature on Social Perception and Moral Self-Concept* (Amsterdam, Netherlands: John Benjamins Publishing Company, 2000).

92 제 짐작으로는: J. Smiley, *13 Ways of Looking at the Novel* (New York: Knopf, 2005), 177.

93 우리 각자가: I. Calvino, *Six Memos for the Next Millennium* (Cambridge, MA: Harvard University Press, 1988), 124.

94 읽기는 누적되는 것: A. Manguel, *A History of Reading* (New York: Penguin, 1996).

95 레이 커즈와일의 말이 옳다면: R. Kurzweil, *The Singularity Is Near: When Humans Transcend Biology* (New York: Viking, 2005).

96 노력과 발명으로 정신을 강화해야: R. W. Emerson, "The American Scholar," in Emerson, *Emerson: Essays and Lectures* (New York: Library of America, 1983 reprint), 59.

96 '마태 효과: K. E. Stanovich, "Matthew Effects in Reading: Some Consequences of Individual Differences in the Acquisition of Literacy," *Reading Research Quarterly* 21, no. 4 (Fall 1986): 360 –407.

97 위험에 처하게 됩니다: 디지털 환경에서 정보가 사용될 수 있는 다양한 방식에 대해서는 다음을 보라. B. Stiegler, Goldsmith Lectures, University of London, April 14, 2013.

97 수치스러운 일: E. Tenner, "Searching for Dummies," *New York Times*, March 26, 2006.

98 현재 상황은: 2014년 10월 앨버타에서 열린 도서관 컨퍼런스에서 G. 비즐리가 한 발언.

98 행운은 준비된 정신에만: L. Pasteur, lecture, University of Lille, France,

December 7, 1852.

98   STEM: 흔히 쓰이는 이 약어는 과학(science), 기술(technology), 공학(engineering), 수학(mathematics)을 뜻한다.

98   컴퓨터, 우리가 배터리를 가져왔던가: 〈와이어드 스태프 매거진〉(2006년 11월 1일자)이 다양한 작가들에게 어니스트 헤밍웨이의 전통에 따라 각자 여섯 단어짜리 초단편소설을 써달라고 요청했다. 그중에서 과학소설 작가 에일린 건이 보내온 작품이다.

99   개념 없이는 생각도 있을 수 없고: D. Hofstadter and E. Sander, *Surfaces and Essences: Analogy as the Fuel and Fire of Thinking* (New York: Basic Books, 2013), 3.

100   파르마 대학교의 신경과학자인 레오나르도 포가시: Kohler et al., "Hearing Sounds, Understanding Actions"; Ferrari et al., "Mirror Neurons Responding to the Observation of Ingestive and Communicative Mouth Actions in the Monkey Ventral Premotor Cortex."

100   마크 그리프: M. Greif, *Against Everything: Essays* (New York: Pantheon, 2016). 제목에 속지 마시라. 그리프는 우리가 지금 하는 것을 왜 하는지 살펴보고, 그것을 통해 우리 삶의 '목적'이 무엇인지 깨닫기를 바란다.

101   '한 번뿐인 야생의 소중한 삶': Mary Oliver, "A Summer Day," Poem 133 in *Poetry 180: A Poem a Day for American High Schools*, Hosted by Billy Collins, U.S. Poet Laureate, 2001 – 2003, http://www.loc.gov/poetry/180/133.html.

103   폭넓게 분포된 신경망은: L. Aziz-Zadeh, J. T. Kaplan, and M. Iacoboni, "'Aha!': The Neural Correlates of Verbal Insight Solutions," *Human Brain Mapping* 3, no. 30 (March 2009): 908 – 16.

103   자체 생성된 가설이 하나둘 차례로 남게 됩니다: 앞의 글.

105   비판적 사고란 정확히 무엇인가?: M. Edmundson, *Why Read?* (New York: Bloomsbury, 2004), 43.

106   할버탈의 윤리와 도덕성에 관한 연구: 그 순간 나는 불현듯 예리한 사고력과 인간적인 온화함이 결합된 할버탈 교수의 모습을 명료히 이해하게 되었다. 그것은 오랫동안 다듬어온 지식을 토대로 새로운 정보를 곧바로 비판적으로 분석하는가 하면, 다른 입장을 깊이 존중하고, 누구든 자기 나름의 결론에 이르기를 기대하는 모습으로 나타난다. M. Halbertal, *People of the Book: Canon, Meaning,* *and Authority* (Cambridge, MA: Harvard University Press, 1997); M. Halbertal, *Maimonides: Life and Thought* (Princeton, NJ: Princeton University Press, 2014).

106 어린 사내아이들이 까불고, 기도하고, 노래하는: 내가 아는, 토라 암송을 묘사한 최고의 저술로는 다음을 보라. Rabbi Jeffrey Summit, *Singing God's Words: The Performance of Biblical Chant in Contemporary Judaism* (Oxford, UK: Oxford University Press, 2016). 이 중에서 특히 내게 영감을 준 대목은 다음과 같다. "Impact of a Master Reader" and "What are You Doing During the Torah Reading?," 202 - 06.

106 하나의 해석이 옳다고 단정하지 않고: 토라 구절의 간결함이 어떻게 풍부한 해석의 기초가 되는지는 배리 저커먼의 논의에 빚졌다.

107 통찰이란 거대한 미지의 지식 저장고인: J. Lehrer, "The Eureka Hunt," *The New Yorker*, July 28, 2008.

107 깨달음은 눈 깜짝할 사이에 온다: M. P. Lynch, *The Internet of Us: Knowing More and Understanding Less in the Age of Big Data* (New York: Liveright, 2016), 177.

108 《사랑하는 하느님 이야기》: R. M. Rilke, *Stories of God*, trans. M. D. H. Norton (New York: W. W. Norton & Company, 1963).

109 메릴린 로빈슨의 《길리아드》: M. Robinson, *Gilead* (New York: Farrar, Straus and Giroux, 2007).

110 창의성은 어디에나 있다고 말할 수 있다: A. Dietrich and R. Kanso, "A Review of EEG, ERP, and Neuroimaging Studies of Creativity and Insight," *Psychological Bulletin* 136, no. 5 (September 2010): 822 - 48.

110 '경험의 관조를 위한 해저': P. Davis, *Reading and the Reader: The Literary Agenda* (Oxford, UK: Oxford University Press, 2013), 8 - 9.

110 '신경 작업장': S. Dehaene, *Reading in the Brain: The New Science of How We Read* (New York: Viking, 2009), 9.

111 보이지 않는 생성적 장소: William James. P. Davis, *Reading and the Reader*, 293.

111 언어와 생각의 '보고': '보고'라는 단어는 다음 글에 사용되었다. Emerson, "The American Scholar," 56.

네 번째 편지: "독자였던 우리는 어떻게 될까?"

113 "독자였던 우리는 어떻게 될까?": V. Klinkenborg, "Some Thoughts About E-Reading," *New York Times*, April 14, 2010.

115 우리를 둘러싼 공통의 것들 안에는: W. Wordsworth, "A Poet's Epitaph," Wikisource, from *Lyrical Ballads*, vol 2.

115 인생의 과업으로서: J. S. Dunne, *Love's Mind: An Essay on Contemplative Life* (Notre Dame, IN: University of Notre Dame Press, 1993), 3.

115 실비아 저드슨: S. S. Judson, *The Quiet Eye: A Way of Looking at Pictures* (Washington, DC: Regnery, 1982).

116 '주의의 질': W. Stafford, "For People with Problems About How to Believe," *The Hudson Review* 35, no. 3 (September 1982): 395.

116 주디스 슐레비츠: J. Shulevitz, *The Sabbath World: Glimpses of a Different Order of Time* (New York: Random House, 2010).

117 프랑크 쉬르마허: Frank Schirrmacher, personal correspondence, August 2009.

117 새것 편향: Daniel Levitin, *The Organized Mind: Thinking Straight in the Age of Information Overload* (New York: Dutton, 2014).

117 최근 〈타임〉이: 이것을 포함한 다양한 연구들에 관한 논의는 다음을 보라. Common Sense Media in N. Baron, *Words Onscreen: The Fate of Reading in a Digital World* (Oxford, UK: Oxford University Press, 2014), 143-44.

117 문학평론가 캐서린 헤일스는: N. K. Hayles, "Hyper and Deep Attention: The Generational Divide in Cognitive Modes," *Profession* 13 (2007): 187-99.

118 쉽게 찾아오는 지루함: C. Steiner-Adair, *The Big Disconnect: Protecting Childhood and Family Relationships in the Digital Age* (New York: HarperCollins, 2013). 또한 Baron, *Words Onscreen*, 221.

118 지속적인 부분적 주의: L. Stone, "Beyond Simple Multi-tasking: Continuous Partial Attention," November 30, 2009, https://lindastone.net/2009/11/30/beyond-simple-multi-tasking-continuous-partial-attention/.

118 주의'결여': 헬로웰의 논의는 다음을 보라. Steiner-Adair, *The Big Disconnect*.

119 우리는 온통 주의를 분산시키는 세상에서 살아가지요: D. L. Ulin, *The Lost Art of Reading: Why Books Matter in a Distracted Time* (Seattle, WA: Sasquatch Books,

2010); M. Jackson, *Distracted: The Erosion of Attention and the Coming Dark Age* (Amherst, NY: Prometheus Books, 2008).

119 세계정보산업센터: 이 연구에 관한 논의와 인용문은 다음을 보라. R. Bohn in Ulin, *The Lost Art of Reading*, 81.

120 한 가지 사실은 분명합니다: 앞의 책.

120 그로부터 몇 년 후: 영화감독이자 존경받는 시인 데이너 조아의 의뢰로 몇 건의 보고서가 나왔는데 결과는 서로 달랐다. 다음 두 보고서가 그렇다. *Reading at Risk*, 2004, and *Reading on the Rise*, 2008. 2012년의 NEA 수치는 전년도에 미국 성인 58퍼센트가 어떤 형식으로든 독서 같은 읽기/쓰기 활동에 참여했음을 보여준다.

121 우려합니다: J. Smiley, *13 Ways of Looking at the Novel* (New York: Knopf, 2005), 177.

121 새로운 정보로 구성되는 현재를 추구한다: W. Benjamin, *Illuminations: Essays and Reflections* (New York: Schocken Books, 1968). 다음 저서에 인용돼 있다. J. Dunne, *Love's Mind: An Essay on Contemplative Life*, 14.

121 주의분산과 기분전환: Ulin, *The Lost Art of Reading*, 62.

122 나의 학생들은 오락 속에서 헤엄만 치다 보니: M. Edmundson, *Why Read?* (New York: Bloomsbury, 2004), 16.

123 떠올려보시기 바랍니다: N. Phillips, "Neuroscience and the Literary History of Mind: An Interdisciplinary Approach to Attention in Jane Austen," lecture, Carnegie Mellon University, March 4, 2013.

123 위장해도: Ulin, *The Lost Art of Reading*, 34

124 도덕적 인간이 된다는 것은: M. Popova, "Susan Sontag on Storytelling, What It Means to Be a Moral Human Being, and Her Advice to Writers," *Brain Pickings*.

125 '훑어보기'가 새로운 표준: Z. Liu, "Reading Behavior in the Digital Environment: Changes in Reading Behavior over the Past Ten Years," *Journal of Documentation* 61, no. 6 (2005): 700–12. Z. Liu, "Digital Reading," *Chinese Journal of Library and Information Science* 5, no. 1 (2012): 85–94.

125 나오미 배런의 뛰어난 메타 분석: Baron, *Words Onscreen*, 201.

125 독자가 세부적인 줄거리의 흐름과: 이 연구 결과의 리뷰는 다음에 실려 있다. M.

Wolf, *Tales of Literacy for the 21st Century* (Oxford, UK: Oxford University Press, 2016).

125 안네 망겐: 개관에 대해서는 다음을 보라. A. Mangen and A. van der Weel, "Why Don't We Read Hypertext Novels?," *Convergence: The International Journal of Research into New Media Technologies* 23, no. 2 (May 2015): 166 –81; A. Mangen and A. van der Weel, "The Evolution of Reading in the Age of Digitisation: An Integrative Framework for Reading Research," *Literacy* 50, no. 3 (September 2016): 116 –24.

126 매체에 따른 중요한 차이: 결론을 내리지 못한 다양한 연구 결과에 대해서는 다음을 보라. J. E. Moyer, "'Teens Today Don't Read Books Anymore': A Study of Differences in Comprehension and Interest Across Formats" (PhD diss., University of Minnesota, 2011); S. Eden and Y. Eshet-Alkalai, "The Effect of Format on Performance: Editing Text in Print Versus Digital Formats," *British Journal of Educational Technology* 44, no. 5 (September 2013), 846 –56; R. Ackerman and M. Goldsmith, "Metacognitive Regulation of Text Learning: On Screen Versus on Paper," *Journal of Experimental Psychology: Applied* 17, no. 1 (March 2011): 18 –32.

127 앤드루 파이퍼와 데이비드 울린: 울린은 《읽기라는 잃어버린 기술》에서 디지털 문화가 시계열적 사고에 미치는 영향에 관한 루이스 랩햄의 도발적인 구절을 인용한다. "시계열은 인과적인 것이 아니라 단지 부가적인 것이 된다—기억을 상실한 이미지들은 사고의 명료함보다는 상품의 판매에 더 적합한 어휘로 자기 자신의 반영에 대고 말을 한다." (65쪽)

127 회상의 기술: A. Piper, *Book Was There: Reading in Electronic Times* (Chicago: University of Chicago Press, 2012), 54.

127 슬프게도 우리는: J. E. Huth, "Losing Our Way in the World," *New York Times Sunday Review*, July 20, 2013.

128 캐린 리타우: 촉각에 관한 그녀의 폭넓은 논의는 다음을 보라. *Theories of Reading: Books, Bodies, and Bibliomania* (Cambridge, UK: Polity Press, 2006).

129 니콜라스 카는: N. Carr, *The Shallows: What the Internet Is Doing to Our Brains* (New York: W. W. Norton & Company, 2010).

130 조지 밀러: 작업 기억에서 일어나는 변화에 관한 논의는 다음을 보라. Levitin, *The Organized Mind*.

130 '4±1': 앞의 책.

131 5분이라면 별로 인상적이지 않을 수도: 주의 지속 시간의 변화에 관해서는 다음을 보라. Baron, *Words Onscreen*, 122.

132 50퍼센트 이상 줄었음을: Levitin, *The Organized Mind*.

132 산문 작가에게: 성공이란: I. Calvino, *Six Memos for the Next Millennium* (Cambridge, MA: Harvard University Press, 1988), 48.

133 우리가 받은 원고를 읽을 때면: K. Temple, "Out of the Office: The Science of Print," *Notre Dame Magazine*, December 2, 2015.

135 '뜻하지 않게': D. Brooks, "When Beauty Strikes," *New York Times*, January 15, 2016.

135 '멀리 뻗어나가': 제라드 맨리 홉킨스의 시 'Pied Beauty'에 나오는 다음 구절에서 따왔다. "He fathers forth whose beauty is past change: Praise Him." Hopkins, *Poems and Prose of Gerard Manley Hopkins* (Baltimore: Penguin, 1933), 31.

135 '강조의 전략': M. Robinson, *The Givenness of Things: Essays* (New York: Farrar, Straus and Giroux, 2015), 111.

135 환상적으로 빠르고 넓게 퍼진: Calvino, *Six Memos for the Next Millennium*, 45.

137 신경다양성: 간혹 'neurodiversity'라고도 표기되는 이 용어는 신경과학자 고든 셔먼이 진화 과정에서 종이 생존하기 위해서는 뇌의 다양한 조직을 필요로 한다는 것을 설명하기 위해 사용했다. 난독증 연구에서 이러한 뇌의 다양한 조직이 읽기의 발명보다 선행했으며, 난독성 뇌에 유리한 특정 기술 때문에 유전적으로 유지되었다는 점에 유념하는 것이 중요하다. 이 문제는 내 책《책 읽는 뇌》7장과 8장에 더 상세히 나와 있다.

137 토니 모리슨: T. Morrison, *The Origin of Others* (Cambridge, MA: Harvard University Press, 2017).

137 아우렐리오 마리아 모톨라: 모톨라 박사가 이탈리아 밀란에서 운영하는 '피타에 펜시에로' 출판사는 인문학과 사회과학 분야의 중요한 저작들을 출간하고 이탈리아어로 번역도 한다.

139 노트르담교육 수녀회: 이 수녀회는 신경과학자들과 글로벌 교육 분야 종사자들에게 특히 중요하다. 신경과학 연구에서 이 수녀회의 연로한 수녀들은 자신들이 오랫동안 써온 일기와 뇌를 모두 사후 연구를 위해 제공함으로써 알츠하이머병에 관한 대규모 연구 사업의 진전에 기여했다. 그들의 일기 속 문장을 보고 알츠하이머의 발병에 관한 중요한 단서를 얻을 수 있었다. 그밖에도 이 수녀회는 아프리카, 특히 교육 환경이 가장 열악한 라이베리아 지역에 여러 해 동안 교사를 파견했다. 그에 관한 놀라운 설명은 다음을 보라. Sr. Mary Leonora Tucker, *I Hold Your Foot: The Story of My Enduring Bond with Liberia* (Lulu Publishing Services, 2015). 또한 다음 책의 마지막 장도 보라. Wolf, *Tales of Literacy*.

140 모든 것은, 내가 새로운 것을 읽을 때마다: A. Manguel, *A History of Reading* (New York: Penguin, 1996).

142 대학원 과정을 이수하는 동안: 대학원 시절 나는 하버드 대학교에서 캐럴 촘스키와 언어학, 특히 언어의 발달을 공부했고, MIT에서는 놈 촘스키와 그의 동료들이 진행하는 언어와 정치 사상에 관한 세미나에 참석했다.

142 문어는 우리의 가장 난해한 생각을 반영할 뿐만 아니라: L. Vygotsky, *Thought and Language* (Cambridge, MA: MIT Press, 1986).

143 어떻게 도로시아는 결혼 몇 주 만에: G. Eliot, *Middlemarch* (New York: Penguin Classics, 1998), 51.

143 가독성 공식: 진 칼은 20세기에 가장 중요한 읽기 연구 중 일부를 수행했다. 특히 다양한 읽기 방법에 관한 최대 규모의 데이터를 분석한 끝에 대다수 아동에게는 코드 기반 혹은 발음 중심 교육법이 낫다는 결론을 내렸다. *Learning to Read: The Great Debate* (New York: McGraw-Hill, 1967); *Stages of Reading Development* (New York: McGraw-Hill, 1983). 가독성 공식에 관한 그녀의 초기 연구는 아이들의 연령에 최적화된 읽을거리를 접하도록 돕는 것이었다.

147 그릿: A. Duckworth, *Grit: The Power of Passion and Perseverance* (New York: Simon and Schuster, 2016).

148 가짜 뉴스 장르의 달인이: J. Howard, "Internet of Stings," *Times Literary Supplement*, November 30, 2016, 4.

149 만약 인간이 이것을 배우면: Plato, *Phaedrus* (Princeton, NJ: Princeton University Press, 1961), 274.

149 우리의 지적 진화: W. Ong, *Orality and Literacy: The Technologizing of the Word*, 2nd ed. (New York: Routledge, 2002).

151 제게는 한심한 일화로: 나는 두 차례의 면밀한 인터뷰가 없었다면 이 이야기를 들려줄 생각을 하지 않았을 것이다. 하나는 〈워싱턴포스트〉의 마이클 로젠월드와의 인터뷰("Serious Reading Takes a Hit from Online Scanning and Skimming, Researchers Say," April 6, 2014), 다른 하나는 〈뉴요커〉의 마리아 코니코바와의 인터뷰("Being a Better Online Reader," July 16, 2014)였다. 로젠월드는 인터뷰 기사에 대한 독자들의 반향이 너무나 커서 얼마나 많은 온라인 독자들이 그 기사를 다 읽었는지 분석까지 했다고 썼다. 끝까지 읽은 사람은 약 30퍼센트에 달했다!

151 탄생설화가 되었다: Calvino, *Six Memos for the Next Millennium*, 37.

154 《유리알 유희》: 헤세는 여러 해에 걸쳐 독일어(Das Glasperlenspiel)로 《유리알 유희》를 썼다. 반파시즘적 관점 때문에 독일에서는 출판이 거부된 끝에 결국 1943년 스위스에서 출간됐다. 세기말 이후 23세기를 배경으로 설정한 이 소설은 유별나게 복잡한 게임인 유리알 게임을 통해 주요 학과목의 지식을 보존하라는 명을 받드는 엘리트 세속 수도승 요제포 크네히트의 삶을 따라간다.

156 저 역시 이오네스코의 코뿔소: 부조리극 중에도 특히 섬뜩한 연극인 외젠 이오네스코의 〈코뿔소〉(1959)는 한 무리의 사람들이 코뿔소에 관한 견해를 어떻게 기괴한 것에서 아름다운 것으로 바꿔가는지, 어떻게 코뿔소가 많아질수록 그들이 자신들의 삶에 대한 주도권을 확보해가는지 묘사한다. 인간이 어떤 식으로 영향을 받는지에 관한 경고의 이야기를 담은 보기 드문 작품이다.

157 전자는 속도가 더 있는 반면: A. Fadiman, ed., *Rereadings: Seventeen Writers Revisit Books They Love* (New York: Farrar, Straus and Giroux, 2005).

157 나오미 배런은: Baron, *Words Onscreen*.

158 옹의 용어로 표현하면: Ong, *Orality and Literacy*.

159 주름이 잡힌 직조물처럼: A. Goodman, "Pemberley Previsited," in *Rereadings*, A. Fadiman, ed., 164.

160 아주 멀리: Federico García Lorca, *The Selected Poems of Federico García Lorca* (New York: New Directions, 1955), quoted in Dunne, *Love's Mind*, 82.

161 '수많은 세계들': H. Hesse, *My Belief: Essays on Life and Art* (New York: Farrar,

Straus and Giroux, 1974).

다섯 번째 편지: 디지털로 양육된 아이들

165 어린이들은 신호다: Pope Francis, homily, Manger Square, Bethlehem, May 25,
2014, https://w2.vatican.va/content/francesco/en /homilies/2014/documents/
papa-francesco_20140525_terra-santa -omelia-bethlehem.html.

165 모든 매체에는 장단점이 있다: P. M. Greenfield, "Technology and Informal
Education: What Is Taught, What Is Learned," *Science* 323, no. 5910 (Jan. 2,
2009): 71.

166 나 자신의 것이면서 나 자신의 것이 아닌: W. Shakespeare, *A Midsummer Night's
Dream*.

168 어떤 매체에 노출된 시간: "특정 매체 형식을 반복해서 사용하면 거기 사용
된 매체 특유의 재현 기술을 내면화하기 쉬워질 것이다." K. Subrahmanyam,
M. Michikyan, C. Clemmons, et al., "Learning from Paper, Learning from
Screens: Impact of Screen Reading and Multitasking Conditions on Reading and
Writing Among College Students," *International Journal of Cyber Behavior, Psychology
and Learning* 3, no. 4 (October – December 2013): 1 –27.

169 2015년 랜드 보고서: L. Guernsey and M. H. Levine, *Tap, Click, Read: Growing
Readers in a World of Screens* (San Francisco Jossey-Bass, 2015), 184.

170 이리저리 건너뛰는: M. Weigel and H. Gardner, "The Best of Both Literacies,"
Educational Leadership 66, no. 6 (March 2009): 38 –41.

170 '메뚜기 정신': 앞의 책.

170 인간은 끼니나 짝을 구할 때와 마찬가지의 열정을 품고: D. Levitin, *The
Organized Mind: Thinking Straight in the Age of Information Overload* (New York:
Dutton, 2014), 170.

171 멀티태스킹은 뇌가 초점을 잃고: 앞의 책, 96.

172 가장 흔히 나오는 불평이: C. Steiner-Adair, *The Big Disconnect: Protecting Childhood
and Family Relationships in the Digital Age* (New York: HarperCollins, 2013).

172 경험의 알을 부화하는 꿈의 새: J. S. Dunne, *Love's Mind: An Essay on
Contemplative Life* (Notre Dame, IN: University of Notre Dame Press, 1993),

16.

172 스크린 위에서: Steiner-Adair, *The Big Disconnect*, 54.

174 아이의 운동 피질은 인지력을 향상시킬: L. Fogassi, panel discussion, The Reading Brain in a Digital Culture, Spoleto, Italy, July 7, 2016.

174 중독에 관한 이야기는 과장이 아니다: Steiner-Adair, *The Big Disconnect*, 6.

174 《초크 아티스트》: A. Goodman, *The Chalk Artist* (New York: Dial Press, 2017).

175 아이들 사이에 새로운 유형의 주의력 결핍이: 앤드루 파이퍼도 다음 책에서 비슷한 것을 이야기했다. *Book Was There: Reading in Electronic Times* (Chicago: University of Chicago Press, 2012), 46.

175 러셀 폴드랙과 그의 연구팀은: 폴드랙은 멀티태스킹의 부정적 영향에 관한 대단히 영향력 있는 논문들을 여러 차례 써왔다. 가령 다음을 보라. K. Foerde, B. J. Knowlton, and R. A. Poldrack, "Modulation of Competing Memory Systems by Distraction," *PNAS* 103, no. 31 (Aug. 1, 2006): 11778-83. 그렇지만 보다 새로운 연구를 보면 특정 과제에 훈련된 디지털 네이티브 청소년의 경우 어느 정도 중요한 차이가 나타난다. K. Jimura, F. Cazalis, E. R. Stover, and R. A. Poldrack, "The Neural Basis of Task Switching Changes with Skill Acquisition," *Frontiers in Human Neuroscience* 8 (May 22, 2014): 339, 1-9.

176 업무를 전환할 수 없음을: Jimura et al., "Neural Basis of Task Switching Changes with Skill Acquisition," 1-9.

177 우리의 작업 기억은: M. Jackson, *Distracted: The Erosion of Attention and the Coming Dark Age* (Amherst, NY: Prometheus Books, 2008), 90.

178 마리아 드 용과 아드리아나 부스: M. T. de Jong and A. G. Bus, "Quality of Book-Reading Matters for Emergent Readers: An Experiment with the Same Book in a Regular or Electronic Format," *Journal of Educational Psychology* 94, no. 1 (2002): 145-55.

179 조안 간즈 쿠니 센터와 맥아더 재단: Guernsey and Levine, *Tap, Click, Read*; L. M. Takeuchi and S. Vaala, *Level Up Learning: A National Survey on Teaching with Digital Games* (New York: Joan Ganz Cooney Center at Sesame Workshop, 2014). MacArthur Foundation Reports on Digital Media and Learning: e.g., J. P. Gee, *New Digital Media and Learning as an Emerging Area and "Worked Examples"*

as One Way Forward (Cambridge, MA: MIT Press, 2009); M. Ito, H. A. Horst, M. Bittanti, et al., *Living and Learning with New Media: Summary of Findings from the Digital Youth Project* (Cambridge, MA: MIT Press, 2009); C. James, *Young People, Ethics, and the New Digital Media: A Synthesis from the GoodPlay Project* (Cambridge, MA: MIT Press, 2009); J. Kahne, E. Middaugh, and C. Evans, *The Civic Potential of Video Games* (Cambridge, MA: MIT Press, 2009).

179 케이시 허시-파섹과 로베르타 골린코프: J. Parish-Morris, N. Mahajan, K. Hirsh-Pasek, et al., "Once upon a Time: Parent-Child Dialogue and Storybook Reading in the Electronic Era," *Mind, Brain, and Education* 7, no. 3 (September 2013): 200–11. K. McNab and R. Fielding-Barnsley, "Digital Texts, iPads, and Families: An Examination of Families' Shared Reading Behaviours," *International Journal of Learning: Annual Review* 20 (2013), 53–62; Takeuchi and Vaala, *Level Up Learning*; L. Guernsey and Levine, *Tap, Click, Read*, 18.

179 고도의 증강현실북은: Guernsey and Levine, *Tap, Click, Read*, 184.

183 그녀는 영화, 녹음기, 컴퓨터 같은 문화적 발명품들이: A. Winter, *Memory: Fragments of a Modern History* (Chicago: University of Chicago Press, 2012); 또한 그 책에 대한 나의 리뷰는 다음을 보라. M. Wolf, "Memory's Wraith," *The American Interest* 9, no. 1 (Aug. 11, 2013): 85–89.

184 서사가 책에서는 필수조건인 반면: S. Greenfield, *Mind Change: How Digital Technologies Are Leaving Their Mark on Our Brains* (New York: Random House, 2015), 243.

184 우리 뇌에: 앞의 책, 46–47.

186 너무 많은 정보가 주어질 때는: Jackson, *Distracted*, esp. 79–80.

186 캐서린 헤일스는 결정적으로 중요한 이 사실을 : N. K. Hayles, "Hyper and Deep Attention: The Generational Divide in Cognitive Modes," *Profession* 13 (2007): 187–99.

187 점점 빨라지고 짧아지는 사고와 지각의 단위: E. Hoffman, *Time* (New York: Picador, 2009), 12.

189 제가 우려하는 것은: Greenfield, *Mind Change*, 26.

189 미래에 사람들이: 앞의 책, 206.

190 레이 커즈와일: R. Kurzweil, *The Singularity Is Near: When Humans Transcend Biology* (New York: Viking, 2005). 특히 4장 128쪽의 논의를 보라.

190 트리스탄 해리스: "Your Phone Is Trying to Control Your Life," interview with Tristan Harris, PBS NewsHour, January 30, 2017. B. Bosker, "The Binge Breaker," *The Atlantic*, November 2016.

191 조시 엘먼: Bosker, "The Binge Breaker."

191 구글, 애플, 페이스북 등 세 개 회사에서 일하는 극소수 설계자들: 다음 책에 나오는 논의를 보라. B. Bosker, "The Binge Breaker."

191 우리 대부분이 이런 책임에 공감하고: Bosker의 "The Binge Breaker"에 나와 있듯이, 구글 CEO인 래리 페이지는 구글이 어떻게 그런 비판에 대처할지에 관한 해리스의 구상을 논의한다. 그 후 해리스는 구글에서 '윤리적 설계'에 관한 일을 하다가 회사를 나와 자신의 사업 '잘 쓴 시간'을 시작했다. 2015년 구글은 운영 원칙을 '옳은 것을 하라'로 바꿨다. NBC News, Tech News, Jan. 19, 2018.

192 여러분과 저는: 원 출처는 다음을 보라. "The Crack-Up" (1936): "1급 지성을 판가름하는 것은 상반된 두 생각을 동시에 품고서도 여전히 사고할 줄 아는 능력이다." F. Scott Fitzgerald, "The Crack-Up," *Esquire*, March 7, 2017, http://www.esquire.com/lifestyle/a4310/the-crack-up/.

193 큰 힘이 됩니다: Guernsey and Levine, *Tap, Click, Read, and Baron, Words on Screen*. 유럽의 E-READ 네트워크에 관한 연구는 다음을 보라. M. Barzillai, J. Thomson, and A. Mangen, "The Influence of E-books on Language and Literacy Development," in *Education and New Techologies: Perils and Promises for Learners*, ed. K. Sheehy and A. Holliman (London: Routledge, forthcoming).

193 긍정적인 정신의 습관과 학습을 자극하는: Guernsey and Levine, *Tap, Click, Read*, 40.

여섯 번째 편지: 첫 5년 사이, 무릎에서 컴퓨터로

197 진정한 장애물은: L. Guernsey and M. H. Levine, *Tap, Click, Read: Growing Readers in a World of Screens* (San Francisco: Jossey-Bass, 2015), 8-9.

197 좋든 싫든 이제 책과 스크린은: A. Piper, *Book Was There: Reading in Electronic Times* (Chicago: University of Chicago Press, 2012), ix.

197 중대한 일이 일어나는 방: 브로드웨이 뮤지컬 〈해밀턴〉에 걸맞은 지지를 보내며.

198 '한 팔의 오금': 훨씬 더 상세한 논의는 M. 울프의 《책 읽는 뇌》 4장을 보라.

198 아주 편리하게 개량한 fMRI: S. Dehaene, *Consciousness and the Brain: Deciphering How the Brain Decodes Our Thoughts* (New York: Penguin, 2009).

199 결정적인 조건은: C. Taylor, *The Language Animal: The Full Shape of the Human Linguistic Capacity* (Cambridge, MA: Harvard University Press, 2016), 177.

200 새로운 뇌영상 연구: J. Hutton, "Stories and Synapses: Home Reading Environment and Brain Function Supporting Emergent Literacy," presentation to the Reach Out and Read Conference, Boston, May 2016. 또한 T. Horowitz-Kraus, R. Schmitz, J. S. Hutton, and J. Schumacher, "How to Create a Successful Reader? Milestones in Reading Development from Birth to Adolescence," *Acta Paediatrica* 106, no. 4 (April 2017).

200 다 잘될 것입니다: 줄리아 가타 신부는 노리치의 줄리안에 대한 감동적인 글을 썼다. *The Pastoral Art of the English Mystics*(처음 출간됐을 때의 저서는 *Three Spiritual Directors for Our Time* [Cambridge, MA: Cowley Publishers, 1987]).

203 디지털 페이지는: A. Piper, *Book Was There: Reading in Electronic Times* (Chicago: University of Chicago Press, 2012), 54.

204 커먼 센스 미디어: *Children, Teens, and Reading: A Common Sense Media Research Brief*, May 12, 2014, https://www.common sensemedia.org/research/children-teens-and-reading. 이 내용은 다음 기사에도 소개됐다. C. Alter, "Study: The Number of Teens Reading for Fun Keeps Declining," *Time*, May 2, 2014.

205 부모와 아이 사이의 책 읽기는 감소: 이런 중요한 운동들이 진행돼왔고, 나이가 약간 높은(6~8세) 아동의 80퍼센트 이상이 여전히 부모가 책을 읽어주기를 바란다는 사실에도 불구하고, 아이의 읽기 형성에 대단한 가치가 있는 이 단순한 활동은 줄었고, 동시에 아이들이 디지털에서 보내는 시간은 더 늘어났다. http://www.bringmeabook.org.

205 중요한 단일 지표: 1970년대 캐럴 촘스키와 찰스 리드의 기념비적인 연구들(《책 읽는 뇌》 참조)로 시작해서 현재에도 캐서린 스노와 그녀의 동료들의 연구에 이르기까지 계속되고 있는, 부모들의 이 단순한 개입은 아이들이 훗날 얼마나 잘 읽을지를 나타내는 최상의 지표들 중 하나로 남아 있다.

206 손을 뻗어 읽어주세요: http://www.reachoutandread.org.

206 태어나서부터 읽기: http://www.borntoread.org.

206 내게 책을 주세요: http://www.bringmeabook.org.

206 앱이나 전자책이 아닌 종이책: 부모를 위해 관련 연구의 기반이 빠르게 커지고 있다. N. Kucirkova and B. Zuckerman, "A Guiding Framework for Considering Touchscreens in Children Under Two," *International Journal of Child-Computer Interaction* 12, issue C (April 2017): 46−49; N. Kucirkova and K. Littleton, *The Digital Reading Habits of Children* (London: Book Trust, 2016); J. S. Radesky, C. Kistin, S. Eisenberg, et al., "Parent Perspectives on Their Mobile Technology Use: The Excitement and Exhaustion of Parenting While Connected," *Journal of Developmental & Behavioral Pediatrics* 37, no. 9 (November − December 2016): 694−701; J. S. Radesky, J. Schumacher, and B. Zuckerman, "Mobile and Interactive Media Use by Young Children: The Good, the Bad, and the Unknown," *Pediatrics* 135, no. 1 (January 2015): 1−3; C. Lerner and R. Barr, "Screen Sense: Setting the Record Straight: Research-Based Guidelines for Screen Use for Children Under 3 Years Old," *Zero to Three*, May 2, 2014, https://www.zerotothree.org/resources/1200-screen-sense-full-white-paper. 초기 연구로는 다음과 같은 것이 있다. R. Needlman, L. E. Fried, D. S. Morley, et al., "Clinic-Based Intervention to Promote Literacy: A Pilot Study," *The American Journal of Diseases of Children* 145, no. 8 (August 1991): 881−84.

206 디지털 기기와 접촉하는 것을 제한: 케이시 허시-파섹과 로베르타 골린코프의 연구들을 보라. R. M. Golinkoff, K. Hirsh-Pasek, and D. Eyer, *Einstein Never Used Flash Cards: How Our Children Really Learn—and Why They Need to Play More and Memorize Less* (Emmaus, PA: Rodale Books, 2003), 그리고 마지막 편지에 인용된 새로운 연구.

208 신이 인간을 만든 것은: E. Wiesel, *The Gates of the Forest* (New York: Schocken, 1996), Preface.

208 아이들의 활동 반경: S. Greenfield, *Mind Change: How Digital Technologies Are Leaving Their Mark on Our Brains* (New York: Random House, 2015), 19.

209 인류라는 종으로서: J. Gottschall, *The Storytelling Animal: How Stories Make Us*

Human (Boston: Houghton Mifflin Harcourt, 2012), 67.

209 그런 생각은: S. Pinker, *How The Mind Works* (New York: W. W. Norton & Company, 1997).

210 동정적 상상: M. C. Nussbaum, *Cultivating Humanity: A Classical Defense of Reform in Liberal Education* (Cambridge, MA: Harvard University Press, 1997), 92.

211 인간 발달의 도덕적 실험실: F. Hakemulder, *The Moral Laboratory: Experiments Examining the Effects of Reading Literature on Social Perception and Moral Self-Concept* (Amsterdam, Netherlands: John Benjamins Publishing Company, 2000).

212 장 베르코 글리슨: 20세기 발달심리언어학에 중대한 영향을 미친 사람 중 한 명으로, '워그' 테스트를 통해 아동의 형태학적인 지식을 끌어내는 기발한 방식으로 유명하다. 공동편집자인 낸 래트너 번스타인과 함께 펴낸 그녀의 다음 책 9판을 보라. *The Development of Language* (New York: Pearson, 2016). 지난 20여 년 동안 이 분야 연구를 집대성했다.

213 영국 연구자들의 더 오래된 연구: 예전의 연구 방향은 〈마더 구스〉의 각운이 아이들의 주의를 단어의 음소에 집중시키는 최선의 준비임을 증명했다. L. Bradley and P. E. Bryant, "Categorizing Sounds and Learning to Read—A Causal Connection," *Nature* 301 (February 3, 1983): 419–21; L. Bradley and P. Bryant, *Rhyme and Reason in Spelling* (Ann Arbor: University of Michigan Press, 1985); P. Bryant, M. MacLean, and L. Bradley, "Rhyme, Language, and Children's Reading," *Applied Psycholinguistics* 11, no. 3 (September 1990): 237–52.

213 음악의 리듬: 캐시 모리츠, 애니루드 파텔, 올라 오제르노프-팔치크, 그리고 나의 연구소 연구원들이 음악과 읽기, 특히 음악의 리듬과 음소 인식의 관계를 연구해왔다. 모리츠와 우리 연구진은 유치원에서 매일 음악 훈련을 할 경우 1학년 말 읽기 성적이 좋아진다는 사실을 발견했다. 이 연구 결과는 전국적으로 음악 프로그램을 축소하는 것에 정면 도전하는 것이다. 올라 오제르노프-팔치크와 애니 파텔은 음악과 읽기의 상관관계를 보다 심층적으로 연구하고 있다. 여기서 나오는 지식을 예측과 예방의 기반으로 쓸 수 있을 것이다. C. Moritz, S. Yampolsky, G. Papadelis, et al., "Links Between Early Rhythm Skills, Musical Training, and Phonological Awareness," *Reading and Writing* 26, no. 5 (May

2013): 739 – 69.

216 100만 가지가 넘는 데다: 다음에 나와 있는 선별 목록을 보라. L. Guernsey and M. H. Levine, *Tap, Click, Read.*

216 부모들은 앱을 구입하기 전에: 앞의 책.

218 부모가 아이와 함께 전자책으로 이야기를 읽을 때는: A. R. Lauricella, R. Barr, and S. L. Calvert, "Parent-Child Interactions During Traditional and Computer Storybook Reading for Children's Comprehension: Implications for Electronic Storybook Design," *International Journal of Child-Computer Interaction* 2, no. 1 (January 2014): 17 – 25; S. E. Mol and A. G. Bus, "To Read or Not to Read: A Meta-analysis of Print Exposure from Infancy to Early Adulthood," *Psychological Bulletin* 137, no. 2 (March 2011): 267 – 96; S. E. Mol, A. G. Bus, M. T. de Jong, and D. J. H. Smeets, "Added Value of Dialogic Parent-Child Book Readings: A Meta-analysis," *Early Education and Development* 19 (2008): 7 – 26; O. Segal-Drori, O. Korat, A. Shamir, and P. S. Klein, "Reading Electronic and Printed Books with and Without Adult Instruction," *Reading and Writing: An Interdisciplinary Journal* 23, no. 8 (September 2010): 913 – 30. M. Barzillai, J. Thomson, and A. Mangen, "The Influence of E-books on Language and Literacy Development," in *Education and New Techologies: Perils and Promises for Learners*, ed. K. Sheehy and A. Holliman (London: Routledge, forthcoming).

218 상대적으로 부정적인 영향을 준다는: A. G. Bus, Z. K. Takacs, and C. A. T. Kegel, "Affordances and Limitations of Electronic Storybooks for Young Children's Emergent Literacy," *Developmental Review* 35 (March 2015): 79 – 97.

219 부모가 ThinkRBook의 인터랙티브 특성을 활용해: 보다 충분한 설명은 다음을 보라. M. Wolf, S. Gottwald, C. Breazeal, et al., "'I Hold Your Foot': Lessons from the Reading Brain for Addressing the Challenge of Global Literacy," in *Children and Sustainable Development*, ed. A. Battro, P. Léna, M. Sánchez Sorondo, and J. von Braun (Cham, Switzerland: Springer Verlag, 2017). A. Chang's PhD dissertation, MIT Media Lab, 2011; C. Breazeal, "TinkRBook: Shared Reading Interfaces for Storytelling," IDC, June 20, 2011.

222 인간-기술 인터페이스가: M. A. Hearst, "'Natural' Search User Interfaces,"

Communications of the ACM 54, no. 11 (November 2011): 60 – 67; M. Hearst, "Can Natural Language Processing Become Natural Language Coaching?," keynote presentation, ACL, Beijing, July 2015.

222 카롤라 수아레즈-오로즈코와 마르셀로 수아레즈-오로즈코: UCLA의 이 연구자들은 이민 아동에 관한 학문적 연구에 대단히 기여했다. 여기에는 이중언어 학습자의 인지 탄력성에 관한 연구도 포함된다. C. Suárez-Orozco, M. M. Abo-Zena, and A. K. Marks, eds., *Transitions: The Development of the Children of Immigrants* (New York: New York University Press, 2015). E. Bialystok and M. Viswanathan, "Components of Executive Control with Advantages for Bilingual Children in Two Cultures," *Cognition* 112, no. 3 (September 2009): 494 – 500; K. Hakuta and R. M. Diaz, "The Relationship Between Degree of Bilingualism and Cognitive Ability: A Critical Discussion and Some New Longitudial Data," *Children's Language* 5 (1985): 319 – 44; W. E. Lambert, "Cognitive and Socio-Cultural Consequences of Bilingualism," *Canadian Modern Language Review* 34, no. 3 (February 1978): 537 – 47; O. O. Adesope, T. Lavin, T. Thompson, and C. Ungerleider, "A Systematic Review and Meta-analysis of the Cognitive Correlates of Bilingualism," *Review of Educational Research* 80, no. 2 (2010): 207 – 45.

222 미국의 이민자 자녀 중에: M.-J. A. J. Verhallen, A. G. Bus, and M. T. de Jong, "The Promise of Multimedia Stories for Kindergarten Children at Risk," *Journal of Educational Psychology* 98, no. 2 (May 2006): 410 – 19.

일곱 번째 편지: 어떻게 읽기를 가르쳐야 할까

229 아주 약간의 과학이라도: S. Deheane, *Reading in the Brain: The New Science of How We Read* (New York: Penguin, 2009), 326.

229 수스 박사의 작품에서: M. Dirda, *Book by Book* (New York: Henry Holt), 70.

229 읽기를 배우는 아이들은: M. Wolf, "'As Birds Fly': Fluency in Children's Reading" (New York: Scholastic Publishing, 2001).

230 네 살 때 그는: B. Collins, "On Turning Ten," in *The Art of Drowning* (Pittsburgh: University of Pittsburgh Press, 1995), 48.

230 미국이나 세계 지표: 국제학업성취도평가(PISA)에서 세계 각국 아동에 비해 미국 아동의 성적은 심각한 수준이다. http://www.oecd.org/pisa; 아만다 리플리가 PISA 점수를 비교한 내용은 다음을 보라. *The Smartest Kids in the World: And How They Got That Way* (New York: Simon and Schuster, 2013). 다음 책도 참고하라. M. Seidenberg, *Language at the Speed of Sight: How We Read, Why So Many Can't, and What Can Be Done About It* (New York: Basic Books, 2017). 또한 2003년 전미 성인 문해력 평가 결과를 보면 미국인 9300만 명의 읽기 능력이 기본 혹은 그 이하였다.

231 '능숙한' 수준: 마찬가지로 심각한 NAEP 평가 결과는 다음을 보라. http://www.nationsreportcard.gov. 각 평가에서 절반 이상의 아동이 기본 혹은 그 이하 수준의 점수를 기록했다. 상세한 논의는 다음을 보라. Seidenberg, *Language at the Speed of Sigh*t. 다음도 참고하라. "Children, Teens, and Reading: A Common Sense Research Brief," May 12, 2014, https://www.commonsensemedia.org/research/children-teens-and-reading. C. Alter, "Study: The Number of Teens Reading for Fun Keeps Declining," *Time*, May 12, 2014.

232 4학년생의 읽기 수준: C. Coletti, *Blueprint for a Literate Nation: How You Can Help* (Xlibris, 2013).

232 국민의 많은 수가: Council on Foreign Relations, *U.S. Education Reform and National Security* (New York: Council on Foreign Relations, 2012); Seidenberg, *Language at the Speed of Sight*.

232 불우한 가정의 아이들이: B. Hart and T. R. Risley, "The Early Catastrophe: The 30 Million Word Gap," *American Educator* 27, no. 1 (Spring 2003): 4 - 9; B. Hart and T. R. Risley, *Meaningful Differences in the Everyday Experience of Young American Children* (Baltimore: Brookes Publishing, 1995).

233 제임스 헤크먼: J. J. Heckman, *Giving Kids a Fair Chance* (*A Strategy That Works*) (Cambridge, MA: MIT Press, 2013). 또한 헤크먼의 연구 결과에 대한 매력적인 설명과 관련 연구를 소개한 다큐멘터리 영화는 다음과 같다. Christine Herbes-Sommers, *The Raising of America*, 2016.

233 보다 종합적인 유년기 프로그램: J. P. Shonkoff and D. A. Phillips, eds., *From Neurons to Neighborhoods: The Science of Early Childhood Development* (Washington,

DC: National Academy Press, 2000); D. Stipek, "Benefits of Preschool Are Clearly Documented," *Mercury News*, August 6, 2013; D. Stipek, "No Child Left Behind Comes to Preschool," *The Elementary School Journal* 106, no. 5 (May 2006): 455 – 66.

233 격차라는 용어를 배격합니다: L. Guernsey and M. H. Levine, *Tap, Click, Read: Growing Readers in a World of Screens* (San Francisco: Jossey-Bass, 2015), 25.

235 읽기와 관련된 대규모 연구: O. Ozernov-Palchik, E. S. Norton, G. Sideridis, M. Wolf, N. Gaab, J. Gabrieli, et al. (2016), "Longitudinal Stability of Pre-reading Skill Profiles of Kindergarten Children: Implications for Early Screening and Theories of Reading," *Developmental Science* 20, no. 5 (September 2017): 1 – 18. O. Ozernov-Palchik and N. Gaab, "Tackling the 'Dyslexia Paradox': Reading Brain and Behavior for Early Markers of Developmental Dyslexia," *WIREs Cognitive Science* 7, no. 2 (March – April 2016): 156 – 76; Z. M. Saygin, E. S. Norton, D. E. Osher, et al., "Tracking the Roots of Reading Ability: White Matter Volume and Integrity Correlate with Phonological Awareness in Prereading and Early-Reading Kindergarten Children," *The Journal of Neuroscience* 33, no. 33 (Aug. 14, 2013): 13251 – 58.

236 난독증 아이: 난독증에 대해 더 자세히 알고 싶다면 내 책 《책 읽는 뇌》 7장과 8장을 보라. 여기서는 난독증이 있는 개인에게서 종종 발견되는 창의성과 함께, 이런 틀에서 벗어난 사고 유형이 어떻게 해서 훗날 사업에서 성공의 원천이 되는지 강조한다.

237 UCSF 의과대학의 연구진: 현재 그들이 UCSF 의과대학 난독증 센터에서 진행 중인 연구를 보라. Johns Hopkins pediatric neurologist Martha Denckla, personal correspondence, Fall 2015.

238 조금 늦게 읽기를 가르치는 나라에서: U. Goswami, "How to Beat Dyslexia," *The Psychologist* 16, no. 9 (2003): 462 – 65.

238 생리학적, 행동학적 이유: 《책 읽는 뇌》 4장과 5장을 보라.

239 〈미국의 양육〉: 〈미국의 양육〉은 2016년 크리스틴 허비스-소머스가 제작한 다큐멘터리로 초기 결핍의 장기적 해악과 함께 조기 치료의 개선 효과를 보여준다.

239 복잡한 일련의 지식 기반: L. C. Moats, *Teaching Reading Is Rocket Science*

(Washington, DC: American Federation of Teachers, 1999).

240 이른바 읽기 전쟁: J. Chall, *Learning to Read: The Great Debate* (New York: McGraw-Hill, 1967). 이 책은 상이한 읽기 방법에 관한 활용 가능한 최대 규모의 데이터를 분석한 끝에 부호 기반 혹은 발음 중심 접근법이 대다수 아이들에게 낫다고 결론 내렸다. 이 방법들을 둘러싼 논쟁은 좀처럼 수그러들지 않았고 오랫동안 읽기 전쟁으로 불려왔다.

241 미국 연방정부의 지원을 받은: 많은 내용을 담고 있는 이 연구는 지난 15년간 여러 권의 책으로 출간됐다. 국립 아동 건강과 인간 발달 연구소에서 읽기와 읽기 능력에 대한 연구를 맡은 전·현직 디렉터 페기 맥카들과 브렛 밀러가 편집했다. 다른 도서들은 난독증 재단이 조직한 개입 연구에 관한 컨퍼런스의 결과물이었다. K. Pugh and P. McCardle, eds., *How Children Learn to Read: Current Issues and New Directions in the Integration of Cognition, Neurobiology and Genetics of Reading and Dyslexia Research and Practice* (New York: Psychology Press, 2009). P. E. McCardle and V. E. Chhabra, eds., *The Voice of Evidence in Reading Research* (Baltimore: Brookes Publishing, 2004); B. Miller, P. McCardle, and R. Long, eds., *Teaching Reading and Writing: Improving Instruction and Student Achievement* (Baltimore: Brookes Publishing, 2014); B. Miller, L. E. Cutting, and P. McCardle, eds., *Unraveling Reading Comprehension: Behavioral, Neurobiological, and Genetic Components* (Baltimore: Brookes Publishing, 2013).

241 공통 핵심 표준: 이 주제는 여기서 간단히 설명하고 넘어가기에는 너무나 중요하고 복잡한 문제다. 미국의 각 주들이 벌인 이 주제에 관한 중요한 연구를 보려면 다음과 같은 자료를 참고하라. California Common Core State Standards and Connecticut Common Core State Standards.

242 좀비 이론: Seidenberg, *Language at the Speed of Sight*, 271.

243 유창한 읽기: 유창함에 관한 보다 포괄적인 설명은 다음을 보라. M. Wolf and T. Katzir-Cohen, "Reading Fluency and Its Intervention," *Scientific Studies of Reading* 5, no. 3 (2001): 211-38; T. Katzir, Y. Kim, M. Wolf, et al., "Reading Fluency: The Whole Is More than the Parts," *Annals of Dyslexia* 56, no. 1 (March 2006): 51-82.

244 10년 동안 이 문제를: R. D. Morris, M. W. Lovett, M. Wolf, et al., "Multiple-

Component Remediation for Developmental Reading Disabilities: IQ, Socioeconomic Status, and Race as Factors in Remedial Outcome," *Journal of Learning Disabilities* 45, no. 2 (March –April 2012): 99 –127; M. W. Lovett, J. C. Frijters, M. Wolf, et al., "Early Intervention for Children at Risk for Reading Disabilities: The Impact of Grade at Intervention and Individual Differences on Intervention Outcomes," *Journal of Educational Psychology* 109, no. 7 (October 2017): 889 –914. 우리 연구진의 개입에 대한 보다 완전한 설명은 다음을 보라. the RAVE-O reading program, in M. Wolf, C. Ullman-Shade, and S. Gottwald, "The Emerging, Evolving Reading Brain in a Digital Culture: Implications for New Readers, Children with Reading Difficulties, and Children Without Schools," *Journal of Cognitive Education and Psychology* 11, no. 3 (2012): 230 –40; M. Wolf, M. Barzillai, S. Gottwald, et al., "The RAVE-O Intervention: Connecting Neuroscience to the Classroom," *Mind, Brain, and Education* 3, no. 2 (June 2009): 84 –93.

244 유창한 읽기에는: 읽기뿐 아니라 감정에서도 일어나는 유창함의 과정을 조사한 타미 캇지르와 그 동료들의 광범위한 히브리어 연구에 주목하기 바란다. 다니엘라 트라피칸테와 그녀의 박사 과정 학생인 발렌티나 안돌피는 영어로 된 RAVE-O 프로그램을 모델로 삼은 유레카 프로그램을 통해 이탈리아어 테스트의 유창한 독해를 위한 개입을 연구했다.

245 세계 시민을 위한 교육은: M. C. Nussbaum, *Cultivating Humanity: A Classical Defense of Reform in Liberal Education* (Cambridge, MA: Harvard University Press, 1997), 69, 93.

249 대규모 프로젝트: 이에 관한 개관은 다음을 보라. C. E. Snow, "2014 Wallace Foundation Distinguished Lecture: Rigor and Realism: Doing Educational Science in the Real World," *Educational Researcher* 44, no. 9 (December 2015): 460 –66; P. Uccelli, C. D. Barr, C. L. Dobbs, et al., "Core Academic Language Skills (CALS): An Expanded Operational Construct and a Novel Instrument to Chart School-Relevant Language Proficiency in Preadolescent and Adolescent Learners," *Applied Psycholinguistics* 36, no. 5 (September 2015): 1077 –1109; P. Uccelli and E. P. Galloway, "Academic Language Across Content Areas:

Lessons from an Innovative Assessment and from Students' Reflections About Language," *Journal of Adolescent & Adult Literacy* 60, no. 4 (January – February 2017): 395 – 404; P. Uccelli, E. P. Galloway, C. D. Barr, et al., "Beyond Vocabulary: Exploring Cross-Disciplinary Academic-Language Proficiency and Its Association with Reading Comprehension," *Reading Research Quarterly* 50, no. 3 (July – September 2015): 337 – 56.

여덟 번째 편지: 양손잡이 읽기 뇌 만들기

253 당면 과제의 깊이: L. Guernsey and M. H. Levine, *Tap, Click, Read: Growing Readers in a World of Screens* (San Francisco: Jossey-Bass, 2015), 39.

253 직업의 65퍼센트는: A. Ross, *The Industries of the Future* (New York: Simon and Schuster, 2016).

255 학습된 무지: 처음 쓰인 것은 1440년이다. Nicolas of Cusa, *On Learned Ignorance*, trans. J. Hopkins (Minneapolis: Banning, 1985).

256 성인이 되었을 때: 엘렌 바이얼리스톡의 연구, 특히 다음을 보라. E. Bialystok, F. I. M. Craik, D. W. Green, and T. H. Gollan, "Bilingual Minds," *Psychological Science in the Public Interest 10*, no. 3 (December 2009): 89 – 129.

256 급속 교차 자극: M. Wolf and M. B. Denckla, "RAN/RAS: Rapid Automatized Naming and Rapid Alternating Stimulus Tests" (Austin, TX: Pro-Ed, 2005).

257 획기적인 연구: C. Goldenberg, "Congress: Bilingualism Is Not a Handicap," *Education Week*, July 14, 2015; C. Goldenberg and R. Coleman, *Promoting Academic Achievement Among English Learners: A Guide to the Research* (Thousand Oaks, CA: Corwin, 2010); A. Y. Durgunoğlu and C. Goldenberg, eds., *Language and Literacy Development in Bilingual Settings* (New York: Guilford Press, 2011).

257 레프 비고츠키: L. Vygotsky, *Thought and Language* (Cambridge, MA: MIT Press, 1986).

259 이렇게 돌아다니는 정신을: M. Weigel and H. Gardner, "The Best of Both Literacies," *Educational Leadership* 66, no. 6 (March 2009): 38 – 41.

260 'gnys at wrk': G. L. Bissex, *Gnys at Wrk: A Child Learns to Write and Read*

(Cambridge, MA: Harvard University Press, 1985).

260 자기 생각을 적는 법을: S. Graham and T. Santangelo, "A Meta-analysis of the Effectiveness of Teaching Handwriting," presentation, Handwriting in the 21st Century? An Educational Summit, Jan. 23, 2012. 또한 신경학자 윌리엄 클렘의 연구도 보라.

262 모든 어린이에게: M. U. Bers and M. Resnick, *The Official ScratchJr Book: Help Your Kids Learn to Code* (San Francisco: No Starch Press, 2015), 2-3.

262 그녀의 연구팀은: C. Breazeal, "Emotion and Sociable Humanoid Robots," *International Journal of Human-Computer Studies* 59, nos. 1-2 (July 2003): 119-55.

263 인지적 과제를 해결하기 위해: M. Barzillai, J. Thomson, and A. Mangen, "The Influence of E-books on Language and Literacy Development," in *Education and New Techologies: Perils and Promises for Learners*, ed. K. Sheehy and A. Holliman (London: Routledge, forthcoming); M. Wolf and M. Barzillai, "The Importance of Deep Reading," *Educational Leadership* 66, no. 6 (March 2009): 32-35.

264 싱킹 리더 프로그램: B. Dalton and D. Rose, "Scaffolding Digital Comprehension," in *Comprehension Instruction: Research-Based Best Practices*, 2nd ed., ed. C. C. Block and S. R. Parris (New York: Guilford Press, 2008), 347-61.

264 보편적 학습 설계: D. H. Rose and A. Meyer, *Teaching Every Student in the Digital Age: Universal Design for Learning* (Alexandria, VA: ASCD, 2002).

264 프로그램 안에는: CAST 팀원들이 소개하는 일련의 지원 유형으로 "콘텐츠 접속(가령 읽기에 어려움에 있는 독자는 텍스트-음성 변환 지원을 통해 합성 음성으로 텍스트를 듣거나 멀티미디어로 볼 수 있다) 혹은 텍스트 이해에 필요한 추가 정보(가령 영어학습자는 단어의 발음을 듣거나 그 단어의 스페인어 번역을 학습하고 개인적으로 연관된 내용을 쓸 수 있다) 제공"이 있다. A. Meyer, D. Rose, and D. Gordon, *Universal Design for Learning*, (Warefield, MA: CAST Professional Publishing), 2014.

264 계속 주의해야 하는 점은: S. Lefever-Davis and C. Pearman, "Early Readers

and Electronic Texts: CD-ROM Storybook Features That Influence Reading Behaviors," *The Reading Teacher* 58, no. 5 (February 2005): 446–54.

265 맥아더 재단: 맥아더 재단이 후원하는, 디지털 기기와 활동에 관한 광범위한 연구 결과들을 보라. C. N. Davidson and D. T. Goldberg, *The Future of Learning Institutions in a Digital Age* (Cambridge, MA: MIT Press, 2009); J. P. Gee, *New Digital Media and Learning as an Emerging Area and "Worked Examples" as One Way Forward* (Cambridge, MA: MIT Press, 2009); M. Ito, H. A. Horst, M. Bittanti, et al., *Living and Learning with New Media: Summary of Findings from the Digital Youth Project* (Cambridge, MA: MIT Press, 2009); C. James, *Young People, Ethics, and the New Digital Media: A Synthesis from the GoodPlay Project* (Cambridge, MA: MIT Press, 2009); H. Jenkins, *Confronting the Challenges of Participatory Culture: Media Education for the 21st Century* (Cambridge, MA: MIT Press, 2009).

265 '디지털 지혜': J. Coiro, "Online Reading Comprehension: Challenges and Opportunities," *Texto Livre: Linguagem e Tecnologia* 7, no. 2 (2014): 30–43.

267 훈련을 받아본 적이 없습니다: L. Guernsey and M. H. Levine, *Tap, Click, Read* (San Francisco: Jossey-Bass, 2015), 233.

270 흥미롭게도 줄리 코이로가: 내 책(*Tales of Literacy*)에서 논한 것처럼, 나는 코이로의 데이터가 상이하게 형성된 두 가지 읽기 회로의 출현을 보여주는지에 대해서는 의구심을 가지고 있다. J. Coiro, "Predicting Reading Comprehension on the Internet: Contributions of Offline Reading Skills, Online Reading Skills, and Prior Knowledge," *Journal of Literacy Research* 43, no. 4 (2011): 352–92.

270 좀 더 나이 든 아이들에게는: S. Vaughn, J. Wexler, A. Leroux, et al., "Effects of Intensive Reading Intervention for Eighth-Grade Students with Persistently Inadequate Response to Intervention," *Journal of Learning Disabilities* 45, no. 6 (November–December 2012): 515–25.

270 오디오북: M. Rubery, *The Untold Story of the Talking Book* (Cambridge, MA: Harvard University Press, 2016).

270 비디오 게임: J. Gee, *What Video Games Have to Teach Us About Learning and Literacy* (New York: Palgrave Macmillan, 2003). 또한 맥아더 재단의 디지털 미디어와 학습 보고서 후원으로 수행한 디지털 게임과 활동에 관한 광범위한 연구

결과를 보라. Gee, *New Digital Media and Learning as an Emerging Area and "Worked Examples" as One Way Forward*; Ito et al., *Living and Learning with New Media*; C. James, *Young People, Ethics, and the New Digital Media*; J. Kahne, E. Middaugh, and C. Evans, *The Civic Potential of Video Games* (Cambridge, MA: MIT Press, 2009).

271 메타 분석해본 결과: A. C. K. Cheung and R. E. Slavin, "The Effectiveness of Education Technology for Enhancing Reading Achievement: A Meta-analysis," Center for Research and Reform in Education, Johns Hopkins University, May 2011; A. C. K. Cheung and R. E. Slavin, "How Features of Educational Technology Applications Affect Student Reading Outcomes: A Meta-analysis," *Educational Research Review* 7, no. 3 (December 2012): 198–215; A. C. K. Cheung and R. E. Slavin, "The Effectiveness of Educational Technology Applications for Enhancing Mathematics Achievement in K–12 Classrooms: A Meta-analysis," *Educational Research Review* 9 (June 2013): 88–113; Y-C. Lan, Y-L. Lo, and Y-S. Hsu, "The Effects of Meta-cognitive Instruction on Students' Reading Comprehension in Computerized Reading Contexts: A Quantitative Meta-analysis," *Journal of Educational Technology & Society* 17, no. 4 (October 2014): 186–202; Q. Li and X. Ma, "A Meta-analysis of the Effects of Computer Technology on School Students' Mathematics Learning," *Educational Psychology Review* 22, no. 3 (September 2010): 215–43.

272 격차를 키웠을 수 있다: S. White, Y. Y. Kim, J. Chen, and F. Liu, "Performance of Fourth-Grade Students in the 2012 NAEP Computer-Based Writing Pilot Assessment: Scores, Test Length, and Editing Tools," working paper, Institute of Education Sciences, Washington, DC, October 2015.

272 책을 적게 접한 아이일수록: 스테파니 갓월드와 내가 다음 책 3장에서 문맹 아동에 관해 논의한 내용을 보라. *Tales of Literacy for the 21st Century* (Oxford, UK: Oxford University Press, 2016).

273 〈모두를 위한 기회?〉: V. Rideout and V. S. Katz, "Opportunity for All?: Technology and Learning in Lower-Income Families," Joan Ganz Cooney Center at Sesame Workshop, New York, 2016.

273 두 가지 상이한 종류의: 앞의 책. H. Jenkins, *Confronting the Challenges of Participatory Culture: Media Education for the 21st Century* (Cambridge, MA: MIT Press, 2009).

273 디지털 접근은 이제 단순한: Rideout and Katz, "Opportunity for All?," 7.

274 맥 빠지는 연구: Cited in Guernsey and Levine, *Tap, Click, Read*.

275 큐리어스 러닝: M. Wolf et al., "The Reading Brain, Global Literacy, and the Eradication of Poverty," *Proceedings of Bread and Brain, Education and Poverty* (Vatican City: Pontifical Academy of Social Sciences, 2014); M. Wolf et al., "Global Literacy and Socially Excluded Peoples," *Proceedings of the Emergency of the Socially Excluded* (Vatican City: Pontifical Academy of Social Sciences, 2013).

276 '애덜트 리터러시 X프라이즈': https://adultliteracy.xprize.org.

277 유연하게 매체 사이를 옮겨 다니는: C. Suárez-Orozco, M. M. Abo-Zena, and A. K. Marks, eds., *Transitions: The Development of the Children of Immigrants* (New York: New York University Press, 2015). 일곱 번째 편지에서 인용된 폭넓은 연구를 보라.

277 '우리의 하나뿐인 세계': W. Berry, *Our Only World: Ten Essays* (Berkeley, CA: Counterpoint, 2015).

278 어떤 미래든 미래는: P. A. McKillip, *The Moon and the Face* (New York: Berkley, 1985), 88.

278 한 눈을 가늘게 뜨고 보면: B. Gooch, *Flannery: A Life of Flannery O'Connor* (New York: Little, Brown and Company, 2009), 229.

아홉 번째 편지: 독자들이여, 집으로 오세요

281 읽기 위해서는: D. L. Ulin, *The Lost Art of Reading: Why Books Matter in a Distracted Time* (Seattle, WA: Sasquatch Books, 2010), 34, 16, 150.

281 어떤 규모를 넘어가면: W. Berry, *Standing by Words: Essays* (Washington, DC: Shoemaker & Hoard, 2005), 60–61.

282 세 가지 삶이 있다고: Aristotle, *The Nicomachean Ethics*, trans. H. Rackham (New York: William Heinemann, 1926).

282 그리스인 특유의 이해 속에서 나오는 즐기는 삶: J. Pieper, *Leisure: The Basis of*

Culture (San Francisco: Ignatius Press, 2009).

283 관조의 삶: 이것은 금세기에 와서는 신학자 J. S. 던이 상세하게 다듬어낸 생각들이다. J. S. Dunne, *Love's Mind: An Essay on Contemplative Life* (Notre Dame, IN: University of Notre Dame Press, 1993).

283 해저: 이 용어는 다음 책에 나온다. Philip Davis in *Reading and the Reader* (Oxford, UK: Oxford University Press, 2013).

284 명상적 사유에 대한 무관심: M. Heidegger, *Discourse on Thinking* (New York: Harper, 1966), 56.

284 디지털 미디어는: T. Wayne, "Our (Bare) Shelves, Our Selves," *New York Times*, Dec. 5, 2015.

284 ······독자들은 안다: S. Wasserman, "The Fate of Books After the Age of Print," *Truthdig*, March 5, 2010, http:// www.truthdig.com/arts_culture/item/steve_wasserman_on_the_fate_of_books_after_the_age_of_print_20100305/. Also in a different version in Columbia Journalism Review.

285 워런 버핏과 빌 게이츠를 인터뷰한 기사: Charlie Rose, interview, PBS, January 27, 2017.

286 지식 안의 어디에: T. S. Eliot, *Four Quartets* (New York: Harcourt, Brace & Company, 1943), 59.

288 느낌과 생각을 가라앉혀: I. Calvino, *Six Memos for the Next Millennium* (Cambridge, MA: Harvard University Press, 1988), 54.

289 램지 부인: 나는 앤드루 파이퍼가 그의 책 《그곳에 책이 있었다》를 통해 버지니아 울프의 소설 《등대로》에 독서의 강력한 사례가 있음을 일깨워준 것에 감사하고 싶다. *To the Lighthouse* (London: Hogarth Press, 1927).

290 누구보다 분명히 보여준 역사적 인물로는: 나는 이 범주에 에티 힐레숨도 넣는다. 그녀의 강제수용소 생활에 대한 회고도 특별하다. *An Interrupted Life: The Diaries and Letters of Etty Hillesum, 1941 – 1943*, introduction by J. G. Gaarlandt, trans. A. J. Pomerans (New York: Pantheon Books, 1984).

290 당신의 기도와 다정한 생각: E. Metaxas, *Bon-hoeffer: Pastor, Martyr, Prophet, Spy* (Nashville: Thomas Nelson, 2010), 496.

291 그는 삶의 모든 사소한 일에서도: 앞의 책, 514, 528.

292 리더 오거나이제이션: 나는 영국의 리더 오거나이제이션 같은 교도소 자원봉사자들이 우리 사회에서는 보기 드문 재소자 재활 지원 활동을 하고 노인과 어려운 학생을 도움으로써 크게 기여한다는 사실을 다시 한번 떠올리게 된다.

293 '비교할 수 없는 만족과 기쁨': Personal interview, Providence, RI, 2014. 또한 다음을 보라. B. Stiegler, *Goldsmith Lectures*, Lecture 1, 2013.

294 '정적의 장소': L. Grossman, "Jonathan Franzen: Great American Novelist," *Time*, Aug. 12, 2010.

294 과거 본회퍼가 그랬듯이: M. Robinson, *The Givenness of Things: Essays* (New York: Farrar, Straus and Giroux, 2015), 176, 187.

294 '전환의 순간': 다음 책에서 인용했다. S. Wasserman's "The Fate of Books after the Age of Print," *Truthdig*, March 5, 2010.

296 기술적으로는 유능한 국민이: M. Nussbaum, *Cultivating Humanity: A Classical Defense of Reform in Liberal Education* (Cambridge, MA: Harvard University Press, 1997), 300–01.

297 좀 더 면밀히 들여다보면: 인용 출처는 본회퍼의 다음 책이다. *Letters and Papers from Prison*. 1951년 독일에서 처음 출간된 이 책은 1997년 터치스톤 프레스에서 영어 번역본이 나왔다. 영역본에서는 독일어 원서 제목인 *German, Widerstand und Ergebung: Briefe und Aufzeichnungen aus der Haft*(독일인, 저항 그리고 체념: 옥중서신과 기록)의 첫 세 단어가 빠졌다. 그 단어들은 나치즘의 도덕적 타락에 저항하는 입장을 취하는 것이 중요하다는 점을 암시한다. 나는 앞의 세 단어를 영어 Resistance와 Resolution, Ergebung으로 옮겼다. Ergebung은 반대 입장을 취했을 때의 결과와 그것에서 발전돼 나오는 것이라는 뜻도 담고 있다.

297 민주주의라는 섬세한 게임은: U. Eco and C. M. Martini, *Belief or Nonbelief? A Confrontation* (New York: Arcade Publishing, 2012), 71.

298 민주주의 하에서는 모든 시민의: N. Strossen, *Hate: Why We Should Resist It with Free Speech, Not Censorship* (New York: Oxford University Press, 2018).

298 교육의 부재로 인한 공백은: 역사적으로 선동가와 추종자들은 사람들에게 공포를 심어줄 때 얼마나 큰 위력을 발휘하는지 알았다. 공포를 느끼는 사람은 비이성적인 두려움에 대해 비이성적인 선택을 하기 때문이다. 다음 에세이를 보라. "Fear," *New York Review of Books*, Sept. 24, 2015. 여기서 메릴린 로빈슨은 공포

가 중독이 될 수 있다고 썼다. 뉘른베르크 재판에서 헤르만 괴링은 법정에서 어떤 국민이든 통제하려면 우선 국민에게 공포를 주입하고 그다음에는 동의하지 않는 사람을 반역자라고 부르기만 하면 된다고 말했다. 우리 시대에는 너무나 많은 사람이 자기 견해에 위협이 되는 사람을 거짓말쟁이라고 부른다. 20세기든 21세기든 어느 세기가 됐든, 반대되는 사고 방식을 침묵하게 만들면 '집단 양심'은 점점 소멸한다.

299 우리가 지닌 최고의: 공감에 관한 다른 방향의 연구를 보라. '상호 이타주의' 관점의 연구로는 다음과 같은 것이 있다. Margaret Levi in "Reciprocal Altruism," Edge.org, Feb. 5, 2017, https://www.edge.org/response-detail/27170. 그녀는 다음과 같이 결론 내린다. "문화의 생존을 위한 상호 이타주의의 중요성을 인식하면 우리가 서로서로 얼마나 의존적인지도 알게 된다. 이타주의에서 나오는 행동인 희생과 증여는 협력을 위한 필수 요소일 뿐 아니라 그 자체가 효율적이고 번창하는 사회의 기초다." 그녀가 공저한 다음 책도 보라. John Ahlquist, *In the Interest of Others* (Princeton, NJ: Princeton University Press, 2013).

300 지혜는 사색만도 아니고: J. S. Dunne, *The House of Wisdom: A Pilgrimage* (New York: Harper & Row, 1985), 77. 나는 이 구절을 〈시편〉 90편 12절 "우리에게 날수를 제대로 헤아릴 줄 알게 하시고 우리의 마음이 지혜에 이르게 하소서"의 현대적 보완으로 본다.

300 무엇이 존재한다는 느낌이 늘 있다: C. Taylor, *The Language Animal: The Full Shape of the Human Linguistic Capacity* (Cambridge, MA: Belknap Press, 2016), 177. Laut라는 단어에 대한 테일러의 번역을 내가 바꿨다는 사실에 유의하시기 바란다. 나는 그 단어가 '소리(sound)'로 번역되는 것이 맞긴 하지만 '언어(speech)'가 훔볼트의 의도에 더 가깝다고 본다.

300 언어를 갖는다는 것: 앞의 책.

301 [저자의] 지혜의 끝은: M. Proust, *On Reading*, ed. J. Autret, trans. W. Burford (New York: MacMillan, 1971; originally published 1906), 35.

301 단어의 일은 숭고하다: T. Morrison, "Nobel Lecture," Dec. 7, 1993, https://www.nobelprize.org/nobel_prizes/literature/laureates/1993/morrison-lecture.html.

303 '저항의 행동': Ulin, *The Lost Art of Reading*, 150.

303 '끝없는 형태의, 최고의 아름다움': 다윈의 《종의 기원》에 나오는 다음 문장에서 인용했다. "생명을 보는 이런 관점에는 장엄함이 있다. 즉 몇 가지 힘이 작동하는 가운데, 처음에는 몇 개의 혹은 하나의 형태로 숨결이 불어넣어졌고, 이 행성이 고정된 중력의 법칙에 따라 계속 회전하는 동안, 지극히 단순한 것에서 시작해서 끝없이 가장 아름답고 가장 경이로운 것으로 진화해왔고 진화하고 있다고 보는 것이다." *the Origin of Species* (1859), 490.

다시, 책으로

초판 1쇄 발행 2019년 5월 15일
초판 14쇄 발행 2024년 11월 15일

지은이 매리언 울프
옮긴이 전병근
발행인 김형보
편집 최윤경, 강태영, 임재희, 홍민기, 강민영, 송현주, 박지연
마케팅 이연실, 이다영, 송신아 **디자인** 송은비 **경영지원** 최윤영, 유현

발행처 어크로스출판그룹(주)
출판신고 2018년 12월 20일 제 2018-000339호
주소 서울시 마포구 동교로 109-6
전화 070-5080-4037(편집) 070-8724-5877(영업) **팩스** 02-6085-7676
이메일 across@acrossbook.com **홈페이지** www.acrossbook.com

한국어판 출판권 ⓒ 어크로스출판그룹(주) 2019

ISBN 979-11-90030-05-2 03020

만든 사람들
편집 최윤경 **교정** 윤정숙 **표지디자인** 양진규 **조판** 성인기획